Eberhard Birk, Heiner Möllers (Hrsg.)

Luftwaffe und Luftverteidigung

Schriften zur Geschichte der Deutschen Luftwaffe, Band 6

Luftwaffe und Luftverteidigung

Schriften zur Geschichte der Deutschen Luftwaffe, Band 6

Eberhard Birk, Heiner Möllers (Hrsg.)

2017

Carola Hartmann Miles-Verlag

Bibliografische Information der Deutschen Nationalbibliothek

Die Deutsche Nationalbibliothek verzeichnet diese Publikation in der Deutschen Nationalbibliografie; detaillierte bibliografische Daten sind im Internet über www.dnb.de abrufbar.

© 2017 Carola Hartmann Miles-Verlag
www.miles-verlag.jimdo.com
email: miles-verlag@t-online.de

Titelbild: Bildmontage Hauptmann Toni Dahmen, Luftwaffentruppenkommando Köln-Wahn

Herstellung: BOD – Books on Demand, Norderstedt

Printed in Germany

ISBN 978-3-945861-48-6

Inhaltsverzeichnis

Geleitwort des Stellvertreters Inspekteur der Luftwaffe

Das Einrücken der ersten Freiwilligen auf dem Fliegerhorst Nörvenich am 2. Januar 1956 markiert den Beginn der Luftwaffe als neue Teilstreitkraft nach der Gründung der Bundeswehr zehn Jahre nach Ende des Zweiten Weltkrieges. Nur acht Monate später, im September 1956, erhielten die ersten zehn deutschen Piloten in Fürstenfeldbruck ihr Flugzeugführerabzeichen. Gleichzeitig wurden hier auch symbolisch die ersten Ausbildungsflugzeuge durch die Vereinigten Staaten von Amerika und Kanada an die Luftwaffe übergeben. Die Aufstellung unserer Luftwaffe jährt sich somit dieses Jahr zum sechzigsten Mal. Auf diese sechs Jahrzehnte blicken wir im Jubiläumsjahr 2016 mit Stolz zurück.

Neben zahlreichen Veranstaltungen, wie einem Großen Zapfenstreich in Neuburg an der Donau oder dem zentralen Appell in Nörvenich, hat sich auch die 5. Militärhistorische Tagung der Luftwaffe diesem geschichtlichen Zeitabschnitt gewidmet. Die Beiträge zur Tagung sind in dem nun vorliegenden Sammelband zusammengefasst und sollen einen Anstoß zu einer tieferen, wissenschaftlich fundierten Auseinandersetzung mit unseren sechs Jahrzehnten Luftwaffengeschichte liefern.

Ich danke ausdrücklich all jenen Historikern in Luftwaffenuniform, Fachleuten und Zeitzeugen, die sich bereit gefunden haben, einen Beitrag zu diesem Sammelband zu leisten. Mit Ihrem Engagement tragen Sie maßgeblich dazu bei, dass unsere Geschichte weit über einen Jubiläumstag hinaus sichtbar und begreifbar bleibt.

Der Blick auf das Vergangene weist uns den Weg in die Zukunft. Wir betrachten nicht in der Rolle eines distanzierten Beobachters ein abgeschlossenes Ereignis, sondern sind und bleiben aufgefordert, auf unserer Geschichte aufzubauen und diese Geschichte aktiv fortzuschreiben. So sind auch nicht alle Themen dieses Sammelbandes ausschließlich an der Vergangenheit orientiert, sondern verbinden unsere Geschichte mit unserem Handeln – heute und morgen.

Als drei wesentliche, wenn auch nicht ausschließliche Konstanten unserer Luftwaffen-Geschichte sind herauszustellen: die klare Ausrichtung der Luftwaffe auf die NATO-Integration und auf internationale Partner, das Vertrauen der deutschen Öffentlichkeit in die Leistungsfähigkeit der Luftwaffe und die Wahrnehmung der Luftwaffe als Garant für Sicherheit und

Stabilität sowie unser Selbstverständnis, das gekennzeichnet ist vom Teamgedanken und stetiger Weiterentwicklung und Bewährung im Einsatz. Diese historischen Konstanten zeichnen sich auch in den vorliegenden Beiträgen ab, die die Bandbreite der Fähigkeiten unserer Teilstreitkraft deutlich zum Vorschein bringen, aber auch kritisch betrachten.

Das Kernelement sowie das Besondere, was unsere Luftwaffe ausmacht, sind vor allem und in erster Linie die Menschen in der Luftwaffe, mit ihren herausragenden Fähigkeiten und ihrem Willen zum Einsatz als und im Team. Sie hatten von der ersten Stunde an besondere Herausforderungen zu bewältigen, denn von Anfang an war die Luftwaffe, wie kaum ein anderer Bereich in den Streitkräften, von hochtechnologischen Waffensystemen geprägt. Diese Hochtechnologie bleibt auch heute noch Taktgeber unserer Teilstreitkraft, was weitere Beiträge im Sammelband auch zu aktuelleren Einsätzen der Luftwaffe belegen. Doch bei aller Technisierung wird die Luftwaffe getragen von ihren beispielhaft motivierten, top-ausgebildeten Frauen und Männern, die mit ihrer Professionalität, ihrem Leistungswillen und ihrem Gemeinschaftsgeist die Luftwaffe seit jeher auszeichnen und uns auch zukünftige Herausforderungen meistern lassen werden!

Abschließend gilt mein besonderer Dank Oberstleutnant Dr. Heiner Möllers und Oberregierungsrat Dr. Eberhard Birk, den beiden Herausgebern des Sammelbandes, die dabei ihren wissenschaftlichen Sachverstand erneut eingebracht haben, um die unterschiedlichen Beiträge zu einem schlüssigen Gesamtwerk zu komponieren. Dadurch ist dieser Band zu einem eindrucksvollen Zeugnis der 60-jährigen Geschichte der Luftwaffe geworden.

Verbunden mit der Überzeugung, dass mit diesem Sammelband die Schriftenreihe zur Geschichte der Luftwaffe eine würdige weitere Fortsetzung findet, ist die Hoffnung, dass die historische Forschung und Publikation zu einzelnen Aspekten aus der Geschichte der Luftwaffe auch weiterhin auf Interesse in und außerhalb unserer Teilstreitkraft stößt. Dazu wird sicherlich auch die Fortführung der Militärhistorischen Tagung der Luftwaffe 2018 beitragen.

Den Lesern wünsche ich interessante Einsichten und viel Vergnügen mit den lesenswerten Beiträgen.

Dieter Naskrent
Generalleutnant und Stellvertreter des Inspekteurs der Luftwaffe

Eberhard Birk / Heiner Möllers

Einführung

„Immer im Einsatz" titelte ein Autorenkollektiv unter der Leitung von Generalleutnant Hans-Werner Jarosch, ehemals Stellvertreter des Inspekteurs der Luftwaffe und Angehöriger der Flugabwehrraketentruppe, im Jahr 2005 das Jubiläumsbuch zum 50. Geburtstag der Luftwaffe. Auf dem Titel war ein Eurofighter abgebildet. Piloten und Flugzeuge, könnte man meinen, bestimmen damit die Luftwaffe. Und in der Tat ist die Luftwaffe in erster Linie eine fliegende Teilstreitkraft der Bundeswehr. Ihre Inspekteure sind und waren Kampfflugzeugführer – mit einer Ausnahme: Bernhard Mende.

Dass die Luftwaffe weit mehr ist als nur fliegende Kampfverbände, wissen viele, aber es dringt nicht immer durch.

Aus diesem Grunde war es nicht verwunderlich, dass die Flugabwehrraketentruppe, die beinahe traditionell oder wenigstens in den meisten Fällen den Stellvertreter des Inspekteurs aus ihren Reihen stellte, die 5. Militärhistorische Tagung der Luftwaffe mitgestaltete.

Nachdem sie zuvor ein Leitbild für die Flugabwehrraketentruppe erarbeitet hatte[1], ging es nun um die Geschichte der FlaRak-Truppe. Sie darf, nicht nur unterschwellig den Titel des Jubiläumsbuches von 2005 aufgreifend, für sich in Anspruch nehmen, gemeinsam mit den Fliegerleit- bzw. Einsatzführungsverbänden seit jeher „Immer im Einsatz" zu stehen. „For Some must watch that Most can sleep" überschrieb Generalmajor a.D. Dr. Jörg Köpcke seinen Beitrag über die Flugabwehrraketentruppe im Jubiläumsband von 2005 und drückte damit aus, was für die Angehörigen im Verbund Air Defence selbstverständlich war: 24-Stunden im Schichtdienst an 365 Tagen im Jahr – das war die Normalität für FlaRak, den Radarführungsdienst und die Luftverteidigungsgefechtsstände bis 1989/90. Dabei darf aber nicht übersehen werden, dass eben nicht nur die Flugabwehrraketentruppe davon betroffen war. Der Gesamtverbund der NATO Integrated Air Defence umfasste viel mehr. Für die Luftlage waren die Tiefflieger-Melde- und Leitdienste (TMLD) sowie die Control and Reporting Centers (CRC) zuständig, deren Lageinformationen im Sector Operation Center (SOC) zusammengeführt wurden. Die hierfür notwendigen Radargeräte wa-

---

[1] Siehe im Beitrag Maeßen in diesem Band.

ren in der Bundesrepublik verteilt, manchmal auf dem Präsentierteller einer geographisch markanten Erhebung. An die SOC angeschlossen waren die Flugabwehrraketenverbände mit ihren Bataillon Operation Centers (BOC), von denen aus die einzelnen Stellungen mit Nike- oder Hawk-Raketen geführt wurden – und im Ernstfall die Feuerbefehle bekommen hätten. Möglicherweise wäre von einer Dauereinsatzstellung des TMLD bereits vorher eine Einflugmeldung gekommen, die sozusagen die dahinter stehenden CRC und SOC alarmiert hätte. Vielleicht hätte auch – seit Beginn der 1980er Jahre – ein E3-A AWACS-Flugzeug aus seinem Orbit heraus gegnerische Luftfahrzeuge aufgefasst, identifiziert und ebenfalls an CRC oder SOC gemeldet, um deren Bekämpfung auszulösen. Oder Jagdflugzeuge wären aus der QRA zu einem Alarmstart ausgerückt, um dieses zu identifizieren und nötigenfalls zu bekämpfen.

Kurzum: die Luftverteidigung war eine komplexe Angelegenheit, die nur im Verbund der NATO-Partner in Mitteleuropa die Sicherheit im Luftraum gewährleisten konnte. Zu diesem Zweck befanden sich in der Bundesrepublik zudem nicht nur deutsche, sondern auch alliierte Kräfte: niederländische Flugabwehrraketen, US-amerikanische Gefechtsstände, britische Alarmrotten und vieles mehr. Und gerade bei letzteren ist zu bedenken, dass das *Air Policing* über der Bundesrepublik Deutschland bis 1991 hoheitlich von der Royal Air Force und der US Air Force wahrgenommen wurde. Hier hatte die Luftwaffe nur eingeschränkte Rechte und Aufgaben.

Die 5. Militärhistorische Tagung der Luftwaffe widmete sich schwerpunktmäßig der Flugabwehrraketentruppe der Luftwaffe. Dies spiegelt sich in diesem Band wieder. Er bietet darüber hinaus Beiträge zum Überbau des deutschen Anteils an der gemeinsamen Luftverteidigung der NATO und zu Aufgaben, die die Luftwaffe für die Bundeswehr und ihre NATO-Partner nicht nur in der jüngsten Vergangenheit, sondern seit nunmehr 60 Jahren leistet. Damit ist dieses Buch in anderer Form als „Immer im Einsatz" ein Jubiläumsbuch. Und wie bei den zurückliegenden Tagungsbänden, die in den „Schriften zur Geschichte der deutschen Luftwaffe" mittlerweile veröffentlicht werden konnten, streben die Beiträge auch wissenschaftliche Ansätze an. So kann das, was zur Geschichte der Luftwaffe veröffentlicht wird, auch nachvollzogen werden.

Die Militärgeschichte boomt. Auf einen Call for Papers zu „Neue Forschungen zum Zweiten Weltkrieg" vor zwei Jahren erhielt der Veranstalter mehr als 40 Vortragsvorschläge; wissenschaftlich fundiert mit teilweise vollkommen neuartigen Themensätzen und Untersuchungsgegenständen. Ein Workshop zum Ersten Weltkrieg hatte ähnlichen Zulauf. – Mit der jüngeren oder gar jüngsten Zeitgeschichte, in der die Bundeswehr zu verorten ist, sieht es hingegen völlig anders aus. Sie wird an den Universitäten stiefmütterlich behandelt, leidet unter dem oft schwierigen Zugang zu den einschlägigen Quellen (Sperrfristen und Einstufung). Selbst die Literatur nimmt sich ihrer kaum an. Damit ist die Bundeswehrgeschichtsschreibung in weiten Teilen noch zu sehr auf die Zeitzeugen angewiesen, die ihre oft recht subjektiv gefärbte Sicht der Dinge schildern[2]. Wenn aber ein Wissenschaftler sich der jüngsten Bundeswehrgeschichte annimmt und anhand seiner Quellen wie auch der Literatur und Medien zu anderen Urteilen beispielsweise über den Einsatz in Afghanistan kommt[3], kann es sein, dass der das Werk vorstellende Laudator den Eindruck erweckt, als sprechen beide von unterschiedlichen Themen.

Will man nun die Geschichte der Luftwaffe der Bundeswehr untersuchen oder gar beschreiben, so sieht es noch schlechter aus. Sie ist kein Gegenstand wissenschaftlicher Untersuchungen – Ausnahmen bestätigen die Regel[4]. Sie findet in einschlägigen Fachzeitschriften statt oder in Luftfahrtjournalen, bei letzteren jedoch eher an der Oberfläche, während erstere eher konzeptionelle Besonderheiten und Neuerungen darstellen. Dass diese oftmals Auftragswerke sind, erschwert die kritische und wissenschaftliche Bewertung.

Diese wird bei vielen Themen der Luftwaffengeschichte erst möglich sein, wenn auch die dazu gehörenden Quellen z.B. im Militärarchiv des Bundesarchives einsehbar sind. Besonders problematisch ist dabei, dass die Überlieferungslage dort nicht besonders gut ist. Viele wichtige Themen, wie z.B. die operativen Planungen der Luftwaffe, lassen sich dort gar nicht nachvollziehen: sie lagen in den Händen der Allied Tactical Air Forces; und wohin deren Akten verbracht wurden, ist vollkommen unklar. Außerdem sind

---

[2] So wie jüngst die Erinnerungen von Brigadegeneral a.D. Heinz Laube, Duell am geteilten Himmel, Berlin 2016.

[3] Philipp Münch, Die Bundeswehr in Afghanistan. Militärische Handlungslogik in internationalen Interventionen, Freiburg 2015 (= Neueste Militärgeschichte. Analysen und Studien, Band 5).

[4] Claas Siano, Die Luftwaffe und der Starfighter. Rüstung im Spannungsfeld von Politik, Wirtschaft und Militär, Berlin 2016 (= Schriften zur Geschichte der Deutschen Luftwaffe, Band 4).

viele Akten der Luftwaffe zu ihrem militärischen Kerngeschäft immer noch als Verschlusssachen eingestuft, zumal dann, wenn es sich um solche handelt, die mit Nuklearwaffen zu tun haben. Dies betrifft damit auch alle Untersuchungen zur Nutzung des Waffensystems NIKE Hercules.

Bei der Bearbeitung von Luftwaffenthemen wird man damit nicht umhin kommen, mit anderen Veröffentlichungen zu arbeiten. Im günstigen Falle existieren Verbandschroniken. Aber diese reichen oftmals nicht über eine Auflistung der Ereignisse hinaus[5]. Ein positives Beispiel ist die Geschichte der Flugabwehrraketentruppe, die in „Blazing Skies" umfassend beschrieben wurde[6]. Dieses Werk besitzt unter den Truppengeschichten der Bundeswehr durchaus ein Alleinstellungsmerkmal. Nirgendwo anders ist so umfassend und detailliert die Geschichte einer Truppe beschrieben. Der Verzicht auf Querverweise lässt es aber nicht zu, anhand von Literatur oder gar Quellen den Sachverhalt nachzuprüfen.

Damit ist „Blazings Skies" jedoch ein Werk, das den Aussagen von Zeitzeugen gleichzusetzen ist. Dennoch: was anderes existiert nicht und damit muss auch der Historiker erst einmal davon ausgehen, dass es wirklich so gewesen sein könnte[7]. Gleichwohl beschreibt das Werk kein Gesamtbild der NATO-Luftverteidigung oder wenigstens des deutschen Anteils. Die Fokussierung auf die Flugabwehrraketentruppe – die man den Autoren durchaus zubilligen darf – vernachlässigt die Bedeutung des Fliegerleitdienstes sowie die übergeordneten Gefechtsstände oder gar der Jagdflieger. Das schmälert den Wert des Bandes nicht, lässt aber nicht erkennen, dass die Luftverteidigung Westeuropas eben ein komplexer Verbund war, zu dem alle NATO-Partner – damals wenigstens sechs Staaten im Kommandobereich Europa Mitte – ihren Beitrag leisteten.

---

[5] Chronik Jagdbombergeschwader 31 „Boelcke", 1958 bis 2008. Projektleiter Edmund Widera, Kerpen 2008. Im Gegensatz dazu mit umfassenden Beiträgen zur Militärgeschichte des Standortes Lechfeld: Werner Bischler/Klaus Hager (Hrsg.), 50 Jahre Jagdbomber-geschwader 32. 150 Jahre Militärgeschichte Lechfeld, Stadtbergen 2008. Geradezu heraus-ragend, wenngleich sehr dem Chronikgedanken der detaillierten Schilderung verhaftet: Chronik des Luftwaffenunterstützungskommandos 1970-2001. Seine Bedeutung für in der Geschichte der Logistik der Luftwaffe von den Anfängen bis zur Gegenwart, o.O. 2001.
[6] Wilhelm von Spreckelsen/Wolf-Jochen Vesper, Blazing Skies. Die Geschichte der Flugabwehrraketentruppe der Luftwaffe, Oldenburg 2004.
[7] Es bleibt zu hoffen, dass die derzeit entstehenden Fortschreibung versucht, wissen-schaftliche Standards zu berücksichtigen.

Will man sich also dem Thema „Air Defence" nähern, muss man weit über FlaRak hinausreichen. TMLD, AWACS, Triple A, Stinger, SOC und CRC, Reporting Post und vieles mehr fließt da mit ein.

Dieser Band versucht damit die Geschichte des deutschen Anteils an der NATO-Luftverteidigung in größere Zusammenhänge einzuordnen, selbst wenn die Flugabwehrraketentruppe und ihr Umfeld den Schwerpunkt dieses Bandes darstellen.

Heiner Möllers bietet einführend einen Überblick über die Strukturen der Luftwaffe, wie sich seit ihrer Gründung ergaben. Auffällig ist dabei, dass gerade die seit 1990/91 erfolgten strukturellen – die Luftverteidigung wie alle anderen immer wieder treffenden – Umbrüche nicht nur einen personellen und materiellen Aderlass bedeuteten. Darüber hinaus ist das Ausbleiben einer sicherheitspolitischen Debatte über die Aufgaben der Bundeswehr unübersehbar, die sich in offiziellen Dokumenten vorzugsweise um „Konfliktbewältigung und Konfliktvermeidung" dreht, den Einsatz der Luftwaffe im heißen Krieg offensichtlich vermied. Freilich ist es wichtig, die Gesamtorganisation im Blick zu behalten, bevor einzelne Dienstteilbereiche in den Vordergrund rücken.

Dirk Schreiber ergründet die Entstehung der ersten Lufkriegsdoktrin der Bundeswehr. Dabei ist auffällig, dass die „Truppenführung" in der Luftwaffe gegenüber dem Heer einen deutlich geringeren Stellenwert zu haben schien. Während bei den Landstreitkräften die HDv 100/100 – wie auch ihrer Vorgängerinnen, allemal die „Rote TF" von 1962 – sozusagen „die Bibel" für den Einsatz ist, besaß die Luftwaffe bis 1991 nichts Vergleichbares. Dies scheint angesichts bestehender NATO-Doktrinen nicht von Nachteil gewesen zu sein.

Tobias Wurstner und *Jörg Sievers* widmen sich der Luftverteidigung aus dem Blickwinkel der NATO. Wurstner bietet einen knappen Einblick in die Geschichte des NATO Air (Missile) Defence Committee. Diesem gehört traditionell ein deutscher General als Deputy Chairman an, was die Bedeutung der Bundesrepublik Deutschland in der NATO und ihrer gemeinsamen Luftverteidigung untermauert. Sievers richtet seinen Blick auf die Gegenwart und Zukunft der NATO-Luftverteidigung, die im Zuge der Osterweiterung des Bündnisses vor vollkommen andere Herausforderungen gestellt ist, als dies bis 1991 der Fall war.

Friederike Hartung beschreibt in ihrem Beitrag die wesentlichen Entwicklungen in der Flugabwehrraketentruppe der Bundeswehr. Deren prägendes

Merkmal war die Einbindung in die NATO als *Command Forces*, womit sie bereits im Frieden durch NATO-Gefechtsstände geführt wurden.

Zum Verbund der NATO-integrierten Luftverteidigung gehören ebenfalls die Fliegerleitdienste. Diese heute als Einsatzführungsdienst bezeichnete Truppe besaß mit ihren Radaraufklärungsergebnissen, die in ihren Gefechtsständen zusammengeführt wurden, das „Big Picture" der Luftlage. Problematisch war dabei lange Zeit die Tieffliegergefahr. Falls gegnerische Luftfahrzeuge die Radarüberwachung unterfliegen sollten, wären sie nicht frühzeitig genug erkannt worden. Um dieses Problem zu beseitigen oder wenigstens zu reduzieren, baute die Luftwaffe frühzeitig den Luftraumbeobachtungsdienst auf. In den 1970er Jahren erhielt diese an der innerdeutschen Grenze stationierte Truppe endlich Radargeräte zur Tieffliegererfassung und den neuen Namen Tieffliegermelde- und Leitdienst. *Christian Hauck* beschreibt die Arbeit dieser vorgeschobenen Luftaufklärung, die mit der Einführung tiefstflugfähiger Kampfflugzeuge an ihre Grenzen geführt wurde.

Bis 1990 war die Flugabwehrraketentruppe an ihre ortsfesten Stellungen gebunden, selbst wenn die Waffensysteme HAWK und NIKE grundsätzlich auch mobil gewesen sein sollen. Der für alle Beteiligten plötzlich erfolgende Einsatz deutscher Flugabwehrraketenkräfte zur Sicherung der NATO-Südost-Flanke in der Türkei während des Zweiten Golfkrieges 1991 war der erste Einsatz der Bundeswehr im militärischen Kerngeschäft. Ohne hinreichende rechtliche Klärung und aus dem Stand improvisiert, harrt er immer noch einer wissenschaftlichen Untersuchung. *Bernd Walsch* stellt aus seiner Sicht als beteiligter Staffelchef einer Hawk-Batterie den Einsatz, der mit vielen Unwägbarkeiten zu kämpfen hatte, dar. Im Gegensatz zum vorangestellten Beitrag von Ilg enthält dieser Beitrag eine umfassende Chronik, die den Einsatz in den einzelnen Phasen nachvollziehbar macht.

Torsten Ilg betrachtet den jüngst zurückliegenden Einsatz Active Fence Turkey. Wie Bernd Walsch beschreibt er den deutschen Einsatz, der gemeinsam mit niederländischen und US-amerikanischen Flugabwehreinheiten die Sicherheit des NATO-Partners Türkei gegen Übergriffe aus dem syrisch-irakischen Bürgerkriegsgebiet schützen sollte, vor dem Hintergrund der Einsatzerfordernisse, der -belastungen und -realitäten. Beide Beschreibung ergeben ein gemeinsames Bild, wenngleich es in Nuancen unterschiedlich ist: beide Einsätze waren durch Unwägbarkeiten geprägt, die sich vor allem in der Aufnahme im Einsatzland spiegelten. Hier ist vor allem die gastfreundliche Aufnahme in der Türkei und die Unterstützung durch die türkischen Streitkräfte zu nennen. Sie steht dabei heute noch mehr als 1991 in auffälligem Kontrast zur Wahrnehmung der türkischen Politik.

Die Reminiszenzen von *Servatius Maeßen* geben schließlich nicht nur persönlich gefärbte Erinnerungen wieder. Sie veranschaulichen vielmehr die Probleme, denen die Flugabwehrraketentruppe an ihren (Einöd-)Standorten, oftmals weitab urbaner Zivilisation, unterworfen war. Auch weil diese Ansichten sicher von vielen Angehörigen dieser Truppe geteilt wurden, bieten sie vielerlei Ansatzpunkte, auch sozial- und wirtschaftsgeschichtlich die Bedeutung von Bundeswehrstandorten zu untersuchen – und dies nicht allein mit Blick auf die „Rolltreppe für die Mädchen".

Mit *Udo Beitzel* wagt einer der Autoren den Blick über den Tellerrand der Luftwaffe zum deutschen Heer. Als ehemaliger General der Heeresflugabwehrtruppe schildert er knapp und kurz wesentliche Entwicklungen seiner Truppengattung, die ähnliches tat wie die FlaRak, aber mit gänzlich anderen Mitteln und eingebunden in die Operationsführung der Landstreitkräfte.

Welchen Luftverteidigungs-Beitrag die Luftwaffe seit einigen Jahren mit dem *Air Policing* im Baltikum leistet, stellt *Gordon Schnitger* dar. Er nahm bereits mehrfach an diesen Einsätzen teil und beschreibt aus der Sicht des Kontingentsführers die Arbeit der (deutschen) Jagdfliegerkräfte bei den baltischen NATO-Partnern, die derzeit besonders der russischen Militärpolitik ausgesetzt sind.

Ein bei der Tagung präsentierter Beitrag zur Geschichte der Raketenschule der Luftwaffe, heute dem Taktischen Aus- und Weiterbildungszentrum Flugabwehrraketen der Luftwaffe USA in Fort Bliss/Texas, wird demnächst auf dem Internetportal der Luftwaffe umfassender angeboten werden.

Weit über die Luftverteidigung hinaus betrachtete dieser Band vor dem Hintergrund des 60. Geburtstages der Luftwaffe weitere Facetten ihrer Geschichte:

Martin Brehl leistet mit seinem Beitrag zum Standort Appen einen besonderen Blick in die Geschichte der Luftwaffe. Appen war einer der ersten Standorte und hatte wegen der dortigen Stationierung von Ausbildungsverbänden und besonders des Fluganwärterregimentes in den ersten Jahren eine herausragende Bedeutung. Die Frage, wo die „Wiege der Luftwaffe" stand, kann sicherlich neu betrachtet werden.

Paul Meiwald und *Julian Nicklas* gehen ebenfalls der Frage nach Identitäten nach. Sie haben sich den Wurzeln des „Geschwaders Steinhoff" in Laage angenähert und kommen zu verblüffenden Ergebnissen: die Luftwaffe der Einheit war, wenn das Geschwader ein Spiegelbild der Luftwaffe sein kann, das Ergebnis eines Durchmischungsprozesses, der Soldaten aus West und Ost an oftmals für diese neuen Standorten zusammenführte.

„Immer im Einsatz" ist für Transportflieger gar nichts Neues. Das ist für sie der Normalfall. *Jens Meyers* Schilderungen zum Lufttransport in Afghanistan runden den Band mit einer oftmals als selbstverständlich bewerteten Dienstleistung der Luftwaffe für die Bundeswehr ab, die angesichts des Alters der Transalls heute umso bemerkenswerter erscheint. Bei all den politischen und Scheindiskussionen um den Einsatz der Bundeswehr – wo auch immer – wirkt das Tagesgeschäft der Transportgeschwader ungeachtet der Besonderheiten vieler spezieller Einsatzregionen wie ein gut geführter Betrieb. Egal wohin, das klappt und wirkt auf die Nutzer beruhigend[8].

Abschließend richtet *Paul Elmar Joeris*, langjähriger Journalist mit großer Affinität zur Bundeswehr, seinen – weit über die Luftwaffe hinaus das Grundsätzliche aufgreifenden – Blick auf die Medienarbeit der Bundeswehr sowie ihre Wahrnehmung durch die „vierte Gewalt". Dabei stellt er fest, dass den Pressemitarbeitern der Bundeswehr oftmals die Souveränität im Umgang mit den Journalisten fehle. Ohne Not werden aus einfachen Sachverhalten Geheimnisse, die erst recht die Neugier der Presse schüren und die Bundeswehr als Organisation letztlich in die Enge treiben. Auch die langjährige Beobachtung eines einschlägigen Blogs im Internet untermauert diesen Befund: eine offensivere, anstatt reaktive Medienarbeit nähme vielen Journalisten den Wind aus den Segeln und könnte die Bundeswehr als Organisation besser im Lichte der Öffentlichkeit erscheinen lassen. Dennoch betreibe die Bundeswehr viel eher eine „Salamitaktik", bei der die Streitkräfte viel zu schnell zu Getriebenen in der Medienlandschaft werden und die so kaum noch „Herr des Verfahrens" sind.

---

[8] Dieser vielbeschäftigten Truppe widmet sich derzeit Generalmajor a.D. Hans-Werner Ahrens, der kürzlich ein Manuskript zum Lufttransport der Bundeswehr fertig stellte. Das Buch soll demnächst durch das Zentrum für Militärgeschichte und Sozialwissenschaften der Bundeswehr veröffentlicht werden.

Mit diesem Band liegt der vierte Sammelband zur Geschichte der Luftwaffe in dieser Reihe vor. Wenngleich nicht alle Facetten der Luftverteidigung abgebildet wurden und immer noch eine Fortschreibung der Luftwaffengeschichte seit 1970 der Bearbeitung harrt, ist die Luftwaffengeschichte ein Stück weit fortgeschrieben worden. Es bleibt zu hoffen, dass auch künftig und erst Recht andere Dienstteilbereiche ihre Geschichte untersuchen und die Vergangenheit der Luftwaffe als Streitmacht im Bündnis weiter in den Fokus geschichtswissenschaftlicher Untersuchungen rücken.

Potsdam und Fürstenfeldbruck im November 2016
Heiner Möllers und Eberhard Birk

Heiner Möllers

Die Luftwaffe und ihre Strukturen im Wandel der Zeit und ihrer ganz eigenen Politik

Vorbemerkung

Strukturen bestimmen Streitkräfte auf den ersten Blick. Sie regeln Zugehörigkeiten und definieren Unterstellungsverhältnisse. Sie lassen schon auf den ersten Blick erkennen, was nachgeordnete Truppen und was vorgesetzte Kommandobehörden sind. Sie verdeutlichen, wer welche Aufgaben in Krieg und Frieden besitzt. Dennoch sind Streitkräftestrukturen für den Unbedarften mysteriöse „Kästchenkunde". Für den mit Organisationsgeschichte vertrauten Militärhistoriker hingegen lassen sie auf den ersten Blick erahnen, wie – in diesem Falle – die Luftwaffe der Bundeswehr aufgebaut und organisiert ist.

Welche Grundsätze gelten jedoch, wenn Streitkräfte neu aufgestellt werden oder neue Strukturen erhalten? Folgt dann die Struktur den Aufgaben? Werden Verbände und Einheiten so zusammengeordnet, dass ein arbeitsfähiges Instrument (deutscher) Militärpolitik entsteht oder ein handlungsfähiges Instrument für einen Truppenführer?

Es gilt hier, die Strukturen der Luftwaffe im Wandel zu betrachten und feste Stellgrößen und leitende Parameter zu definieren. Nur so lässt sich erkennen, wie sich die Luftwaffe in ihren administrativen und Kommandostrukturen entwickelte und wieso gerade diese oder jene Kommandobehörde entstand und welchen militärischen Nutzen sie im Einsatz besitzen sollte.

Vorweg ist jedoch eines festzustellen: Es fehlt in der Bundesrepublik Deutschland nicht nur an einer grundlegenden politischen (und vor allem gesellschaftlichen) Debatte um die Aufgaben der Bundeswehr und die sicherheits- und wirtschaftspolitischen Interessen Deutschlands. Zwei Ereignisse untermauern diesen Befund. Erstens: Als CDU-Politiker 2003 ihr Positionspapier „Sicherheitsstrategie für Deutschland" publizierten[1], war die Diskussion aus politischen Gründen schon beendet, bevor das Papier analysiert war. Von den anderen politischen Parteien sind solche Ideen bislang nicht ausgegangen. Zweitens: Als Bundespräsident Horst Köhler nach einem Besuch bei den deutschen Soldaten in Afghanistan die Frage anriss, ob

---

[1] https://www.cducsu.de/themen/afrika/sicherheitsstrategie-fuer-deutschland (16.09.2016).

Deutschland auch bereit sei, militärisch die für unser Land notwendigen sicheren Handelswege zu schützen. Prompt wurde er von den Oppositionsparteien des Deutschen Bundestages heftig angegriffen; die Regierungsparteien ergriffen nicht das Wort für ihn. Er reagierte – möglicherweise deswegen, vielleicht auch aus anderen Gründen – mit dem sofortigen Rücktritt von seinem Amt[2].

Selbst die seit 1969 in unregelmäßigen Abständen erschienenen Weißbücher oder herausgegebenen Verteidigungspolitischen Richtlinien lassen den konzeptionellen Überbau, unter dem die Bundeswehr als Instrument deutscher Außen- und Sicherheitspolitik anzusiedeln ist, als mitunter fragiles Gebilde erscheinen. Nach dem Ende des Ost-West-Konfliktes hat die Bundeswehr bislang noch kein klares Regelwerk erhalten, das mögliche Einsätze und ihre Grundlagen umfassend bestimmt. Noch weniger wurde und ist sie für diese vagen Aufgaben in jeder Hinsicht angemessen ausgestattet worden. Dies spiegelt sich auch in den Strukturen der Luftwaffe deutlich wieder.

Die Luftwaffenstrukturen sind bis in die 1970er Jahre organisationsgeschichtlich analysiert[3]. Für die Zeit danach wurden sie bislang weder beschrieben noch erforscht – möglicherweise wegen einer unklaren Quellenlage. Das muss sich ändern. Denn die Strukturen der Luftwaffe entwickeln sich wie diejenigen der Bundeswehr insgesamt eben nicht „von allein" oder aus ihrem eigenem Antrieb. Sie folgten nach der Vereinigung beider deutscher Staaten 1990 vielfältiger welt- und sicherheitspolitischer Veränderungen. Eine umfassende Streitkräftereduzierung in Mitteleuropa, die damals viel zitierte „Friedensdividende"[4], war eine Folge. Ebenso waren und sind Umstrukturierungen der Bundeswehr – davor und auch danach – eher fiskalischen Motiven oder gar Koalitionsverträgen neu entstehender Bundesregie-

---

[2] Horst Köhler bricht sein Schweigen. – Der frühere Bundespräsident hat erstmals über seinen Rücktritt gesprochen: „Die Angriffe waren ungeheuerlich", sagte er der ZEIT. Man habe ihn bewusst missverstanden. In: Die Zeit vom 8. Juni 2011.
http://pdf.zeit.de/politik/deutschland/2011-06/Koehler-Interview-Ruecktritt.pdf (16.09.2016).
[3] Grundlegend zur Geschichte der Luftwaffe der Bundeswehr in den Jahren bis 1970 ist Bernd Lemke/Dieter Krüger/Heinz Rebhan/Wolfgang Schmidt, Die Luftwaffe 1950 bis 1970. Konzeption, Aufbau, Integration, München 2006 (= Sicherheitspolitik und Streitkräfte der Bundesrepublik Deutschland, Bd. 2).
[4] Die Vorstellung solcher neuer Strukturen in offiziösen Zeitschriften für „Europäische Sicherheit" und dergleichen kann nicht als kritische Analyse gelten. Oft beschreiben sie das ohnehin Beschlossene als selbstverständlich zwingend logisch und damit gute Struktur. Die Autoren leisten dabei allenfalls „Auftragsarbeit", aber keine kritische Forschung.

rungen unterworfen[5]. Manches scheint auch aus innermilitärischen Entwicklungen heraus erklärbar. Was jedoch nicht stattfand, war eine sicherheitspolitische Analyse. Wenn sie ansatzweise erfolgte, dann vor allem im Zuge der mitunter eingesetzten Strukturkommissionen, deren Vorschläge allerdings nur bedingt umgesetzt wurden.

Dieser Beitrag versucht damit eine Diskussion über die aktuelle Struktur der Luftwaffe vor dem Hintergrund ihrer Aufgaben und ihrer dafür zur Verfügung stehenden Ressourcen anzustoßen.

Als Zäsuren gelten bei der vorliegenden Untersuchung die Jahre 1968/70, als General Steinhoff den ersten großen Umbau auslöste, die Jahre 1990-94, als es galt die „Luftwaffe der Einheit" herzustellen, und 2001, als die Streitkräftebasis als neuer militärischer Organisationsbereich der Bundeswehr aufgestellt wurde, sowie 2012, als der Führungsstab der Luftwaffe aus dem Ministerium ausgegliedert wurde[6], womit der Inspekteur der Luftwaffe nicht mehr länger Abteilungsleiter im Bundesministerium der Verteidigung ist[7].

---

[5] Im Koalitionsvertrag der CDU/CSU-FDP-Bundesregierung zwischen 2009 und 2013 hieß es dazu auf S. 125: „Die Wehrpflicht hatte in den letzten Jahrzehnten ihre Berechtigung und sich bewährt. Seit dem Ende des kalten Krieges haben sich die sicherheitspolitische Lage, Auftrag und Aufgabenspektrum der Bundeswehr grundlegend verändert. Diesen Veränderungen ist angemessen Rechnung zu tragen. Die Koalitionsparteien halten im Grundsatz an der allgemeinen Wehrpflicht fest mit dem Ziel, die Wehrdienstzeit bis zum 1. Januar 2011 auf sechs Monate zu reduzieren."
Vgl. http://www.csu.de/common/_migrated/csucontent/091026_koalitionsvertrag.pdf (24.5.2016).
[6] Zur Geschichte des Fü L: Chronik Führungsstab der Luftwaffe. Von 1955 Abteilung VI Luftwaffe des Bundesministeriums für Verteidigung bis 2012 Auflösung des Führungsstabs der Luftwaffe im Bundesministerium der Verteidigung, Berlin-Gatow/Köln-Wahn 2013.
[7] Heute, 2016 gibt es Bundesverteidigungsministerium insgesamt zehn Abteilungen. Sechs von ihnen werden durch Soldaten geführt (Führung Streitkräfte, Strategie und Einsatz, Planung, Personal und Ausrüstung, Informationstechnik), vier werden durch Zivilpersonen geführt (Politik – vormals Planungsstab –, Haushalt und Controlling, Recht und Infrastruktur, Umweltschutz und Dienstleistungen (IUD)).

Ausgangsvoraussetzungen und Anpassungen, 1950-1966/70

Die militärischen Experten waren sich bei der Tagung in Himmerod, Anfang Oktober 1950, einig, dass für einen deutschen Wehrbeitrag „nur eine taktische Luftwaffe infrage komme, die die begrenzten personellen und industriellen deutschen Möglichkeiten nicht überspannte." Ein Luftwaffenkontingent zur Heeresunterstützung nahm im Dokument breiten Raum ein, der Schwerpunkt des Kampfes aus der Luft läge demnach künftig bei den USA und Großbritannien[8]. Diese Sicht wurde durch die deutsche Unkenntnis der tatsächlichen britischen und US-amerikanischen Ressourcen und Fähigkeiten geprägt. Ausgehend von der Größe der Bundesrepublik Deutschland gingen die Planer von einer primär zur Luftverteidigung ausgelegten Luftwaffe aus. Zudem zeichnete sich immer mehr ab, dass eine Luftverteidigung Westdeutschlands allenfalls im Rahmen einer einheitlichen Luftverteidigung für Gesamteuropa gelöst werden könne. Damit lag sie automatisch in der Hand eines militärischen Oberbefehlshabers für Europa (das war mit dem Beitritt der Bundesrepublik Deutschland zur NATO ab 1955 der Supreme Allied Commander Europe, SACEUR)[9]. Anfänglich sahen die deutschen Planer noch die Dislozierung der Flugabwehr-Kräfte im Umfeld schützenswerter Bereiche (Industrieanlagen, Brücken, etc.) vor. Nur in wenigen Fällen erwogen sie Flugabwehrzonen oder -gürtel.

Doch bereits nach knapp fünf Jahren, 1961, hatten sich die Vorstellungen und ihre Realisierung nachhaltig gewandelt: der Objektschutz war dem Raumschutz gewichen. Bodenständige (auf unabhängige Flugabwehrraketen abgestützte) und fliegende Luftverteidigung wurden nunmehr verzahnt[10].

Gleichermaßen hatte sich der Aufbau einer starken deutschen Luftverteidigung zugunsten der schweren und leichten Jagdbombergeschwader verschoben. Entsprechend der damals gültigen NATO-Strategie der *Massiven Vergeltung* galt es, ein hohes Abschreckungspotenzial aufzubauen. Dazu zähl-

---

[8] Vgl. Hans-Jürgen Rautenberg, Die Luftwaffenkonzeption in der Himmeroder Denkschrift. In: Truppenpraxis, Heft 11/1980, S. 931-940.

[9] Vgl. Dieter Krüger, Nationaler Egoismus und gemeinsamer Bündniszweck. Das ‚NATO Air Defence Ground Environement Programe' (NADGE) 1959-1968. In: Militärgeschichtliche Zeitschrift 64 (2005), S. 333-358.

[10] Vgl. Wilhelm von Spreckelsen/Wolf-Jochen Vesper, Blazing Skies. Die Geschichte der Flugabwehrraketentruppe der Luftwaffe, Oldenburg 2004 zur Aufstellung der Flugabwehrverbände in den 1960er Jahren.

ten neben fliegenden Luftangriffskräften auch Flugkörper vom Typ Pershing I und ansatzweise die Flugabwehrraketensysteme vom Typ NIKE Hercules.

Insgesamt stellte die Luftwaffe der Bundeswehr im Zeitalter der Blockkonfrontation (1956-1990) eine in der NATO eng verwurzelte Luftstreitmacht dar, deren Defensiv- und Offensivkapazitäten ungefähr gleichgewichtig waren. Sie war in Teilen, und dies waren in erster Linie Kräfte der Luftverteidigung, bereits im Frieden als NATO Command Forces in die Kommandostruktur des Bündnisses integriert und diese Teile wurden von NATO-Gefechtsständen geführt.

Die Luftwaffe und ihr Personal

Die Luftwaffe und ihr Personal entwickelten sich bis in die frühen 1970er Jahre zügig. Der Anteil der Kriegsgedienten war hoch; vor allem in den Führungsverwendungen war ohne sie keine Luftwaffe aufzubauen. Doch schon in der Luftwaffenlehrkompanie in Nörvenich, der ersten Einheit der neuen Luftwaffe, betrug der Anteil der ungedienten Freiwilligen rund 70 Prozent. Bereits nach knapp fünf Jahren betrug der Umfang der Luftwaffe 64.000 Mann. Kriegsgediente, ungediente Freiwillige und nicht zuletzt die seit 1957 eingezogenen Wehrpflichtigen sorgten für einen zügigen personellen Aufwuchs. Die Luftwaffe erreichte 1974 mit 111.000 Mann ihre höchste Personalstärke[11]. Einschränkungen infolge der Rezession der späten 1960er Jahren wie auch infolge des 1973er Ölpreisschocks und seiner Auswirkungen auf die wirtschaftliche Entwicklungen der Bundesrepublik Deutschland sorgten für einen personellen Rückgang. Die Luftwaffe hatte ab 1978 selten mehr als 106.000 Soldaten.

Seit 1990 sind die Strukturen maßgeblich durch politischen Anpassungsdruck und oftmals freiwillig eingegangene Abrüstungsauflagen – die sogenannte „Friedensdividende" – zu erklären. Ihre sicherheitspolitische Begründung ging dabei davon aus, dass Deutschland „von Freunden umzingelt" sei. Doch diese Formulierung geht angesichts der Bundeswehreinsätze in „failed states" (Somalia 1992/92), auf dem Balkan (ab 1992) und den internationalen Terrorismus (in erster Linie ab 2002 in Afghanistan) an der Wirklichkeit vorbei. Warum die Luftwaffe seit 1991/94 und bis heute infolge

---

[11] Vgl. Military Balance. Hrsg. vom International Institute for Strategic Studies, London, 1956ff. Zu beachten ist dabei, dass infolge der Vereinigung beider deutscher Staaten der Personalumfang auch der Luftwaffe 1990/91 kurzzeitig mehr als 110.000 Mann betrug.

zahlreicher Umstrukturierungen so aussieht, wie sie aussieht, wird sich vermutlich erst nach umfassender Quellenrecherche und noch mehr Zeitzeugenbefragungen klären lassen[12].

Anfänge der Luftwaffe und erste Strukturen bis 1970[13]

Analog zu den sich stetig entwickelnden und ab 1954/55 auf eine Einbindung in die NATO abzielende Anfangsplanungen waren die frühen Luftwaffenstrukturen durch einige wenige Charakteristika geprägt: Neben Divisionen für Luftangriff und Luftverteidigung nahm das bis 1962 bestehende Kommando der Schulen mit seinen Ausbildungseinrichtungen eine wesentliche Rolle ein: Es galt das Personal für die unterschiedlichen Dienstteilbereiche auszubilden und dafür die notwendige Schullandschaft – in enger Anlehnung an die US Air Force Europe – zu etablieren.

Hinzu kamen ab 1956 entstehende Ausbildungstruppenteile, die über die Bundesrepublik verteilt vor allem ab 1957 die wehrpflichtigen Grundwehrdienstleistenden und die angehenden Zeitsoldaten ausbildeten. Für die Offizieranwärter gab es die Offizierschule der Luftwaffe, erst in Faßberg, dann in Neubiberg, und später das Offizieranwärter-Bataillon in Fürstenfeldbruck.

Parallel erfolgte sukzessive die Aufstellung der Truppenteile aller anderen Dienstteilbereiche, wobei die sehr frühe Aufstellung der ersten fliegenden Kampfverbände (Jagdbombergeschwader mit Strike-Befähigung in Büchel und Nörvenich, später auch in Memmingerberg) aus bündnispolitischen Gründen Priorität besaß. – Ungeachtet dessen waren das Lufttransportgeschwader 61 in Neubiberg und die Flugbereitschaft die ersten fliegenden Einsatzverbände der Luftwaffe. – Bis 1964 war die Luftwaffe quasi erstaufgestellt, Truppenteile und Verbände nahezu vollständig. Die personelle und materielle Konsolidierung konnte beginnen.

Die Divisionen der beiden Luftwaffengruppen Nord und Süd waren ab 1963 nach regionalen Geschichtspunkten organisiert und ihre operativen Führungsaufgaben im Krieg in den Hintergrund gestellt. Das bedeutete per-

---

[12] Gerade letztere könnten Entscheidungsprozesse aufhellen, die zu Stationierungsentscheidungen und Reduzierungen führten, in den Akten nicht eindeutig festgehalten wurden und deswegen immer wieder den Eindruck erwecken, dass gerade die fliegenden Verbände besonders bevorzugt wurden.

[13] Vgl. Heinz Rebhan, Aufbau und Organisation der Luftwaffe 1955 bis 1971. In: Die Luftwaffe 1950 bis 1970 (wie Anm. 1), S. 557-647.

sonalaufwändige Divisionsstäbe mit Kompetenzen sowohl für den Luftangriff (LA) als auch die Luftverteidigung (LV) – im Gegensatz zu den vorher bestehenden Luftangriffs- und Luftverteidigungsdivisionen. Weiterhin bestanden bei den Luftwaffengruppen zwei neu aufgestellte Unterstützungsdivisionen, die neben logistischen auch Fernmeldeaufgaben zu schultern hatten – von den Ausbildungstruppenteilen und Musikkorps ganz zu schweigen. Eine Besonderheit stellte die 7. Luftwaffendivision mit Sitz in Schleswig dar. Sie gehörte zum NATO-Kommandobereich AFNORTH, wohingegen die übrige Luftwaffe zu AFCENT zählte. Demzufolge wurde nördlich der Elbe auch ein Mix von Verbänden unter diesem Divisionskommando gebündelt[14].

Herausragend und offensichtlich bedeutsam war in diesen Zeiten das Luftwaffenamt mit seinen Inspektionen, das 1962 aus dem Allgemeinen Luftwaffenamt hervorging. Es hatte die Aufgabe der Weiterentwicklung von Ausbildung, Führung und Einsatz. Zahlreiche „Friktionen", wenn beispielsweise das Luftwaffenamt Anweisungen gab und die Luftwaffengruppen Eingriffe in ihre Zuständigkeiten monierten, waren die Folge. Sie waren dann vom Führungsstab der Luftwaffe (Fü L) zu lösen.

Zudem bestand eine Unwucht zwischen der weitgehend NATO-integrierten Einsatzluftwaffe und dem omnipotenten Luftwaffenamt. Die darüber hinaus bestehende faktische Zweiteilung der Luftwaffe infolge der regionalen Zuständigkeiten der beiden Alliierten Taktischen Luftflotten mit ihren durchaus unterschiedlichen Verfahren zur Einsatzführung erschwerte die einheitliche Führung.

Fazit der Strukturen bis 1970: Eine einheitliche Führung war nicht vorhanden. Die Divisionsstäbe waren mit den Aufgaben LA und LV überfordert. Die Generation der damaligen, kriegsgedienten Divisionskommandeure und Kommandierenden Generale der Gruppenkommandos war weder geschult für die Führung moderner Waffensysteme – der Starfighter war seit 1961/61 in der Einführung – noch geprägt durch frühere integrierte Verwendungen in NATO-Stäben. Die Luftwaffe stand damit auf dem Höhepunkt der Starfighter-Krise im Sommer 1966 am Scheideweg. Sie war geprägt durch mangelnde Effizienz, strukturelle Unwuchten, technische Über-

---

[14] Die Existenz 7. Division war auch dem Umstand geschuldet, dass Schleswig-Holstein zwar zum NATO-Kommandobereich AFNORTH gehörte, die dortige Luftverteidigung auch wegen der Hoheitsrechte der Alliierten in Deutschland hingegen zum Kommandobereich AFCENT.

forderungen – vor allem mit der F-104. Der anstehende Generationswechsel im Führungspersonal musste Lösungen für teils alte Probleme finden. Doch die Gretchenfrage war dazu 1966, mit welchem Inspekteur dies geschehen könnte[15]?

Einbindung in die NATO

Die Luftwaffe war von Anfang an weitgehender als Heer und Marine in NATO-Strukturen eingebunden[16]. Gerade die Verbände der Luftverteidigung, insbesondere die Fernmelderegimenter Typ B (Radarführungsdienst) und die Truppenteile der Flugabwehrraketentruppe, waren als NATO-Command Forces in die „24/7"-Luftraumüberwachung eingebunden.

Faktisch waren die diesen Truppenteilen vorgesetzten Luftwaffendivisionen und die Gruppenkommandos – wie später auch das Kommando Luftflotte – zwar für Einsatzbereitschaft, Ausbildung etc. zuständig. Sie hatten aber streng genommen keinerlei Aufgaben im Gefecht. Anders war das bei den Fernmelderegimentern Typ B, die die Gefechtsstände der Luftverteidigung, die multinational zusammengesetzten Sector Operation Center (SOC), die deutschen Control and Reporting Center (CRC) sowie die Reporting Posts (RP) und nicht zuletzt die Dauereinsatzstellungen (DEST) des Tieffliegermelde- und Leitdienstes (TMLD) betrieben. In der Luftverteidigung führten NATO-Gefechtsstände Luftwaffenverbände unmittelbar. Damit besaß die Luftwaffe im Gegensatz zu Heer und Marine Doppelstrukturen: Diese nationalen und NATO-Stränge bestanden bis in die frühen 1990er Jahre und wurden danach schrittweise reduziert oder aufgelöst.

Wie bedeutend der Anteil der Luftwaffe an der NATO-Integrated Air Defense war, untermauert auch eine Aufstellung des Weißbuchs 1985[17]:

---

[15] Zur Krise 1966 jüngst: Claas Siano, Die Luftwaffe und der Starfighter. Rüstung im Spannungsfeld von Politik, Wirtschaft und Militär, Berlin 2016 (= Schriften zur Geschichte der Deutschen Luftwaffe, Bd. 4) sowie Heiner Möllers, Auswege aus der „Starfighter-Krise". General Steinhoffs Ringen um Befugnisse. In: Die Luftwaffe zwischen Politik und Technik. Hrsg. von Eberhard Birk, Heiner Möllers und Wolfgang Schmidt, Berlin 2012 (= Schriften zur Geschichte der Deutschen Luftwaffe, Bd. 2), S. 124-144.

[16] Das Heer war bis auf die Ebenen der Korps rein national gegliedert. Die Marine verfügte ebenso über eine nationale Grundgliederung. Erst im Einsatz wären die fahrenden Einheiten NATO-Verbänden zugeordnet worden.

[17] Weißbuch 1985. Zur Lage und Entwicklung der Bundeswehr, Bonn 1985, S. 202. – Weißbuch 1983. Zur Sicherheit der Bundesrepublik Deutschland, Bonn 1983, S. 126, korrespondiert damit.

„Die Luftwaffe stellt in Mitteleuropa 50 Prozent der Flugabwehrraketensystem, 30 Prozent der präsenten Kampfflugzeuge, 35 Prozent der Flugkörperwaffensysteme [Pershing Ia] und 80 Prozent des Führungssystems der NATO-Luftverteidigung." – Insgesamt stellte die Bundeswehr nach den US-Streitkräften in Europa das größte Streitkräftekontingent auf dem Kontinent.

Eine in sich tragfähige nationale Struktur, die sowohl alle NATO-Erfordernisse erfüllt und gleichzeitig nach innen eine sinnvolle und tragfähige Aufgabenabgrenzung beinhaltete, besaß die Luftwaffe bis 1968/70 nicht. Insbesondere die Rolle des Luftwaffenamtes mit seinen (Waffen-)Inspektionen implementierte eine Redundanz, die in allen Dienstteilbereiche mitredete und mitentschied. Dies endete 1970 mit der von Generalleutnant Steinhoff realisierten Fachkommando-Lösung und den darin geregelten Zuständigkeiten unter gleichzeitiger Abschichtung von Aufgaben aus dem Führungsstab.

Die Gefechtsstandorganisation für Combined Air Operations wies ein weiteres Manko auf: Der Luftkrieg war zwar von der Sache unteilbar, faktisch aber nach wie vor in Luftangriff und Luftverteidigung inklusive der zuständigen Gefechtsstände und Truppen geteilt. Und während die für die Luftverteidigung zuständigen – und in die NATO-Strukturen schon im Frieden bis hinauf zum SACEUR eingebundenen – SOCs von (auch deutschen) Brigadegeneralen geführt wurden, waren die deutschen Kommandeure der Luftverteidigungsdivisionen nicht zwingend in deren Führung eingebunden. Dahingegen hatten die deutsche Kommandeure einer Luftangriffsdivision zwei Hüte auf: sie führten national ihre Verbände und im Krieg das bei ihnen – d.h. konkret in Uedem bei der 3. Luftwaffendivision und später in Meßstetten bei der 1. Luftwaffendivision – Air Tactical Operation Center. Damit lagen im Kriegsfall Luftangriffsoperationen in ihren Verantwortungsbereichen.

Demnach betrug der Anteil der Bundeswehr an den Streitkräften in Mitteleuropa 50 Prozent der Landstreitkräfte, 50 Prozent der Waffensysteme der bodengebundenen Luftverteidigung, 30 Prozent der Kampfflugzeuge, 70 Prozent der Seestreitkräfte Ostsee sowie 100 Prozent der Seeluftstreitkräfte Ostsee.

Der Umbau von 1970

Generalleutnant Johannes Steinhoff beschrieb am 2. September 1966 gegenüber Bundesverteidigungsminister Kai-Uwe von Hassel das Luftwaffendilemma wie folgt: „Die derzeitige Kommandostruktur der Luftwaffe muss überprüft werden. Sie erscheint in ihrer jetzigen Form personell zu aufwendig, da in jeder Führungsebene Offiziere aller Fachrichtungen benötigt werden. Deshalb ist die Luftwaffe – in Anlehnung an die bei westlichen Luftwaffen übliche Command-Struktur – neu zu gliedern[18].“

Streng genommen erschienen die Divisionen mit ihren unterstellten Verbänden wie ein Gemischtwarenladen. Hinzu kam ein von Steinhoff identifizierter Mangel an Generalen, die ihrer Führungsaufgabe mit der dazu notwendigen Kenntnis moderner Waffensysteme – insbesondere Starfighter, NIKE und HAWK, aber auch den Gefechtsstandtechniken in den SOCs und CRCs – gerecht werden konnten.

Diese Mängel an effektiven Strukturen, qualifiziertem Führungspersonal und eindeutig geregelten Zuständigkeiten verschärfte damit gleichzeitig das Problem einer fehlenden angemessen Führung der Großverbände und der Vertretung der Luftwaffeninteressen innerhalb der NATO-Strukturen[19]. Zweck der von Steinhoff dann ab 1967 initiierten und ab 1968 eingeleiteten Neugliederung der Luftwaffe war „die Schaffung der organisatorischen Voraussetzungen für einen rationellen Einsatz des Fachpersonals und die Übertragung eindeutiger Führungsverantwortung[20].“ In der Folge entstanden reine Luftangriffs-, Luftverteidigungs- und Unterstützungsdivisionen sowie ein neuerlich klarer definiertes Weisungsrecht des Luftwaffenamtes gegenüber den Luftwaffengruppen „in besonderen Aufgabenbereichen[21].“

Nachdem der Minister 1968 der Idee Steinhoffs zur Schaffung der Command-Lösung zustimmte, erfolgte ab dem 1. April 1968 der Komplettumbau der Luftwaffe: die 7. Luftwaffendivision wurde aufgelöst, ihre Truppen den übrigen Divisionen, je nach Aufgabe, unterstellt. Als erstes Fachkommando auf Divisionsebene entstand das Lufttransportkommando, erst

---

[18] Bundesarchiv-Militärarchiv (BArch), Bw 1/181.190, Generalleutnant Steinhoff, Chief of Staff AAFCE, an den Bundesminister der Verteidigung, von Hassel, am 2.9.1966.

[19] Dort war die Luftwaffe deutlich unterrepräsentiert. Erst ab Mitte der 1970er Jahre, mit der Neuaufstellung AIRCENT, stellte sie den dortigen Deputy Commander sowie den Kommandeur der 4. Allied Tactical Air Force.

[20] Rebhan, Organisation und Aufbau (wie Anm. 11), S. 629.

[21] Rebhan, Organisation und Aufbau (wie Anm. 11), S. 629-630.

in Köln-Wahn, ab 1971 in Münster, das fortan bis zu seiner Auflösung 2010 nicht nur alle Lufttransportgeschwader und die Flugbereitschaft führte, sondern auch konzeptionell für alle Fragen des Lufttransportes verantwortlich war[22].

Bis in das Jahr 1970 folgte die Neuordnung[23] der Divisionen sowie zum 1. Oktober die Schaffung des neuen Kommandos Luftflotte an Stelle der beiden aufzulösenden Gruppenkommandos Nord und Süd als Höherer Kommandobehörde für alle Einsatzdivisionen, des Luftwaffenunterstützungskommandos als Höherer Kommandobehörde für alle Verbände der Luftwaffenlogistik. Das Luftwaffenamt erfuhr eine Reduzierung auf „Querschnittsaufgaben" und der Implementierung von Fachkommandos für nicht einsatzrelevante Fachaufgaben. Mit dieser Struktur wurden Aufgaben der konzeptionellen Weiterentwicklung der einzelnen Dienstteilbereiche auf die jeweiligen Höheren und Kommandobehörden verschoben!

Steinhoff kommentierte den einsetzenden Umbau im Januar 1968 wie folgt: „Diese neue Kommandostruktur ist zweifellos effektiver, als die bisherige und wird sich vorteilhaft für die Herstellung und Erhaltung der Einsatzbereitschaft auswirken. Dies vor allem deshalb, weil nunmehr Unterschiede in den Verfahren [bei den ATAF's] einfacher ausgeglichen werden können, und zwar ohne damit den Fü[hrungsstab der] L[uftwaffe] zu befassen[24]."

Letztlich besaß die Luftwaffe ab 1970 nicht nur die vier Einsatz- und zwei Unterstützungsdivisionen (Luftwaffenunterstützungsgruppenkommandos), sondern mit den neu aufgestellten Fachkommandos für Ausbildung, Lufttransport, Führungsdienste insgesamt neun Kommandos auf Divisionsebene – mit entsprechenden Stellen auch zum Aufwuchs von Generalstabsoffizieren –, was auch gegenüber dem Heer wegen der Stellen im Führungsstab der Streitkräfte sowie grundsätzlich im Verteidigungsministerium allgemein dringend notwendig war.

Insgesamt erhielt die Luftwaffe mit der Luftwaffenstruktur 70 – mitunter wird sie auch als Struktur 3 bezeichnet – eine tragfähige und zweckmäßige

---

[22] 1987 wurde das Lufttransportkommando dem Luftwaffenunterstützungskommando nachgeordnet, 1992 wieder dem Kommando Luftflotte, ab 1994 Luftwaffenführungskom-mando.

[23] Vgl. Klaus Graebert, Die neue Kommandostruktur der Luftwaffe. In: Truppenpraxis Heft 3/1971, S. 205-208.

[24] BArch, BL 1/63351: Vermerk InspL betr. Umgliederung der Luftwaffe – Änderung der Kommandostruktur vom Dezember 1967/Januar 1968 zur Information des Staatssekretärs im BMVg, Karl Carstens.

Organisation. Die Aufgaben waren klar definiert und allein der Umstand, dass sie bis 1990/91 unverändert gültig blieb, deutet an, dass sie „gut" war. Trotz der in ihrer Zeit vorgenommenen Modernisierungen oder der Einführung neuer Waffensysteme von der RF-4E bzw. F-4F Phantom II (1971-1975) über den Alpha Jet (1979-1982) bis hin zum MRCA Tornado (1983-1987) und Patriot (1986-1988) bestand keine Notwendigkeit, an ihr etwas zu ändern[25].

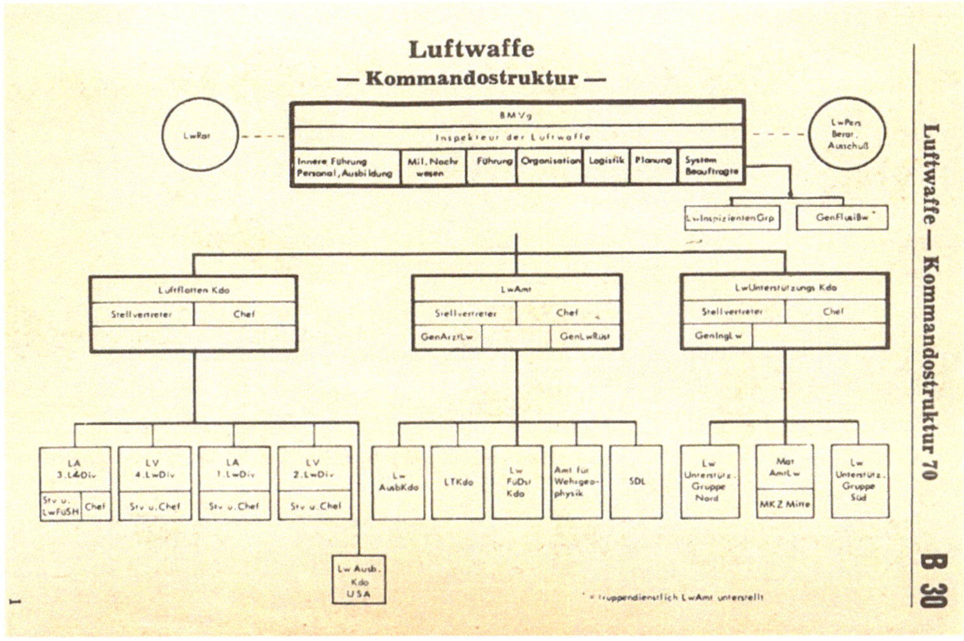

Die Luftwaffe war damit auf dem Höhepunkt ihrer Leistungsfähigkeit und eine feste Größe der Bündnisverteidigung in Mitteleuropa. Ihr Stellenwert wurde auch aufgewertet, als im Zuge der Rekonstituierung des 1967

---

[25] 1970 besaß die Luftwaffe folgendes Großgerät: 511 Kampfflugzeuge vom Typ F-104G Starfighter, 119 Kampfflugzeugtrainer TF-104G Starfighter sowie 21 vom Typ F-104F, 310 leichte Jagdbomber vom Typ Fiat G.91 sowie 40 Trainer dieses Typs, 179 Transportflugzeuge Nord 2501 Noratlas sowie 32 Transportflugzeuge C-160 Transall und 113 Hubschrauber Bell UH-1D. Siehe: Weißbuch 1970. Zur Sicherheit der Bundesrepublik Deutschland und zur Lage der Bundeswehr, Bonn 1970, S. 140.

aufgelösten Hauptquartiers der Allied Air Forces Central Europe (AAFCE), später AIRCENT – in Ramstein – die Luftwaffe am 1. Oktober 1974 den dortigen Stellvertretenden Befehlshaber im Range eine Generalleutnants zugesprochen bekam sowie gleichzeitig den Befehlshaber der 4. ATAF in Heidelberg, ebenfalls im Range eines Generalleutnants, stellte. Dies bedeutete eine deutliche Aufwertung auch gegenüber den britischen Verbündeten, die weiterhin den Kommandeur der 2. ATAF[26] wie auch den Befehlshaber der Northern Army Group – beide Hauptquartiere waren in Rheindalen bei Mönchengladbach – inne hatten. In diesem Zusammenhang ist ebenfalls zu erwähnen, dass die NATO der Bundeswehr ab Januar 1978 einen zweiten Deputy SACEUR neben dem bisherigen britischen Stellvertreter zubilligte[27]. Damit war die Bundeswehr und fallweise ihre Luftwaffe nicht nur „in der Fläche" sondern auch in Spitzenstellen des Bündnisses angemessen vertreten[28].

Gleichsam bedeutete dies natürlich keine Vergrößerung der Luftwaffe, aber doch eine spürbare Vermehrung von Spitzendienstposten[29], was zudem interessante Verwendungsmöglichkeiten in Spitzenstellen im Bündnis bot.

Gleichzeitig sorgte Steinhoff noch zu Ende der 1960er Jahre bei den folgenden Neubesetzungen der Stellen der Kommandierenden Generale und Divisionskommandeure dafür, dass „zuverlässige" und mit klaren Aufgaben versehene sowie nach seiner Auffassung dazu qualifizierte Generale verwendet wurden. Eine Konkurrenz erwuchs dem Führungsstab der Luftwaffe aus den neuen Kommandobehörden nicht.

Nicht zu übersehen ist zudem, dass Steinhoff mit seiner Übernahme der Luftwaffe auch eine stärkere Mitwirkung bei den Entscheidungen über die

---

[26] Immerhin stellte die Luftwaffe mit Generalmajor Friedrich P. Busch den letzten (Interims-) Kommandeur der 2. ATAF. Vgl. Headquarters Second Allied Tactical Air Force from 1952 to 1993, o.O. (1993).

[27] Gerd Schmückle, Ohne Pauken und Trompeten. Erinnerungen an Krieg und Frieden, Stuttgart 1982, S. 340-342, zu den Hintergründen der Einrichtung des deutschen DSACEUR.

[28] Eine Übersicht der damit zusammenhängenden Spitzenstellenbesetzungen der 2. und 4. ATAF sowie AIRCENT bietet: Reinhard Teuber, Die Bundeswehr 1955-1995, Norderstedt 1996, S. 117. Es darf dabei nicht vergessen werden, dass Generalleutnant Steinhoff schon 1965/66 als Chef des Stabes auch Stellvertreter des Oberbefehlshabers der damaligen AAFCE war.

[29] Nicht unerwähnt bleiben darf die Gründung von FlaRak-Kommandos aus bestehenden Regimentern heraus gegen Ende der 1980er Jahre. Ihre Notwendigkeit erschließt sich kaum, dafür gab es aber zwei neue Brigadegeneral-Stellen.

Besetzungen von Spitzenstellen der Luftwaffe durch ihren Inspekteur und sein neues „Personal-Board" durchsetzen konnte. Das war vorher nicht immer der Fall. Obendrein setzte er Generalmajor Dr. Konrad Stangl als Nachfolger des bis 1969 amtierenden Abteilungsleiters Personal, Generalleutnant Werner Haag (Heer), durch. Bedeutsam war dabei, dass Steinhoff gegenüber dem damaligen Verteidigungsminister Gerhard Schröder (CDU) Stangl als promovierten Jurist und erfahrenen Militär mit herausragenden Vorzügen für diese Aufgabe empfahl, die selbst zivile Konkurrenten nicht besäßen.

Dass die Struktur von 1970 bis 1991 keine Veränderungen erfuhr, ist vordergründig auf ihre Sinnhaftigkeit zurückzuführen. Dennoch könnte diese Konstanz auch den Schluss nahe legen, dass die Aufgaben der Bundeswehr, die Einsatzbereitschaft der Luftwaffe und die Zweckmäßigkeit der Führung der Luftstreitkräfte nicht ernsthaft hinterfragt wurden.

**Friedliche Revolution, Zeitenwende und Friedensdividende:
Auf dem Weg zur Luftwaffenstruktur 4**

Für die Luftwaffe war die Einbindung an NATO-Strukturen und die Anbindung an die 2. und 4. ATAF ein bestimmendes Element. Mit dem Ende der Blockkonfrontation und der Auflösung des Warschauer Paktes 1991 entfiel die Notwendigkeit einer so weit verzweigten NATO-Struktur. Auch die Entwicklung technischer Kommunikationsmittel und hochleistungsfähiger Luftraumüberwachungsradare machte eine so umfassende Gefechtsstandorganisation – wie sie in den SOCs, CRCs, ATOCs und einigem anderen bestand – nicht mehr notwendig. Mit der Auflösung der ATAFs im Juni 1993 entfiel ein erstes bislang konstitutives Element der gemeinsamen NATO-Luftverteidigung.

Damit entfiel teilweise auch die ständige Einbindung der Luftangriffs- und Luftverteidigungs-Verbände in der Kommandostruktur von AIRCENT – zwischenzeitlich auch als AIRNORTH und derzeit als Component Command Air Ramstein bezeichnet. Dieses Kommando hat zwar mittlerweile Aufgaben der früheren ATAFs übernommen, aber dies bezieht sich heute, 2016, nur auf das Air Policing, also die fliegende Luftraumüberwachung. In Übungen und bei Einsätzen kommt es seit Beginn der 1990er Jahre zu fallweisen Zusammenstellung gemischter Luftstreitkräfte aller NATO-Mitgliedsstaaten. Die Führung der operativen Verbände wurde durch Combined Air Operation Center (CAOC) in den 1990er Jahren übernommen, die aus den beiden Gefechtsständen in Uedem und Meßstetten entstanden. Damit führte die NATO die früheren SOCs und ATOCs zusammen und etablierte gemeinsame Gefechtsstände für Luftverteidigung und Luftangriff. Gleichzeitig kam es zu einer Reduzierung der Gefechtsstände (4 SOCs und 6 CRCs) schrittweise auf heute nur noch einen (Uedem). Die Entwicklung besserer technologischer Möglichkeiten ermöglichte die Auflösung der Radarführungstruppenteile. Derzeit verfügt die Luftwaffe nur noch über ein CAOC und zwei stationäre CRCs sowie ein mobiles und sechs RP.

Dieser Aderlass der Luftwaffe ist nicht verwunderlich: Nach dem Ende der Blockkonfrontation zwischen Ost und West, der Auflösung des Warschauer Paktes und der Zuwendung seiner ehemaligen Mitglieder zur NATO war eine Bundeswehr von 495.00 Mann nicht mehr notwendig. Die Abrüstung der Bundeswehr wurde im 2+4 Vertrag festgeschrieben, wie auch die übrigen Staaten sich im KSZE-Folgeprozess und dem daraus entstandenen KVAE-Abkommen zu umfassenden Abrüstungen verpflichteten. In einem ersten Schritt sollte die Bundeswehr auf 370.000 Mann, wenig später gar auf 340.000 Mann reduziert werden, wobei die Luftwaffe dies in der Luftwaffenstruktur 4 realisierte. Zwischenzeitlichen waren zudem die ehemaligen Angehörigen der Nationalen Volksarmee/Luftstreitkräfte-Luftverteidigung (LSK-LV) aufzunehmen und auch deren ehemalige und nunmehr zur Auflösung anstehenden Standorte und Garnisonen abzuwickeln. Gleichzeitig waren in den „neuen Ländern" neue Standorte der Luftwaffe zu errichten, wobei diese neuen Verbände zuerst nicht in die NATO integriert werden durften.

Dazu hieß es im „Befehl für die Einnahme der LwStruktur 4": Die Luftwaffe solle „auch künftig alle ihre Aufgaben mit dem verfügbaren Pers[onal]Umfang und den zugebilligten Betriebs- und Investitionskosten" ermöglichen. Dazu erfolge eine „Bereinigung der Typenvielfalt bei Wa[ffen]-Sys[temen], Stationierung/Dislozierung auch in den neuen Bundesländern und Konzentration der Friedensstationierung".

Die Auflösung bisheriger Verbände war also nicht zu umgehen und damit konnten gleichzeitig geringer bedeutsame Waffensysteme abgegeben werden. Letztlich bedeutete dieser Schritt das Aus für alle Alpha-Jet-Verbände; selbst wenn in Fürstenfeldbruck noch bis 1997 auf diesem Muster geflogen wurde. Gleichsam obsolet waren die beiden Pershing-Geschwader; sie hatten mit dem Abschluss des INF-Vertrages ihre Daseinsberechtigung

verloren[30]. – Im Übrigen verlor das deutsche Heer in dieser Zeit alle seine
für den Nuklearwaffeneinsatz bereitgehalten Systeme.

Die beiden Aufklärungsgeschwader 51 und 52 wurden aufgelöst und ihre
RF-4E Phantom II im Rahmen der NATO-Materialhilfe an die Türkei und
Griechenland abgegeben. Schwerwiegend erwies sich hier, dass die Luftwaf-
fe damit ihre Mittel zur bildgestützten Aufklärung aufgab, ohne dass umge-
hend ein ähnlich qualifiziertes System vorhanden war. (Insgesamt schien die
Auflösung dieser Verbände dem Beibehalten von Jagdbomberverbänden
vorgezogen worden zu sein.) Daran ändert auch nichts, dass ab 1994 in Jagel
ein neuer Aufklärungsverband mit Tornados aufgestellt wurde, die von der
Marine übernommen wurden. Die beiden mit F-4F Phantom ausgestatteten
Jagdbombergeschwader 35 in Sobernheim und 36 in Rheine wurden zu
Jagdgeschwadern und es war lange Zeit unklar, welches von beiden später in
das Beitrittsgebiet verlegt würde. Aus den Transportflugzeugen der ehemaligen NVA bildete die Luftwaffe das Lufttransportgeschwader 65 mit Flugplätzen in Brandenburg-Briest und Neuhardenberg (bis zum 1. Januar 1991
Marxwalde) – nicht zuletzt hatte es mit dem Shuttle der Bonner Beamten in
die neuen Länder genug zu tun. Ferner wurde ein Ausbildungsbataillon nach
Schönewalde verlegt, die Gefechtsstände der Luftraumüberwachung übernommen und die „FlaRaketenBrigaden" 51 in Spröttau und 52 in Ladeburg
sukzessive abgebaut.

Auffällig war unter den „940 Organisationsmaßnahmen[31]" der Luftwaffenstruktur 4 jedoch die Schaffung neuer Regionalkommandos in Kalkar
(Nord) und Meßstetten (Süd). Deren Kommandierende Generale hatten
künftig eine „Doppelhut"-Verantwortung als nationaler Befehlshaber sowie
als NATO-Befehlshaber des zugeordneten Combined Air Operation Center
(CAOC). Dieses entstanden an den Standorten der bisherigen Tactical Operation Center der 1. und 3., nunmehr gemischten Luftwaffendivision (vormals Luftangriffsdivisionen), und sie übernahmen gleichzeitig die Aufgaben
der aufzulösenden SOC. Durch die Anbindung der CAOCs an AIRCENT
waren die Kommandos Nord und Süd in die NATO-Strukturen integriert,

---

im Gegensatz zu den früheren Luftwaffengruppenkommandos bis 1970. Bei genauerer Betrachtung fällt auf, dass an der Spitze dieser beiden neuen Regionalkommandos ein Generalleutnant stand, im Gegenzug aber der Amtschef des Luftwaffenamtes und der Kommandeur des Luftwaffenunterstützungskommandos eben nur noch Generalmajore waren. Vordergründig war hier eine Angleichung an eine ebenso bei Heer und Marine erfolge Dotierungsreduzierung zu erkennen. Dennoch hatte die Luftwaffe damit auch geschickt den Wegfall hoch dotierter Dienstposten bei den ATAFs gedämpft.

Die regional zusammengestellten gemischten Divisionen trugen fortan „die unmittelbare Verantwortung für alle truppendienstlichen Angelegenheiten. Damit werden die Luftwaffenkommandos [Nord und Süd] von solchen Aufgaben entlastet … und die Divisionskommandos können sich aktiv der Gestaltung und Verbesserung der inneren Lage, der Ausbildung, der Menschenführung und der Erziehung widmen[32].“ Eine operative Aufgabe erhielten die Divisionen hingegen nicht.

Nicht nur äußerlich als einziger Generalleutnant in Köln-Wahn, sondern auch durch den großen Unterbau, hatte der neue Befehlshaber des Luftwaffenführungskommandos als Nachfolger des Kommandierenden Generals Luftflotte unter den Chefs der Höheren Kommandobehörden eine Stellung als „Primus inter pares“. Die bewährte Dreiteilung in Einsatzführung, Einsatzunterstützung und zentrale Aufgaben wurde beibehalten.

---

[32] Sohst, Langsam nimmt das Neue Gestalt an (wie Anm. 28), S. 169.

„Luftwaffenstruktur 4"

Stand: ab 1994

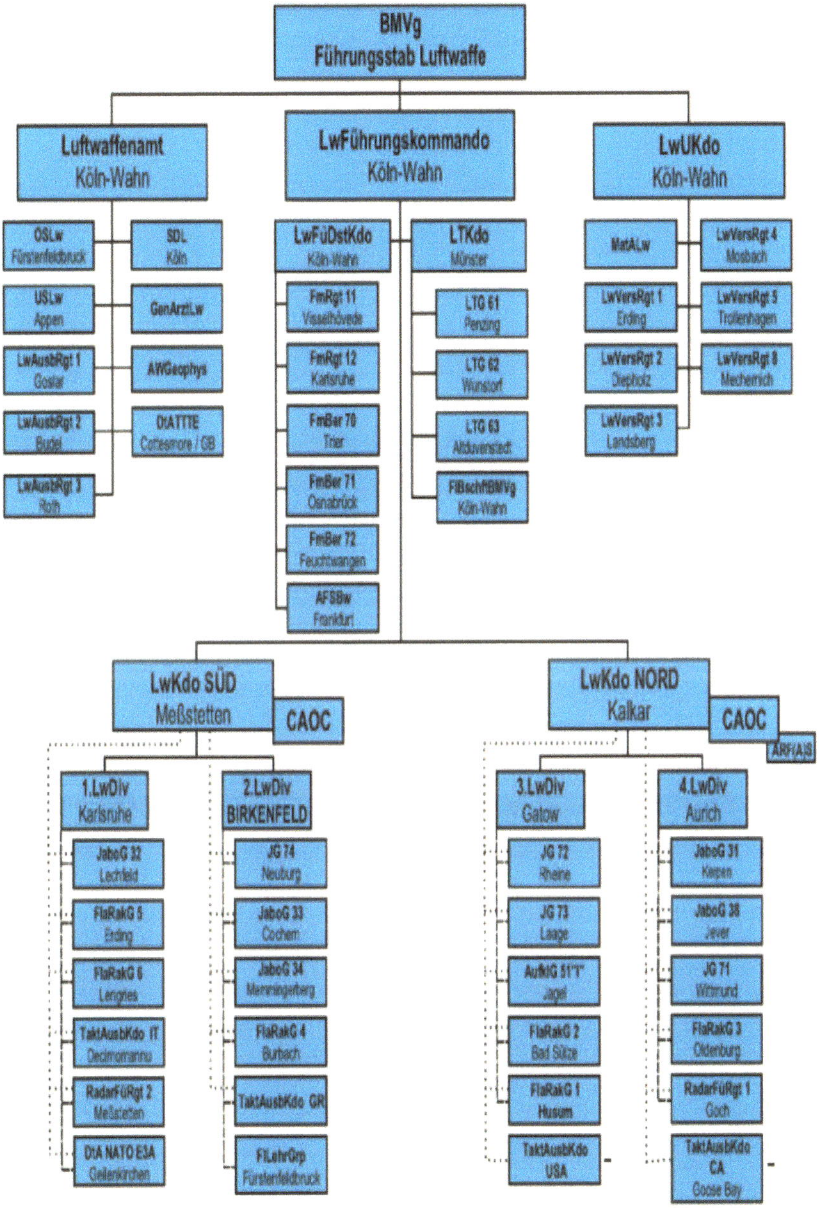

Letztlich bedeutsam war die Reduzierung von 103.000 Luftwaffen-Uniformträgern insgesamt, von denen rund 80.000 Mann vor 1990 in der Luftwaffe Dienst leisteten, auf nur noch 57.334 Dienstposten in der Struktur 4. Dass 1.000 Dienstposten bei NATO-Dienststellen wegfielen, so z.B. in den SOCs und den ATAFs, war dabei unbedeutend. Neben Gesetzen zur Verringerung der Personalstärke der Bundeswehr, die erst in den kommenden Jahren Wirkung zeigten, erwies sich auch die Verkürzung der Wehrpflicht auf 10 Monate personalverringernd.

Die Einbindung des „Beitrittsgebietes" geschah durch die schrittweise Stationierung von Luftwaffentruppenteilen im Zuge der Übernahme ehemaliger Liegenschaften. – Die Einbindung dieser Truppenteile in die NATO durfte erst nach 1994 erfolgen. – Die hierzu am 1. April 1991 aufgestellte 5. Luftwaffendivision in Strausberg-Eggersdorf umfasste alle Truppenteile im Beitrittsgebiet und stellte somit eine „Luftwaffe im Kleinen" dar. Alle Dienstteilbereiche waren in ihr vertreten. Am 1. April 1994 wurden die Reste der auszulösenden 3. Luftwaffendivision in Kalkar mit denen der 5. in Berlin-Gatow zur neuen 3. Luftwaffendivision zusammengeführt. Zu diesem Zeitpunkt hatte diese Division wie alle anderen auch ein regionales Zuständigkeitsgebiet – Nord- und Ostdeutschland – sowie keine Logistiktruppen oder Ausbildungsverbände. Es war, wie alle anderen Divisionen auch, eine gemischte Einsatzdivision, die mit der 4. Luftwaffendivision in Aurich dem Kommando Nord unterstand.

Mit der Luftwaffenstruktur 4 bewältigte die Luftwaffe ihre ersten wirklichen Einsätze auf dem Balkan, wo sie bereits in die *United Nation Protection Forces* mit ECR- und Aufklärungs-Tornados eingebunden war und wo sie 1992-94 an der Luftbrücke zur Versorgung der eingeschlossenen Bevölkerung von Sarajevo teilnahm[33]. Vieles bei den Einsätzen musste ausprobiert werden. Die Luftwaffe wie die gesamte Bundeswehr war nach der Erlangung der deutschen Einheit nicht darauf vorbereitet, außerhalb der Bundesrepublik Deutschland oder gar außerhalb des NATO-Bündnisgebietes (out of area) eingesetzt zu werden. Gerade die Zusammensetzung des Einsatzgeschwaders 1 auf der italienischen Basis in Piacenza zeigte, wie wenig die Bundeswehr wusste, was auf sie zukommen würde: aus der ganzen Luftwaf-

---

[33] Hans-Werner Ahrens, Die Luftbrücke nach Sarajevo 1992 bis 1996. Die Transportflieger der Luftwaffe und der Jugoslawienkrieg, Freiburg im Breisgau, Berlin, Wien 2012 (= Neueste Militärgeschichte. Einsatz konkret, Bd. 1).

fe wurden Freiwillige gesucht, die für Spezialaufgaben zeitweilig dort Dienst leisteten. Insbesondere die Tornado-Verbände waren durch die Abstellung ihres fliegenden Personals betroffen, weil nicht allein das Jagdbombergeschwader 32 in Lechfeld oder das Aufklärungsgeschwader 51 „Immelmann" in Jagel ständig in ausreichender Zahl Flugzeugführer und Waffensystemoffiziere verfügbar hatten. Noch fiel aber keinem richtig auf, vor welcher Zeitenwende die Bundeswehr stand, denn die Luftwaffe konnte nahezu alles „aus dem eigenen Beritt" und mit „Truppenlösungen" bereitstellen. Freiwillige gab es auch genügend; Italien war ja „nicht weit ab vom Schuss"! Viel dramatischer stellte sich die Situation der Transportflieger bei der Luftbrücke dar: mit zwei Triebwerken ohne Schutzsysteme in den Kessel einzufliegen war politisch gewollt und technisch machbar, aber militärisch verantwortungslos. Von einer Gefechtsstandorganisation im Einsatzland war kaum etwas zu sehen. Eher improvisierten die Transportflieger, wie sie es in den zurückliegenden Jahrzehnten schon getan hatten. Sie waren schon in aller Welt „im Einsatz".

Wegweisend waren diese Einsätze für die Errichtung einer Führungsorganisation der Bundeswehr insgesamt: Vor dem Hintergrund einer beinahe schizophrenen Debatte um die politische Opportunität eines deutschen Generalstabes – eine angeblich historisch „verbrannte" Bezeichnung – errichteten die einzelnen Teilstreitkräfte in ihren Führungskommandos Operationszentralen oder Führungszentren und selbst das Ministerium baute ein Führungszentrum Bundeswehr auf. Von einer einheitlichen Führung konnte jedoch noch nicht die Rede sein. Erst die Bildung des Einsatzführungskommandos der Bundeswehr im Sommer 2001 sollte eine zweckmäßige und eine alle im Auslandseinsatz befindlichen Truppen führende Kommandozentrale schaffen.

Im Zuge der sicherheitspolitischen Diskussion der Nach-Wende-Jahre und der zunehmenden Einsätze der Bundeswehr in der Amtszeit von Verteidigungsminister Volker Rühe etablierte sich eine Einteilung der Streitkräfte in Krisenreaktions- und Hauptverteidigungskräfte sowie die Militärische Grundorganisation[34]. Demnach sollten die voll-präsenten Krisenreaktionskräfte – weiterhin abgestuft als Immediate Reaction Forces (IRF) oder Rapid Reaction Forces (RRF) – „als Streitkräfte zur Konfliktverhütung und Kri-

---

[34] Zur Definition: Weißbuch 1994. Weißbuch zur Sicherheit der Bundesrepublik Deutschland und zur Lage der Zukunft der Bundeswehr, Bonn 1994, S. 93. Auch für die folgenden Zitate.

senbewältigung im Rahmen des Bündnisses sowie als Beitrag zu internationalen Friedensmissionen eingesetzt werden." Hauptverteidigungskräfte hingegen sollten als abgestuft bereitgestellte und noch aufwachsende Truppen „im Rahmen der militärisch nutzbaren Vorbereitungszeit für die landes- und Bündnisverteidigung" bereit stehen und sich auf Reservisten abstützen. Die Militärische Grundorganisation umfasste letztlich alles, was die Luftwaffe unter dem Luftwaffenamt als notwendige Stellen zur Ausbildung, zur Unterstützung des Betriebes sowie zur zivilmilitärischen Zusammenarbeit wie zur Zusammenarbeit mit den Alliierten benötigte.

Tatsächlich sorgte die Unterteilung in KRK und HVK für einige Jahre bis in die Verbände hinein zu einer unübersichtlichen Verschachtelung von Aufgaben, Fähigkeiten und Präsenzgraden, die zu allerletzt auch durch entsprechende Bekleidung – Feldanzug oliv oder Tarndruck – den Eindruck einer Zweiklassen-Unterteilung nie ganz verleugnen konnte. Besorgniserregend war bei dieser Unterteilung vielmehr, dass kein Luftwaffenverband geschlossen eine Aufgabe übernehmen konnte und selbst bei den fliegenden Staffeln eines Geschwaders unterschiedliche Bereitschaftsstatus existierten[35]. Insgesamt hatte die KRK-Anteile der Luftwaffe einen Personalumfang von 12.300 Soldaten. Ein Teil davon war als Reaction Forces vorgesehen.

Die Luftwaffenstruktur 4 hatte bis zur Jahrtausendwende Bestand. Die Ausrüstung änderte sich geringfügig und sukzessive fand sich die Truppe in ihren neuen Standorten ein.

Wenngleich unter dem Schlagwort „Armee der Einheit" die Integration der ehemaligen Angehörigen der Nationalen Volksarmee und die Stationierung der Bundeswehr im Beitrittsgebiet als Erfolg erklärt werden musste – und emotional sicherlich auch konnte – ist nur zu offenkundig, dass der Umbau der Bundeswehr zwischen 1990 und 1994 keineswegs mit einer gründlichen sicherheitspolitischen Analyse unterlegt war. Es war nicht klar, wozu und in welchen Szenarien die Bundeswehr und ihre Luftwaffe einge-

---

[35] Eine Aufstellung dazu findet sich in: BMVg. (Hrsg.), Bestandsaufnahme. Die Bundeswehr an der Schwelle zum 21. Jahrhundert, Berlin 1999, S. 66. Demnach stelle die Luftwaffe folgende KRK-Kräfte: alle Transportgeschwader, je eine Jagdbomberstaffel des Jabog 31 und des JaboG 34, eine Staffel des JaboG 32, eine Staffel des AufklG 51 je eine Staffel der beiden Jagdgeschwader, 12 FlaRakStaffeln sowie nicht näher definierte Objektschutz-, Führungs- und Aufklärungskräfte.

setzt werden und welche Kräfte und Mittel sie dazu benötigen würde[36]. Vielmehr gab der im 2+4-Vertrag bestimmte Umfang der Bundeswehr von 370.000 Soldaten einen zu groben Rahmen vor, der kaum hinreichende inhaltliche Vorgaben enthielt. Nur so scheint die improvisierte Zusammenstellung von Verbänden für die ab 1992 folgenden Auslandseinsätze begründbar zu sein. Und ebenfalls nur so ist zu verstehen, dass insbesondere die Entsendung von Recce-Tornados viele ungeklärte Fragen hinsichtlich der technischen Mittel zur Bildaufklärung aufwarf.

Auf dem Weg zum Einsatz als „Normalfall": die Reform der Rot-Grünen Bundesregierung

Nach dem Regierungswechsel 1998 setzte Bundesverteidigungsminister Rudolf Scharping die Kommission „Gemeinsame Sicherheit und Zukunft der Bundeswehr" ein und berief Alt-Bundespräsident Richard von Weizsäcker zu ihrem Vorsitzenden. Ihr gehörten 21 Mitglieder aus allen Religionsgemeinschaften und Gewerkschaften sowie ausgewählte zivile Führungskräfte an, zudem drei ehemalige Generale der Bundeswehr. Die Kommission legte am 23. Mai 2000 ihren Abschlussbericht vor[37]. Darin beschrieb sie, wie eine „(1) bedarfsgerecht zugeschnittene, bündnisfähige Bundeswehr auf der Grundlage einer (2) gesellschaftlich tragfähigen Wehrform mit einer (3) technologisch modern gehaltenen Ausrüstung innerhalb eines (4) angemessenen Haushaltsrahmens mittel- und langfristig am besten zu verwirklichen ist[38]." Als Rahmenbedingung, unter der die Bundeswehr in den kommenden Jahren ausgerichtet werden sollte, sah die Kommission vor, dass die „Messgröße für die neue Bundeswehr die Fähigkeit zur gleichzeitigen und zeitlich

---

[36] Das Weißbuch 1994. Weißbuch zur Sicherheit der Bundesrepublik Deutschland und zur Lage und Zukunft der Bundeswehr, Bonn 1994, S. 44-45, umreißt die Ziele deutscher Sicherheitspolitik, verkennt aber die aufgrund der tatsächlichen Entwicklung aufkommenden Konflikte. Der Einsatz von Streitkräften als Ultima Ratio zur Bekämpfung von Konflikten wird nicht einmal erwähnt.

[37] Gemeinsame Sicherheit und Zukunft der Bundeswehr. Bericht der Kommission an die Bundesregierung, Bonn/Berlin 2000. Die „Eckwerte für die konzeptionelle und planerische Weiterentwicklung der Streitkräfte („Kirchbach-Papier") des Generalinspekteurs der Bundeswehr sahen einen Personalumfang von 290.000 Soldaten vor. Der Leiter Planungsstab im BMVg, den der Minister dann zum Generalinspekteur berief (General Schneiderhan), zeichnete in einem eigenständigen Papier eine weitere Reduzierung der Bundeswehr auf 225.000 Mann Gesamtstärke vor.

[38] Ebd., S. 13.

unbefristeten Beteiligung an bis zu zwei Kriseneinsätzen sein sollte." Für die Luftwaffe würde dies bedeuten, dass sie „zwei Einsatzkontingente mit insgesamt 90 bis 100 Kampfflugzeugen, 10 Staffeln bodengebundener Luftverteidigung; ferner Luftbetankungs- sowie Lufttransportkomponenten" bereithalten müsste[39].

Die Kommission schlug – zeitlich vor „9/11" und damit ohne eine Ahnung, was künftig auf die Bundeswehr gerade in Afghanistan zukommen würde – einen Gesamtumfang der Bundeswehr von 240.000 Soldaten vor. Dies war gleichbedeutend mit dem ersten umfassenden Streitkräfteumbau seit dem Bestehen der Bundeswehr, der weit über eine reine Reduzierung und Aufgabe einzelner Fähigkeiten hinausging! Dieser Umbau schien der Kommission notwendig, weil sie die Streitkräfte insgesamt als „zu groß, falsch zusammengesetzt und zunehmend unmodern" bewerteten. Alle bisherigen Anpassungen und Veränderungen waren demnach Stückwerk; jetzt ging es um eine „neue" Bundeswehr. Der Auftrag der Bundeswehr definierte sich dabei so, wie ihn 1992 die damalige Bundesregierung formuliert hatte: Sie schütze und verteidige Deutschland, seine Staatsbürger und auch seine Verbündeten gegen politische Erpressung und äußere Gefahr, fördere die militärische Stabilität Europas, und schließlich diene sie „dem Weltfrieden und der internationalen Sicherheit im Einklang mit der Charta der Vereinten Nationen." Hinzu kam noch die Katastrophenhilfe, wie sie die Bundeswehr seit jeher leistet.[40] – Und auch hier wird der Einsatz der Bundeswehr zum Kampf für den Frieden nicht angesprochen und damit nicht erörtert. Die Bundeswehr werde vielmehr „vornehmlich außerhalb Deutschlands eingesetzt werden ... zu regional begrenzten Einsätzen der Krisenvorsorge und Krisenbewältigung", aber eben nicht zur Krisenbekämpfung[41]!

Für die Fähigkeiten der Bundeswehr und der Luftwaffe bedeutete dies, dass gerade leicht bewegliche, luftverlastbare Streitkräfte sowie deren Unterstützung aus der Luft (Kampf, Schutz und Transport) in den Fokus rückten. Erst nach 2000 setzte die drastische Reduzierung auch der bisher bereit gehaltenen schweren Waffen des Heeres ein, während bei der Luftwaffe vor allem nicht mehr genügend leistungsfähige Systeme reduziert und später ausgemustert (HAWK) oder aus paritätischen Gründen gestrichen wurden

---

[39] Ebd., S. 14.

[40] Ebd., S. 48-49. Das war nicht neu. Vielmehr wurde das, was sich seit 1991 ergeben hatte, festgeschrieben.

[41] Ebd., S. 47.

(Roland), ohne dass Nachfolgesysteme bereit standen[42]. Die damals 437 Kampfflugzeuge könnten auf 400 und die Flugabwehrraketen-Staffeln auf 40 bis 50 von damals 86 reduziert werden[43]. Abgesehen von den im Bericht angesprochenen Defiziten im Lufttransport und der Luftbetankung schien die Luftwaffe angemessen aufgestellt zu sein. Und tatsächlich verfügte sie gerade mit den mittlerweile leistungsstarken Aufklärungs- und ECR-Tornados über Fähigkeiten, die im Bündnis hoch begehrt und beinahe Unikate waren.

Der im Anschluss an die Kommission ab Herbst 2001 eingeleitete Umbau zur Luftwaffenstruktur 5, die später beinahe nahtlos zur Struktur 6 umgemünzt wurde, fiel demnach vordergründig nicht so umfassend aus, wie es bei Heer und Marine der Fall war[44]. Bedeutsamer waren die Abgaben an die neue Streitkräftebasis: die Luftwaffe verlor große Teile ihrer Logistik[45]!

Bereits 2005 zeichnete sich ab, dass die Luftwaffe infolge der Reduzierung der Wehrpflicht wie auch des Gesamtumfangs der Bundeswehr und ihrer Luftwaffe weiter an den Strukturen verschlankt werden musste. Der Luftwaffenstruktur 6 fielen ab 2005 dann weitere Kommandobehörden zum Opfer: der Stab der 4. Luftwaffendivision in Aurich und das Lufttransportkommando (LTKdo). Die Aufgaben des LTKdo wurden dabei ab 2010 durch das European Air Transport Command (EATC) in Eindhoven/ Nie-

---

[42] Offensichtlich wird dabei übersehen, dass „politische Entscheidungen" zur Reduzierung oder Aufgabe von Standorten und Fähigkeiten in der Regel der militärischen Beratung folgen.

[43] Ebd., S. 94-95.

[44] Faktisch verlor die Luftwaffe die beiden Kommandos Nord und Süd und das Luftwaffenunterstützungskommando, das im Luftwaffenamt aufging, sowie die Flugabwehrraketengeschwader 3 in Oldenburg, 4 in Burbach und 6 in Lenggries. Das Jagdgeschwader 72 Westfalen in Rheine/Hörstel wurde wegen des geringen Ausbildungsbedarfs für die F-4F Phantom zu einer Fluglehrgruppe reduziert und das Jagdbombergeschwader 34 in Memmingerberg aufgelöst.

[45] Die Versorgungsregimenter 4, 5 und 8, die keine Instandsetzung luftfahrttypischen Geräts betrieben, wurden an die Streitkräftebasis abgegeben und später teilweise aufgelöst. Gleiches galt für die beiden Fernmelderegimenter 11 und 12, die vorläufig als neue Führungsunterstützungsregimenter in die SKB integriert wurden. Die Fernmeldebereiche 71 und 72 zur fernmeldeelektronischen Aufklärung wurden ebenfalls aufgelöst und teilweise durch neue Fernmeldesektoren ersetzt, die später dem Amt für Nachrichtenwesen der Bundeswehr bzw. dem Kommando Strategische Aufklärung unterstellt wurden. Mit diesen Reduzierungen war auch das Führungsdienstkommando der Luftwaffe obsolet und wurde auf einen Führungsunterstützungsbereich Luftwaffe drastisch reduziert. Das Luftwaffenausbildungsregiment 2 in Budel war ein Opfer der Reduzierung der Wehrpflicht.

derlande übernommen. Dies war nach einer deutschen Initiative 1998/99 durch die europäischen Air Chiefs beschlossen und sukzessive etabliert worden. Jede der beteiligten Nationen stellt dem Pool bereit, was er nicht unmittelbar selbst benötigt („pooling and sharing"). – Gleichwohl verlor der Lufttransport der Bundeswehr damit auch eine Gefechtsstandorganisation, die in Eindhoven erst aufgebaut werden musste[46]. Einziger Gewinner dieser Entwicklung war der Objektschutz der Luftwaffe: Das Objektschutzbataillon der Luftwaffe in Schortens erfuhr den Aufwuchs zum Regiment, womit den Anforderungen an den Objektschutz im Einsatz, und insbesondere in Afghanistan, Rechnung getragen wurde.

Mit der Luftwaffenstruktur 5/6 erlebte die Luftwaffe einen drastischen Aderlass, der sich jedoch im Wesentlichen durch die Abgabe von Truppenteilen in der neu aufgestellten Streitkräftebasis[47] erklärt. Die Anzahl der Luftwaffenuniformträger hat sich dabei unwesentlich verändert, weil es nun in den Verbänden dieser SKB auch genügend Dienstposten für Luftwaffensoldaten gab. Faktisch jedoch erwuchs daraus eine Abhängigkeit der Luftwaffe im Einsatz von der SKB, wenn es um die Bereitstellung von Feldlager- oder Kommunikationskapazitäten ging. Und selbst wenn die 1970 etablierte Dreiteilung der Luftwaffe in Einsatzführung, Einsatzunterstützung und zentrale Aufgaben prinzipiell weiterhin bestand, war die Luftwaffe ab dem beginnenden 21. Jahrhundert nicht mehr allein operativ handlungsfähig. Die gute Vernetzung mit den Alliierten wie auch die zunehmende Integration in multinationale Verbände und Fähigkeiten mag darüber hinweg trösten.

---

[46] Der Einsatzführungsbereich 4 in Aurich/Brockzetel, das Flugabwehrraketengeschwader 4 in Burbach, das Fluglehrzentrum in Rheine/Hörstel und das Jagdbombergeschwader 38 in Schortens als bisherige Ausbildungsstätte für die Europäisierung der Tornado-Flugzeug-führer und Waffensystemoffiziere wurden aufgelöst.

[47] Mit der SKB wurde eine Idee realisiert, die Ende der 1970er Jahre der damalige Generalinspekteur der Bundeswehr, General (Lw) Harald Wust, umsetzen wollte. Er wollte einen „Zentralen Unterstützungsbereich" schaffen, der Versorgungs- und Führungs-truppenteile aller Teilstreitkräfte bündelte. Er stieß jedoch auf den Widerstand der Inspekteure von Heer und Luftwaffe, weswegen Verteidigungsminister Hans Apel die Idee verwarf. Bislang ist dieser Versuch Wusts noch nicht untersucht worden. Vgl. zur Idee der Bündelung streitkräfte-gemeinsamer Aufgaben Weißbuch 1975/76. Zur Sicherheit der Bundesrepublik Deutschland und zur Entwicklung der Bundeswehr, Bonn 1976, S. 117-120, sowie zu Wust: Clemens Range, Harald Wust. In: Clemens Range, Die Generale und Admirale der Bundeswehr, Herford 1990, S. 133-137. Nach 1978 wurden streitkräfte-gemeinsame Aufgaben allein für den Fernmelde-weitverkehr, die Infrastruktur und das Nachrichtenwesen definiert.

Nicht zu vergessen ist in diesem Zusammenhang ebenfalls die Aufstellung eines militärischen Organisationsbereiches Sanitätsdienst der Bundeswehr, der alle truppensanitätsdienstlichen Aufgaben übernahm. Der Luftwaffe blieben nur die luft- und raumfahrtmedizinischen Aufgaben, ihr Generalarzt der Luftwaffe, die Fliegerärzte in den Geschwadern sowie das Flugmedizinische Institut der Luftwaffe.

Ohne Multiplikator im Ministerium – die Luftwaffe im Jahr 2016/17

Der letzte Schritt des ständigen Luftwaffenumbaus ist die Einnahme der derzeitigen Struktur im Zuge der von Bundesverteidigungsminister Thomas de Maizière 2011 ausgelösten Neuausrichtung der Bundeswehr. Unter dem Titel „Vom Einsatz her denken. Konzentration, Flexibilität, Effizienz" stellte die von ihm eingesetzte sechsköpfige (!) Kommission unter der Leitung des Präsidenten der Bundesagentur für Arbeit, Frank-Jürgen Weise, ihren Bericht vor[48].

Die Streitkräfte werden darin nur marginal beschrieben, vielmehr widmete sich die Kommission den übergreifenden und übergeordneten Strukturen und Prozessen. Insbesondere innerministerielle Planungsprozesse wurden untersucht. „Moderne Unternehmensplanung, Personal- und Talentmanagement, Führung und Organisation" sind nur einige Überschriften im Bericht „auf dem Weg zur neuen Bundeswehr". Tatsächlich wurden viele Vorschläge des Berichtes nicht realisiert; der Sanitätsdienst ist nicht in die Streitkräftebasis integriert worden, das Kommando Operative Führung Eingreifkräfte besteht immer noch in Ulm, ansonsten wurde als echte Neuheit die Ausgliederung der Führungsstäbe aus dem Ministerium vorgeschlagen und auch realisiert. Der Umbau des Ministeriums hingegen fiel beträchtlich aus. Ob er sich bewährt, bleibt abzuwarten. Nicht verfolgt wurde auch der Vorschlag, den Generalinspekteur auf der Ebene der Staatssekretär anzusiedeln und seine Stellung diesen gegenüber herauszuheben. Er bleibt zwar für die Planung der Bundeswehr verantwortlich und ist nunmehr auch truppendienstlicher Vorgesetzter aller Soldaten, aber eben den Staatssekretären weiterhin untergeordnet.

Charakteristisch für diesen neuerlichen Veränderungsprozess ist die Ausgliederung des Führungsstabes der Luftwaffe aus dem Bundesverteidi-

---

[48] Bericht der Strukturkommission der Bundeswehr Oktober 2010. Vom Einsatz her denken. Konzentration, Flexibilität, Effizienz, Berlin 2010.

gungsministerium und seine Umwandlung in ein Kommando Luftwaffe als truppendienstlich höchster und nunmehr allein dem Generalinspekteur der Bundeswehr und seinem Stab unterstehende Kommandobehörde.

Darunter entstanden unter formaler Auflösung der bisherigen Divisionsebene das Luftwaffentruppenkommando und das Zentrum Luftoperationen. – Freilich gab es den Zwischenschritt mit dem Kommando Einsatzverbände und dem Kommando Unterstützungsverbände Luftwaffe, die beiden zwischen Juli 2013 und Juni 2015 bestanden. Und mit den Bereichen Fliegende, Bodengebundene und Unterstützungs-Verbände sind Divisionsäquivalente nach wie vor enthalten. – Die Ausgliederung des neu aufgestellten Luftfahrtamt der Bundeswehr als nachgeordnete Dienststelle der Abteilung Ausrüstung des Ministeriums ab April 2014, unter Einbeziehung aller für die Musterzulassung und Nutzung zuständigen Dienststellen der Luftwaffe sowie des Generals Flugsicherheit der Bundeswehr, machten die Nachjustierung der Neuausrichtung dann 2015 notwendig.

Nach der als „Aussetzung" verklausulierten Abschaffung der Wehrpflicht zum 1. April 2011 reduzierte sich der Personalumfang der Luftwaffe zwar nur geringfügig, aber allein der Ausbildungsbedarf veränderte sich in einem ersten Schritt elementar. Es gab keine Notwendigkeit mehr, ein Ausbildungsregiment mit mehreren Bataillonen vorzuhalten; ein Bataillon genügt offensichtlich.

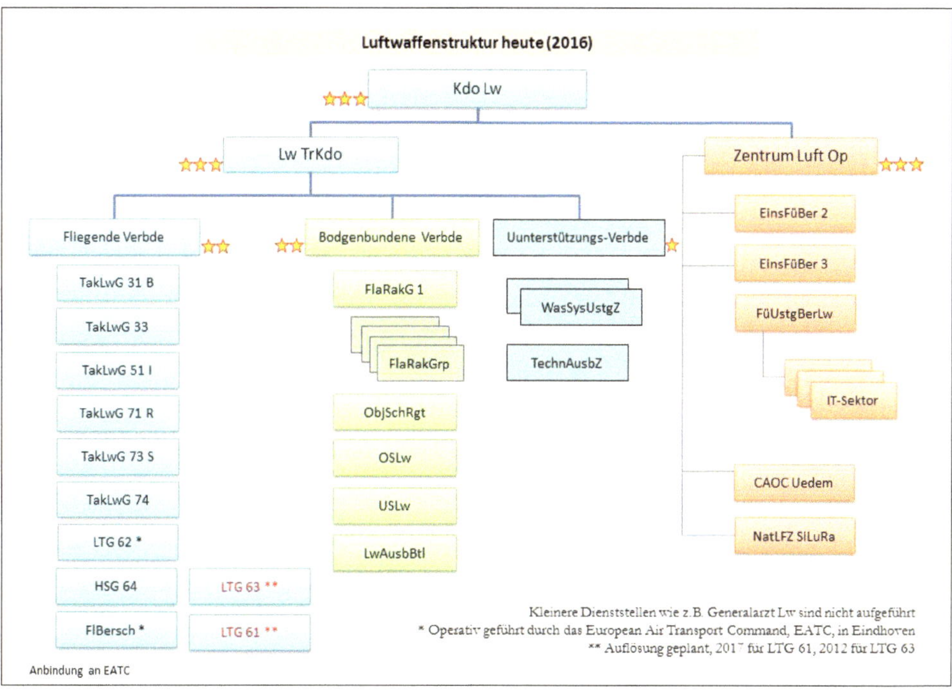

Dem Luftwaffentruppenkommando (LwTrKdo) in Köln-Wahn gehören in der Folge nunmehr nahezu alle Verbände und Truppenteile der Luftwaffe an. Ausnahmen stellen die für die Luftraumüberwachung verantwortlichen Einsatzführungsbereiche mit ihren Gefechtsständen sowie das einzig verbliebene CAOC in Uedem dar, die dem Zentrum Luftoperationen (Zentrum LuftOp) in Kalkar zugeordnet sind. Das CAOC steht dabei als Gefechtsstand für multinationale Luftkriegsszenarien in Gesamteuropa bereit. Die beiden Einsatzführungsbereiche sind als Gefechtsstände zur Luftraumüberwachung in Schönewalde, südlich von Berlin, und Erndtebrück im Siegerland die letzten beiden, die aus der langen Ahnengalerie der SOC, CRC und RP verblieben. Hinzu kommt ein in Schönewalde stationierter verlegbarer Gefechtsstand sowie verschiedene Reporting Posts mit Abgesetzten Technischen Zügen, statt früher Kompanien oder Bataillonen.

Der Aderlass der Flugabwehrraketentruppe setzte sich mit der Auflösung der Geschwader 2 in Bad Sülze und 5 in Manching im Frühjahr 2013 fort. Übrig blieben unter der Führung des Flugabwehrraketengeschwaders 1 „Schleswig-Holstein" nur noch drei von einst sechs mit dem Flugkörper

Patriot ausgestatte Gruppen – von ursprünglich 19 Flugabwehrraketengruppen im Jahr 1990! Neu hinzu kamen indes mit dem „Modular, Automatic and Network capable Targeting and Interception System" (MANTIS) ein Nächstbereich-Schutzsystem sowie mit einer Übernahme aus dem Heer das leichte Flugabwehrsystem Ozelot, die beide in der 2011 neu aufgestellten Flugabwehrgruppe 61 eine Heimat fanden.

Die Zuführung neuer Waffensysteme, vor allem des Eurofighters wie auch des Transportflugzeuges A400M, verlaufen selbst bei den zwischenzeitlich reduzierten Stückzahlen[49] nicht in dem Maße, wie es sich die Luftwaffe vorgestellt hatte. Damit ist die Auflösung der beiden Lufttransportgeschwader 61 in Penzing und 63 in Hohn deutlich im Verzug. Hohn wird möglicherweise erst 2021 geschlossen werden, vielmehr tauchten regelmäßig Gerüchte über die Beschaffung eines Interimstransportflugzeuges, vielleicht die C-130 Hercules, auf. Letztlich soll es mit dem LTG 62 in Wunstorf einen typenreinen A400M-Verband geben sowie die Flugbereitschaft. Ob der A400M hingegen alle Aufgaben erfüllen kann, die er dann meistern müsste, bleibt derzeit noch offen; ebenso, wann es eine deutsch-französische C-130 Hercules-Staffel geben wird.

Im Zuge eines zwischen Heer und Luftwaffe vereinbarten Fähigkeitstransfers hat die Luftwaffe alle Bell UH-1D an das Heer abgegeben und auf eine Ausstattung mit dem neuen Hubschrauber NH-90 verzichtet; und dies, obwohl am Luftwaffenstandort Holzdorf schon alles dafür vorbereit war. Stattdessen übernahm die Luftwaffe vom Heer die bereits seit Anfang der 1970er Jahre im Dienst befindlichen Mittleren Transporthubschrauber vom Typ CH-53G[50] – in teilweise modernisierten Versionen – und begründete damit das neue Hubschraubergeschwader 64, das an den Standorten Laupheim südlich Ulm und Holzdorf betrieben wird. Vom Fähigkeitstransfer sind teilstreitkraftübergreifend mehr als 4.000 Dienstposten betroffen und

---

[49] Von 180 ursprünglich bestellten Eurofightern übernimmt die Luftwaffe 143, von 73 geplanten und letztlich 60 bestellten A400M sollen nur noch 40 in die Luftwaffe eingeführt werden. Wer die nunmehr übrigen Flugzeuge kauft, ist bislang vollkommen offen. Interessenten existieren nicht bzw. werden von ausländischen Konkurrenten mit politisch attraktiveren Angeboten „überzeugt".

[50] Zur Kritik am „Fähigkeitstransfer" siehe auch Marco Seliger, Harte Landung. Teures Hubschraubergeschäft. In: FAZ vom 8.8.2014. Online abrufbar unter: http://www.faz.net/aktuell/politik/inland/bundeswehr-hubschraubertausch-wird-zur-kostenfalle-13078392.html?printPagedArticle=true#pageIndex_2 (1.6.2016).

letztlich wird auch der bisherige CH-Standort Rheine-Bentlage dauerhaft aufgegeben.

Mit der aktuellen Struktur ist die Luftwaffe auf ihre Kernaufgaben Kampf und Wirkung aus der Luft und Kampf gegen Bedrohung aus der Luft zusammengeschrumpft worden. Bei einem personellen Umfang von 28.189 Soldatinnen und Soldaten[51] ist sie mit ihren Fähigkeiten nur noch mit Verbündeten handlungsfähig, was aber auch politischer Wille war. Im Vergleich mit den Verbündeten erkennt man aufseiten der Luftwaffe immer wieder die Aufgabe von Fähigkeiten, die andere Partner besitzen. Die modulare Zusammenstellung von Luftstreitkräften für den Einsatz ist seit den Einsätzen auf und über dem Balkan der Normalfall und wird es wohl auch anderen Orts in Zukunft bleiben und angesichts der limitierten deutschen Ressourcen auch sein müssen.

Resümee

Dem Historiker fällt es mangels Quellen schwer, die Zweckmäßigkeit der Strukturen 4, 5 und 6 sowie der aktuellen Struktur über eine deskriptive Darstellung hinaus zu bewerten.

Der Nutzen der Ausgliederung der Luftwaffenführung aus dem Bundesministerium der Verteidigung wirft zudem Fragen auf: Der Führungsstab der Luftwaffe zählte rund 150 Köpfe, während das Kommando Luftwaffe nunmehr 600 Frauen und Männer umfasst. Möglicherweise gibt es einen Bezug zur gestiegenen Qualität der Arbeit oder zur steigenden Komplexität der Aufgaben. Und beim Heer ist alles noch größer und folglich auch komplexer!

Die Motivation zur Ausgliederung der Führungsstäbe der Teilstreitkräfte war politischer Natur. Die militärische Notwendigkeit einer „obersten Führung als Truppenführungskommando" muss sich noch beweisen. Letztlich gibt es Ähnliches schon seit dem Blankeneser Erlass, der 1970 die Aufgaben der Inspekteure als truppendienstlichen Vorgesetzten aller Soldaten ihrer Teilstreitkräfte definierte[52]. Viel schwerwiegender scheint zu sein, dass der

---

[51] Meldung von www.bundeswehr.de vom 26.5.2016, bei einem Gesamtumfang der Streitkräfte von 177.568 Soldatinnen und Soldaten. In der Luftwaffe dienen dabei 2.076 Frauen.

[52] Online neben dem Berliner und dem Dresdener Erlass verfügbar unter http://www.bmvg.de/portal/a/bmvg/!ut/p/c4/NYsxC8IwEEb_0V2DCOpm7SI46aDtIml6p AdNUq7XuvjjTQa_B295fNhhJtqNvVVO0U74wtbxqf9AHzYPgSMvSsJrAE-

Inspekteur nicht mehr Abteilungsleiter im Ministerium ist, so banal bürokratisch sich das auch anhören mag[53].

Schlussendlich bleibt festzuhalten: Zu den Streitkräften der Bundeswehr gehört der nahezu permanente Wandel der Strukturen – das ist auch bei anderen Streitkräften so. Sie sind weit von einem Perpetuum Mobile entfernt, aber sie folgen mitunter politischen Prämissen (vor allem bei Standortentscheidungen) und offensichtlich weniger militärischen Notwendigkeiten. Letztere wurden 1970 beim großen Umbau der Luftwaffe beherzigt. Alle seitdem folgenden Strukturen waren vor allem durch Reduzierungsmaßgaben präjudiziert. Was ständig fehlte, war die Analyse, was die Bundeswehr und ihre Luftwaffe für die Aufgaben der kommenden Jahre benötigt und welche sicherheitspolitischen Vorstellungen und Aufgaben damit verbunden sein sollten. Die politisch bedeutsamen Zäsuren 1990/91 (mit dem AMF-Einsatz in der Türkei zur Zeit des 2. Golfkrieges) sowie 2001 (9/11 und der Afghanistan-Einsatz als Konsequenz) lösten keine Debatte innerhalb der sicherheitspolitischen Community aus, was die Bundeswehr mit welchen Strukturen und Mitteln demnächst können soll. Dieses Manko scheint der Kardinalfehler aller Strukturveränderungen zu sein: zuerst wird eine Obergrenze definiert, danach werden die Standorte festgelegt und zuletzt eine Struktur zugrunde gelegt, die dann auch noch Änderungen unterworfen wird.

Dabei ist allerdings auch zu berücksichtigen, dass die Bundeswehr für sich definiert werden muss, ohne darauf zu warten, was die NATO mit ihren mittlerweile stark divergierenden 27 Mitgliedstaaten unternimmt. Solange die Bundesrepublik Deutschland ihre Sicherheitsinteresen nicht selbstverständlich und eindeutig formulieren will, wird sie bei Debatten über die Aufgaben der Bundeswehr in der NATO oder der Europäischen Union immer mit klaren Vorstellungen anderer Nationen konfrontiert sein. Damit ist Deutschland dann keine europäische Führungsmacht, sondern nur eine Akteur von 27!

Mit Spannung wird zu beobachten sein, wann die – unvermeidliche, den Zeitläufen folgende – nächste Struktur folgt.

LG9mNSu_S8Fm-A4FLkbRYKSpne7GaBOYkOpWyiuQCPGBbmaauTPWf-R4et8uu25tjc63vOIdw_gF_Q1qA/#par2 (1.6.2016).

[53] Verschärft wird dieses Problem auch dadurch, dass derzeit (Herbst 2016) kein Abteilungsleiter im Verteidigungsministerium der Luftwaffe angehört.

Martin Brehl

Der Fliegerhorst Uetersen. Eine „Wiege der Luftwaffe"?

Vorbemerkung / Quellensituation

Wie „runde" Jahres-, Gedenk- oder Erinnerungstage zu begehen sind, war schon immer eine Frage, bei der es grundsätzlich zwischen zwei Herangehensweisen zu differenzieren gilt:

(1.) Hervorhebung eines historischen Prozesses, in dem „das" Ereignis zwar eine herausragende Bedeutung hat, ohne den vorherigen Entwicklungsgang indes nicht ausreichend erklärt werden kann; oder aber

(2.) Konzentration auf „das" Ereignis, bei der der Kontext zur „Vorgeschichte" wird, um historische Relevanz überhaupt erst erzeugen zu können.

Aus medialer Sicht ist sicherlich Variante zwei die bevorzugte Herangehensweise. Es dürfte durchaus sinnvoll sein, den Vertretern der Medien einen Termin anzubieten, an dem sie über den Geburtstag angemessen berichten können.[1] Aus der Perspektive des Historikers hingegen scheint die Konzentration auf nur ein singuläres Ereignis wenig zielführend, da die Gründung der Luftwaffe in erster Linie einen Prozess darstellte. Pointiert formuliert: Niemand hat 1956 mit dem Finger geschnipst und die Luftwaffe war auf einmal da.

Zudem ist die Luftwaffe durch ihre starke Technikorientierung zwingend auf Zusammenarbeit, den Aufbau von Fachkompetenz oder auch auf soziale Interaktion angewiesen. Als Schlagwort mag hier das „Team Luftwaffe" genügen. Die Verengung auf nur ein Ereignis oder nur einen Tag dürfte in diesem Zusammenhang sogar kontraproduktiv sein, da dieses die Vielschichtigkeit einer solchen Gründung und damit die Vielschichtigkeit der Luftwaffe insgesamt ausblendet. Die Luftwaffe als Teilstreitkraft, die sich der Beherrschung der 3. Dimension zuwendet, könnte durch eine solche Reduzierung geradezu „eindimensional" wirken.

---

[1] Der Inspekteur der Luftwaffe, Generalleutnant Müllner, hat in seinem Tagesbefehl vom Anfang 2016 den 2. Januar 1956 als „Geburtsstunde unserer Luftwaffe" bezeichnet; andere Ereignisse als „wichtige Meilensteine".

Auch deshalb soll es hier um die Schilderung der Anfangszeit der Bundeswehr auf dem Fliegerhorst Uetersen gehen – „einer" Wiege neben anderen.[2]

Mit diesem regionalgeschichtlichen Ansatz lässt sich die Forschung der letzten Jahre zur Geschichte der Luftwaffe ergänzen[3]. Die Auswirkungen größerer Entwicklungs- oder Entscheidungslinien auf die unteren Ebenen können dabei genauso verdeutlicht werden wie die Bedeutung der unteren Ebenen für das Ganze. Zudem vermögen solche Ergänzungen die Abhandlungen über die Organisation, deren Entwicklung oder den Diskussionen, die grundlegenden Entscheidungen vorausgegangen sind, mit Leben zu füllen und die Dimension „Mensch" mehr in den Mittelpunkt zu rücken.

Im Hinblick auf die Quellenlage gilt es festzuhalten, dass diese für den untersuchten Standort – vor allem auch im Vergleich zu vielen anderen aus der „Gründerzeit" – herausragend gut ist. Sowohl aus dem Bereich der ehemaligen Bauverwaltung als auch aus dem Fluganwärterregiment sind umfangreiche schriftliche Materialien erhalten.[4]

Ergänzt wird das Material durch einen umfangreichen Bildbestand. Im Jahre 2008 wurden in einem Keller über 500 Fotos aus der Bauphase bzw. den 1940er Jahren gefunden. Ebenfalls der Bauleitung entstammend lassen sich hier auch vielfältige Tarnmaßnahmen und Scheinanlagen im Umfeld des

---

[2] Zum Aufbau der ersten Ausbildungsverbände siehe: Hans-Werner Jarosch (Hg.), Immer im Einsatz. 50 Jahre Luftwaffe, Hamburg, Berlin, Bonn 2005, S. 21 ff.

[3] Grundlegend: Bernd Lenke, Dieter Krüger, Heinz Rebhahn, Wolfgang Schmidt, Die Luftwaffe 1950 bis 1970. Konzeption, Aufbau, Integration, München 2006. Zudem: Jarosch (wie Anm. 2) sowie die bisherigen Bände der Reihe „Schriften zur Geschichte der Deutschen Luftwaffe".

[4] Deutlich über 350 A 4-Ordner befinden sich in der Obhut der Lehrsammlung USLw. Davon stammen etwa 250 aus dem Bereich der ehemaligen Bauleitung und sind nur eingeschränkt von übergeordnetem historischem Wert. Wie groß hingegen der regionalgeschichtliche Bezug dieser Informationsquelle ist, lässt sich leicht vorstellen. So ist bei einigen Gebäuden detailliert nachzuvollziehen, welcher Handwerksbetrieb vor 80 Jahren welche Arbeiten ausgeführt hat. Insbesondere für die Abschätzung möglicher Sanierungsflächen im Rahmen des Umweltschutzes hat sich dieser Altbestand bisher als wichtige Quelle erwiesen. Die Ordner aus der Bundeswehrzeit entstammen überwiegend dem damaligen Fluganwärterregiment bzw. dem Bereich Öffentlichkeitsarbeit der USLw. Erst in jüngerer Zeit wird die Tätigkeit der USLw umfassender dokumentiert. Sofern nicht anders angegeben, beziehen sich die folgenden Ausführungen auf die Dokumente der Sammlung Schriftgut der Lehrsammlung USLw.

Fliegerhorstes ablesen.[5] Die Zeit der Royal Air Force (RAF) konnte in den letzten Jahren durch Zusammenarbeit zwischen dem Standortfeldwebel, Herrn Stabsfeldwebel Thorsten Göpfert, und dem Vorsitzenden einer Vereinigung ehemaliger RAF-Angehöriger, der „Old Uetonians Association", ergänzt werden. Die analogen Fotos der Bundeswehrzeit entstammen vor allem der Presse- und Öffentlichkeitsarbeit; Fotos über Ausbildung oder die Alltagsrealität findet man hingegen nur vereinzelt.

Nutzungsgeschichte der Kaserne vor 1956

Die Kasernenanlage war noch vor der offiziellen Bekanntgabe der Luftwaffe als eigenständigem Teil der Wehrmacht als Flugzeugführerschule festgelegt worden. Der Befehl des Reichsministers der Luftfahrt zum Aufbau der Luftwaffenreserve vom 22. Januar 1935 nannte Uetersen als Ausbildungsstelle der Landesgruppe 3.[6] Bis zum 1. April 1935 wäre die Ausbildungsstelle fertig zu stellen, damit hier Personal der noch getarnten Luftwaffe ausgebildet werden könne. Allerdings traf die Bauleitung erst Ende März 1935 ein, sodass der Terminplan von vorn herein Makulatur war. Zudem konnte aus verschiedenen Gründen – insbesondere Problemen mit dem nicht tragfähigen Baugrund – lediglich etwa zwei Drittel der geplanten Gebäude errichtet werden.

Ganz überwiegend wurde der Standort für verschiedene Ausbildungszwecke genutzt. Rein militärisch betrachtet muss die Kasernenanlage daher als eher unbedeutend bewertet werden. Seitens der RAF regelmäßig überwacht[7], erkannten die Alliierten während des Krieges die geringe Bedeutung, so dass Bombardierungen weitgehend unterblieben.

Anfang Mai 1945 besetzten kanadische und britische Truppen die Kaserne. Unter anderem lagen bis 1946 drei kanadische Spitfire-Staffeln in dem nun „Royal Air Force Station Uetersen" genannten Fliegerhorst. Vor allem aber nutze die RAF die Anlage als logistischen Standort. Im Rahmen des „Aufarbeitens" der Überreste von Wehrmachtsmaterial wurden aus ganz

---

[5] Eine Auswahl wurde veröffentlicht in: Martin Brehl, Thorsten Göpfert, Bennett Haker, Tarn- und Scheinanlagen am Fliegerhorst Uetersen. Unbekannte Maßnahmen im Zweiten Weltkrieg, Eltville 2014.

[6] Der Befehl ist abgedruckt in: Karl Köhler, Dokumente und Dokumentarfotos zur Geschichte der deutschen Luftwaffe. Aus den Geheimakten des Reichswehrministeriums 1919-1933 und des Reichsluftfahrtministeriums 1933-1939, Stuttgart 1968, S. 371-374.

[7] Es sind Luftaufnahmen vom 5.11. 1943, 2.10.1944 und 23.4.1945 bekannt.

Norddeutschland Wehrmachts-LKWs dort zusammengezogen, um diese dann einer neuen Nutzung zuzuweisen.

In den letzten Jahren sind bei diversen Erdarbeiten am und im Standort Uetersen Reste des „Aufräumens" der Briten aufgetaucht. Der Fundzusammenhang lässt darauf schließen, dass diese nicht länger benötigtes Material in vorhandenen Geländemöglichkeiten – beispielsweise Splitterschutzgräben – entsorgt haben. Mehrere Waffen, die wieder aufgetaucht sind, wurden vor dem Vergraben offensichtlich bewusst unbrauchbar gemacht. Bei drei Karabinern fehlen die Verschlüsse, einem MG 81 wurde der Lauf abgeknickt und bei einem Revolver der Abzugsbügel so eingedrückt, dass der Abzug nicht länger betätigt werden kann.

Am 28. November 1955 übernahm die Oberfinanzdirektion Kiel den Fliegerhorst von der RAF im Rahmen eines militärischen Zeremoniells. Nach dem Abschreiten der Ehrenkompanie der RAF durch Captain William Langley und Regierungsdirektor Ziegler von der Oberfinanzdirektion Kiel wurde unter präsentiertem Gewehr und Trompetensignalen die britische Flagge eingeholt. Unmittelbar danach verließen die letzten Briten auf Lastwagen den Fliegerhorst. Damit waren Soldaten der RAF länger auf dem Fliegerhorst stationiert als Soldaten der Wehrmacht. In der regionalen Wahrnehmung allerdings ist die RAF nahezu verschwunden.

Die Oberfinanzdirektion hatte bereits1954 im Rahmen einer Erkundung diverse norddeutsche Fliegerhorste bewertet. Der Erkundungsbericht vom 6. November 1954 ergab für Uetersen: „Völlig erhaltener Fliegerhorst in bestem Zustand mit allen Anlagen. Sofort belegbar [...] Sofort anfliegbar, für Schulzwecke sofort nutzbar".

Der Nutzung voraus ging indes erst die Planung. Diese sah vor, teilweise parallel und ineinander verwoben, drei Ausbildungsstränge aufzubauen: erstens die Grundausbildung, zweitens die allgemeinmilitärische und militärfachliche Ausbildung von Unteroffizieren und Offizieren sowie drittens die fliegerische Grundschulung aller zukünftigen Piloten der Bundeswehr.

Luftwaffenlehrkompanie – Luftwaffenausbildungsregiment = Grundausbildung

Ende März / Anfang April 1956 trafen die ersten Luftwaffenangehörigen ein. Dies ging bei der Neuaufstellung von Streitkräften nicht ohne Friktionen vonstatten. Dazu ist eine sehr bezeichnende Anekdote des späteren

Stabsfeldwebels a. D. Siegfried Danowski überliefert[8]: Als junger Feldwebel zählte er zu den ersten Bundeswehrsoldaten auf dem Fliegerhorst Uetersen. Anfang April 1956 reiste er mit Dienstwagen, in Uniform und bewaffnet, von Nörvenich aus kommend an seinen vorgesehenen Standort. Er hatte damals keine Ahnung, wo „Uetersen" genau lag. In Hamburg hielt er an einer Polizeistation, um nach dem Weg zu fragen. Die erschrockenen Polizisten griffen nach ihren Dienstwaffen, als eine unbekannte Person, in unbekannter Uniform, aber mit Waffe am Koppel, die Polizeistation betrat. Nachdem sich die Situation aufgeklärt und er sich mit den erforderlichen Papieren ausgewiesen hatte, wurde Herr Danowski sehr freundlich aufgenommen und mit Polizei-Eskorte zum Fliegerhorst Uetersen gebracht.

Die nach Uetersen versetzten Angehörigen der Luftwaffenlehrkompanie (LwLehrKp) bildeten den Stamm der 1. Kompanie des Luftwaffenausbildungsregiments (LwAusbRgt) 1. Wie „wild" diese Aufbauphase aus heutiger Sicht war und wie sehr ständige Veränderungen diese Zeit prägten, wird mit folgender Übersicht schlaglichtartig deutlich:

**Aufstellung des Luftwaffenausbildungsregiment 1
auf dem Fliegerhorst Uetersen 1956:**

4. April: Eintreffen eines Vorkommandos der Luftwaffenlehrkompanie aus Nörvenich

15. Mai: Aufstellung Stab I. Bataillon und 3. Kompanie

1. Juni: Aufstellung 5., 6., 7. und 8. Kompanie. Endgültiges Eintreffen der Luftwaffenlehrkompanie als 1. Kompanie

15. Juni: Aufstellung Stab II. Bataillon und 4. Kompanie

1. Juli: Aufstellung Stab IV. Bataillon sowie 13. und 14. Kompanie

15. Juli: Aufstellung 9. und 10. Kompanie

31. Juli/
5. August: Verlegung der 5., 6., 13. und 14. Kompanie sowie des Stabes des II. Bataillons nach Husum

1. August: Aufstellung des Regimentsstabes sowie der 11., 12., 15. und 16. Kompanie

---

[8] Gespräch mit dem Verfasser im Jahre 1997.

15. August: Aufstellung des Stabes des III. Bataillons, offizielle In-
                dienststellung des Gesamtverbandes
1. Oktober: Verlegung der 7. und 8. Kompanie nach Faßberg
15. Oktober: Verlegung der 3. Kompanie nach List auf Sylt
30. November: Rückkehr der 3. Kompanie.

Trotz aller organisatorischer Probleme – vom unzureichenden Mobiliar über die Überbelegung der Anlage (Unterkunft musste selbst in den großen Flugzeughallen genommen werden) bis hin zu fehlenden Ausbildungsunterlagen und -mitteln – konnten noch 1956 die ersten Rekruten mit und ohne Vordienstzeit in der Wehrmacht ihre dreimonatige Grundausbildung erhalten. Auch ein erster Unteroffizierlehrgang wurde bereits 1956 im LwAusbRgt 1 begonnen.

Sehr aufschlussreich für diese Frühphase ist ein Bericht in den Uetersener Nachrichten vom 15. Juni 1956. Unter der Überschrift „Alte und neue Soldaten auf dem Fliegerhorst Uetersen" berichtete der offensichtlich von Wehrmachtserfahrungen vorgeprägte Journalist einerseits vom „Ritterkreuzträger Major Plewig[9]" oder dem Kriegswerdegang des Kommandeurs der Fliegerhorst-Gruppe, Oberstleutnant Siegfried Taubert. Vor allem aber schrieb er davon, dass „der Besucher eines Besseren belehrt" wurde. Die Bandbreite der offensichtlich Erstaunen hervorrufenden Erlebnisse reichte von der Höflichkeit der Wache über die Abschaffung des scharfen Kommandos „Kaffeeholer raus!" bis zum 8-Stunden-Tag der Soldaten oder der Neuerung, dass jeder Rekrut auch einen Zivilanzug im Schrank hätte.

Andere Zeitungsberichte lassen hingegen die Schwierigkeiten der Aufbauphase, insbesondere durch die massive Überbelegung bei fehlendem Mobiliar, erkennen. Die „Bild" bauschte in ihrem Bericht vom 30. August 1956 Murren und Missfallensäußerungen von Soldaten der Luftwaffen-Lehrgänge, die in noch beengteren Unterkünfte umziehen sollten, zu einer Befehlsverweigerung auf. Doch zeigte auch der deutlich wohlwollendere Bericht im Hamburger Abendblatt vom 30. August 1956, wie groß die

---

[9] Waldemar Plewig (6.1.1911-10.9.1983), diente von 1959 bis 1970 in der Bundeswehr und war zuletzt Oberstleutnant.

Schwierigkeiten der frühesten Aufstellungsphase tatsächlich wohl gewesen waren. Die Kaserne war schlicht und einfach weit überbelegt[10].

Trotz dieser organisatorischen Probleme sprachen zeitgenössische Schriftstücke vom Fliegerhorst Uetersen als dem „erste(n), voll aufgebauten Fliegerhorst der Bundesrepublik". Dieser wäre „auch würdiger Hintergrund für die erste Vereidigung der neuen deutschen Bundeswehrsoldaten". Diese Vereidigung fand am 19. Oktober 1956 statt.

Mit der Übernahme der Eggerstedt-Kaserne Pinneberg[11] 1959 begann die Nutzung als Doppelstandort, die bis zur Aufgabe der Pinneberger Kaserne 2003 anhielt. Bis 1988/90 führten Teile des LwAusbRgt 1 an beiden Standorten die militärische Grundausbildung in verschiedenen Formen durch.

Luftwaffenlehrkompanie – Luftwaffenlehrgänge = Aus- und Weiterbildung der Unteroffiziere und Offiziere

Aus einem anderen Teil der Luftwaffenlehrkompanie gingen die sogenannten Luftwaffenlehrgänge (L-Lehrgänge) hervor.[12] Die entscheidenden Sätze des Aufstellungsbefehls lauteten:

- „Am 1.6.56 wird die Lehrgangsleitung mit Stammpersonal für die „Luftwaffen-Lehrgänge (L-Lehrgänge)" im Fliegerhorst Uetersen aufgestellt."

- „Die Lehrgänge haben die Aufgabe, bereits gedientes Personal der Luftwaffe in die allgemeinen und militärischen Grundlagen der Streitkräfte

---

[10] Zu den personellen und infrastrukturellen Problemen siehe: Frank Nägler, Muster des Soldaten und Aufstellungskrise, in: Frank Nägler (Hg.), Die Bundeswehr 1955 bis 2005. Rückblenden – Einsichten – Perspektiven, München 2007, S. 81-99, vor allem S. 89f. sowie ders., Der gewollte Soldat und sein Wandel. Personelle Rüstung und Innere Führung in den Aufbaujahren der Bundeswehr 1956 bis 1964/65, München 2010, S. 291-302.

[11] Die Eggerstedt-Kaserne (Benennung am 15. April 1971) wurde als Luftnachrichten-kaserne gebaut. Ab dem 1. April 1939 war hier eine Ersatzabteilung stationiert. Nach 1945 vor allem als Flüchtlings- und Notunterkunft genutzt, rückten nach einer Erstinstand-setzung im September 1959 die ersten Bundeswehrsoldaten ein. 1990 übernahm die USLw den Standort. Dort war die III. Lehrgruppe stationiert. Unter den oben geschilderten Beständen des Schriftgutes der Lehrsammlung USLw befinden sich auch diverse Ordner zur Baugeschichte der Eggerstedt-Kaserne Pinneberg.

[12] Luftwaffenaufstellungsbefehl Nr. 3 für „Luftwaffenlehrgänge (L-Lehrgänge)" in Uetersen vom 29. März 1956, Bundesarchiv-Militärarchiv (BArch), BL 1/6206.

[…] einzuweisen, die Lehrgangsteilnehmer mit Bekleidung auszustatten, ihre Besoldung festzusetzen und die Truppenakten zu vervollständigen."

- „Stammpersonal (Endstärke ab 1.6.56): 135/66/-/24".

- „Lehrgangsteilnehmer: anwachsend von ca. 400 Anfang Juni auf ca. 1200 Ende Juli 1956".

In diesen L-Lehrgängen standen Luftwaffensoldaten mit Vordienstzeit in der Wehrmacht im Fokus der Ausbildung. Über die genaue Zusammensetzung oder die Ausbildungsziele sind jedoch keine Aufzeichnungen erhalten geblieben. Lediglich die Ausbildungsinhalte sind noch nachzuweisen: Innere Führung, Information Gesamtstreitkräfte, Allgemeine Truppenkunde, Formalausbildung, Schießausbildung, Sport, Fachinformation und Fremdsprachlicher Unterricht.

Die L-Lehrgänge bestanden aus acht Hörsälen mit je 35 Lehrgangsteilnehmern. Major Plewig, der auch die Vorarbeiten für Aufstellung und Durchführung geleistet hatte, wurde der erste Kommandeur. Bereits acht Tage vor dem offiziellen Beginn des ersten Luftwaffenlehrgangs A waren 125 Offiziere, Unteroffiziere und Mannschaften eingetroffen. Unterkunft, Unterkunftsgerät oder Ausrüstung waren allerdings kaum vorhanden. Die als Lehrer vorgesehenen Offiziere mussten ihren eigenen Vorbereitungslehrgang in Köln-Wahn abbrechen und sofort ihre Aufgaben in Uetersen übernehmen. Auf Grund dieser eklatanten Mängel musste die Dauer des L-Lehrgangs A auf einen Monat reduziert werden. Erst der am 15. Juni 1956 anlaufende Lehrgang B konnte auf zwei Monate festgesetzt werden.

Am 1. Juli wurde der Lehrgang C aufgestellt, am 15. Juli der Lehrgang D. Schon am 1. August mussten die Lehrgänge nach fachlichen Gesichtspunkten neu gegliedert werden. Nun erfolgte die Einteilung der Lehrgangsteilnehmer nach folgenden Tätigkeiten:

Untergliederung ab dem 1. August 1956:

- Lehrgang A: Fliegendes Personal, Flugzeugführer-Anwärter, Flugsicherungspersonal und Radio-Operators;

- Lehrgang B: Fliegertechnisches Personal;

- Lehrgang C: Fernmeldepersonal mit Ausnahme des in Lehrgang A genannten Personals;

- Lehrgang D: Allgemeines Personal, Nachschub-Personal, Material-Übernahme-Kommando und sonstige Dienst.

Da die nachfolgende Fachausbildung – hauptsächlich an der Technischen Schule 1 in Kaufbeuren und der Technischen Schule 2 in Lechfeld – stockte, konnten die Lehrgangteilnehmer nicht abgeschleust werden. Der ständige Zustrom weiterer Schüler führte so zu massiven Unterkunftsproblemen.

Bereits im September 1956 wurde entschieden, die L-Lehrgänge um die erforderliche Fachausbildung nichttechnischer Fachrichtungen zu ergänzen. Als erster Schritt erfolgte dazu am 9. Oktober der Beginn der Lehrgänge zum Kompaniefeldwebel, für den folgende Ausbildungsgebiete festgelegt wurden: Innere Führung und Recht, Personalwesen, Truppenkunde / Truppendienst sowie Haushalts- und Verwaltungswesen.

Am 12. November übernahm Oberst Dietrich Busch von Major Plewig das Kommando über die Luftwaffenlehrgänge. Auch wenn es durch die Akten nicht zu belegen ist, dürfte ein derartig früher Kommandeurswechsel mitten in der Aufbauphase nicht zu einem ruhigen Arbeiten beigetragen haben.[13]

Die Luftwaffenlehrgänge wurden am 1. Januar 1957 in Truppenschule der Luftwaffe (TrSLw) umbenannt. Nun erfolgte auch die Einrichtung weiterer Fachlehrgänge, beispielweise am 19. Februar der für Rechnungsführer und am 1. März die Aufstellung der Lehrgruppe B. In dieser sollten künftig alle Lehrgänge für Unteroffiziere und Mannschaften durchgeführt werden.

Am 1. Mai 1957 zog die Truppenschule der Luftwaffe nach Hamburg-Osdorf um. Dort erfolgte dann die Aufstellung der Lehrgruppe A für die Offizierlehrgänge sowie in schneller Folge der Beginn weiterer Fachlehrgänge: die Lehrgänge für Verpflegungsverwalter, für Büropersonal, für Filmvorführer oder für Personaloffiziere und Personalverwalter.

Eine Übersicht aus den frühen 1960er Jahren verdeutlicht die Breite der damaligen Ausbildung. Die Lehrgruppe A führte diverse militärfachliche Lehrgänge für Offiziere und Unteroffiziere durch. Dabei reichte die Bandbreite vom Einheitsführerlehrgang bis zum Koch. Die Lehrgruppe B hinge-

---

[13] Zur Personalfluktuation und den sich daraus ergebenden Problemen siehe: Nägler, Muster des Soldaten (wie Anm. 10), S. 91f.

gen bildete zentral die Feldwebel der Luftwaffe aus. Daher lässt sich diese Schule als eine Vorgängerschule der heutigen USLw definieren.

1971 gingen die Truppenschule der Luftwaffe zusammen mit der ersten Unteroffizierschule der Luftwaffe in Gürzenich in der neu aufgestellten Truppendienstlichen Fachschule der Luftwaffe in Iserlohn auf. Die Lehrgänge für Offiziere wurden in den 1970er Jahren an die Offizierschule der Luftwaffe in Neubiberg – später in Fürstenfeldbruck – abgegeben.

**Das Fluganwärterregiment =
fliegerische Grund- und Auswahlschulung**

Bereits am 1. November 1956 war das III. Bataillon des LwAusbRgt 1 als „Flugzeugführeranwärterbataillon" für die „vorfliegerische Ausbildung" bestimmt worden. Die Ausbildungsbereiche umfassten: Unteroffizierlehrgang für ungedientes Personal, englische Sprachausbildung, fliegertheoretische Ausbildung, fliegertechnische Ausbildung, Fernmeldeausbildung und „Refresher"-Ausbildung für ehemalige Flugzeugführer.

Dazu trat ab Oktober 1957 das „L-18-Kommando" mit 5 Offizieren, 22 Fluglehrern und 35 Piper L-18 Flugzeugen hinzu. Bereits am 2. November ereignete sich der erste Flugunfall. Die Piper L-18 mit der Kennung AS-530[14] stürzte nach Motorausfall aus geringer Höhe ab. Fluglehrer (Stabsunteroffizier Bernhard Rembiok) und -schüler (Gefreiter Ernst-Jürgen Engels) fanden dabei den Tod.

Die Piper L-18 – wegen ihrer Farbgebung auch „Gelbe Gefahr" oder „Postflugzeug" genannt – diente bis 1963 für die Auswahlschulung. Wenige L-18 wurden 1958 zudem für die fliegerische Auffrischung von erfahrenen Flugzeugführern in Lehr- oder Stabsverwendungen genutzt. Der entsprechende Befehl[15] nennt als Voraussetzung: „Bewährung als ehemalige FF-Offiziere mit mindestens 1000 Flugstunden. Nur für Offiziere mit dieser fliegerischen Vorbildung ist die Durchführung eines verkürzten Lehrgangs möglich. Englische Sprachkenntnisse erforderlich." Der Flugdienst sollte 15 Stunden umfassen, wobei auf die halbe Stunde genau die zu absolvierenden Flugfiguren vorgegeben waren. Zudem war der theoretische Unterricht detailliert festgelegt: 10 Stunden Einweisung und Allgemeine Einführung, 15

---

[14] Die Maschine verfügte damit noch über die alte Kennung der Flugzeugführerschule S. Flugzeuge des FAR wurden mit AC gekennzeichnet.
[15] Ausbildungsweisung Nr. 3252 vom 10. Februar 1958.

Stunden Flugvor- und Flugnachbesprechung, 30 Stunden theoretischer Unterricht. Am 30. Juli 1958 wurde der Lehrgang in Theorie und Praxis erweitert.

Als Meilenstein erwies sich der 1. Mai 1958. An diesem Tag erfolgte die Trennung der Fluganwärterausbildung vom LwAusbRgt 1 und dazu die Neugründung des Fluganwärterregiments (FAR). Alle zukünftigen Flugzeugführer von Heer, Luftwaffe und Marine wurden in Uetersen fliegerisch grund- und auswahlgeschult.

Der Luftwaffenaufstellungsbefehl Nr. 38 für das Fluganwärterregiment der Luftwaffe vom 28. März 1958[16] bestimmte dazu die Aufstellung des Fluganwärterregimentes auf dem Fliegerhorst Uetersen ab dem 1. Januar 1958 mit einer Kopfstärke von 816 Soldaten Stammpersonal sowie 1356 „Schülern".

Nach dem Befehl gliederte sich dieses neue Regiment in den Stab der Ausbildungsgruppe A mit einer Uffz.-Ausb.-Staffel, drei Schülerstaffeln A und einer Schülerstaffel B (Offz.-Anw.), den Stab Ausbildungsgruppe B mit einer Uffz.-Ausb.-Staffel, vier Schülerstaffeln A, sowie den Stab der Fliegerhorstgruppe mit Flugbetriebs- u. Bodendienststaffel, Wetterberatungseinheit 4, Versorgungsstaffel und Lw-Sanitätsstaffel.

Offensichtlich wurde diese Gliederung nur bedingt umgesetzt. Jedenfalls berichtete das Pinneberger Tageblatt am 9. August 1958, das FAR würde sich in die Lehrgruppe A (Fliegerische Ausbildung), die Lehrgruppe B (Flugsicherung) und die Fliegerhorstgruppe unterteilen.[17]

Neben der L-18 waren auch andere Flugzeugtypen auf dem Fliegerhorst – zum Teil aber nur kurz – anwesend. Eine Do-27 befand sich am 2. Juni 1957 „zu Besuch". Sie war das erste Flugzeug, das von der sich gerade entwickelnden neuen deutschen Luftfahrtindustrie in der Aufstellungsphase der Bundeswehr bereitgestellt werden konnte. Während eines Vorstellungsfluges durch diverse Flugplätze der Bundeswehr machte die Do-27 auch eine Visite in Uetersen.

Im Mai 1960 traf die „Mufti-Staffel"[18] ein und verstärkte das FAR. Diese Ausbildungs- und Wartungsstaffel Do-27 wurde der Ausbildungsgruppe A

---

16 Bundesarchiv Militärarchiv, BL 1/6207. Die Schreibweise „Ütersen" findet man vereinzelt in alten Schriftstücken.
17 Dieser Bericht ist anhand der vorhandenen Akten nicht zu überprüfen.
18 Benannt nach ihrem Wappentier, einem geflügelten Esel, der die Bezeichnung „Mufti" trug.

mit Wirkung vom 24. März 1961 unterstellt. Ihre Hauptaufgabe lag in der Vermittlung der terrestrischen Navigation. Bereits im Dezember 1958 war diesem Ausbildungsabschnitt seitens des Kommandos der Schulen eine deutlich verstärkte Bedeutung beigemessen worden.

Als Nachfolger der Piper L-18 erfolgte im Mai 1963 die Umstellung auf die Piaggio 149D. Deren Eignung als viersitziges Schulungsflugzeug, bei dem Flugschüler und -Lehrer nebeneinander saßen, war 1961 in einem Modelllehrgang erprobt worden. Im Jahr darauf erfolgte die Umschulung der erfahrenen Flugzeugführer. 1962/63 ist anhand von Fotos die zeitweise Anwesenheit von Harvard T-6 Schulungsflugzeugen in der Kasernenanlage nachzuweisen. Diese trugen allerdings die Kennung AA und gehörten damit zur Flugzeugführerschule A in Landsberg. Weshalb diese Flugzeuge für die Fortgeschrittenenschulung mehrere Monate in Uetersen stationiert waren, konnte bislang nicht geklärt werden.

Anfang 1962 beherrschte natürlich der Hochwassereinsatz zur Bewältigung der Sturmflut an der Nordseeküste und in Hamburg die überlieferten Schriftstücke. Minutiös wurde dieser Einsatz festgehalten. Auch dazu eine kleine Anekdote: Als Dank für die Hochwasserhilfe spendete der Deutsche Gewerkschaftsbund 15 Tafeln Milchschokolade, 1800 Stück Zigaretten, 18 Flaschen Rum und 2 Flaschen Weinbrand. Der Landkreis Pinneberg „erhöhte" um 200 Flaschen Underberg. Diese Spende wurde im Folgenden unter den Einheiten der Kaserne aufgeteilt. So erhielt die Fahrbereitschaft „5 Flaschen Rum-Verschnitt, 86 Schachteln Zigaretten, 15 Tafeln Schokolade".

Anfang/Mitte der 1960er leiste die Bundeswehr Ausbildungs- und Ausrüstungshilfe für die Länder Äthiopien, Sudan, Libyen und Nigeria[19]. Dies sollte dem Aufbau eigenständiger Luftstreitkräfte in diesen Ländern dienen, die teilweise kurz zuvor von den ehemaligen Kolonialmächten in die Unabhängigkeit entlassen worden waren. Dabei versprach sich nicht nur die Bundesrepublik Deutschland Einfluss in diesen Staaten zu gewinnen. Auch die größeren NATO-Partner USA und Großbritannien erhofften sich, dass damit der sowjetische Einfluss auf dem afrikanischen Kontinent dadurch eingedämmt werden könnte, wenn die kolonialpolitisch nicht vorbelastete Bundesrepublik dort aktiv würde. Als erster Schritt wurde diese Ausbildung in

---

[19] Carola Eugster, Die Luftwaffe und der Aufbau der Nigerian Air Force (1963-1967). In: Die Luftwaffe in der Moderne, hrsg. von Eberhard Birk, Heiner Möllers und Wolfgang Schmidt, Essen 2010 (= Schriften zur Geschichte der Deutschen Luftwaffe, Bd. 1), S. 217-238.

Deutschland durchgeführt. Grundausbildung, Unteroffizierlehrgang sowie die fliegerische Grundschulung standen in Uetersen auf dem Programm. Später erfolgte die Entsendung deutscher Instruktorenteams nach Nigeria. – Übrigens war der erste Chief of Staff der Nigerian Air Force Oberst Gerhard Kahtz von der deutschen Luftwaffe.

Ab 1. April 1972 wurde der fliegerische Auftrag durch die Fluglehrgruppe bei der Fachhochschule der Luftwaffe in Neubiberg übernommen. In der Praxis hat dieses wohl bedeutet, dass Fluglehrer und Flugzeuge nach Neubiberg verlegten und dort die Auswahlschulung so weiter führten wie in Uetersen. Zusätzlich erhielten Offizieranwärter Navigationsflüge. Offiziell wurden Sparmaßnahmen als Grund der Verlegung genannt. Die Gerüchteküche hingegen bezog die Verlegung der fliegerischen Ausbildung auf den geplanten, aber nie realisierten Großflughafen bei Kaltenkirchen, ca. 20 km nördlich von Uetersen. Kollisionen mit dem zivilen Flugverkehr sollen befürchtet worden sein. Die englische Sprachausbildung verblieb in der neu aufgestellten „Luftwaffenausbildungsgruppe" Uetersen. Diese Gruppe erhielt bald wieder die alte Bezeichnung FAR, obwohl sie weder fliegerische Anteile besaß noch Regimentsgröße.

Im FAR wurden 7.228 Schüler fliegerisch ausgebildet, davon 5.903 erfolgreich. Von den 18 Prozent Ablösung erfolgten ca. 50 Prozent aus fliegerischen Gründen. Der Rest teilt sich auf fliegertheoretische, medizinische oder charakterliche Gründe.

Fallbeispiele zur sozialen Lage der ersten Luftwaffensoldaten

Die Uetersener Nachrichten berichteten am 18. Oktober 1958 der „Soldat wird als Kunde nicht benachteiligt". In einem längeren Artikel folgte die Erklärung, dass die jungen Soldaten der Bundeswehr durch die örtliche Privatwirtschaft durchaus als kreditwürdig eingestuft werden würden: „Von Zeiten, da Soldaten „heute hier und morgen da" waren, ist kaum noch die Rede. Die jetzige Ausbildung der Rekruten an einem festen Standort und die an diese meist gebundene Stationierung der Truppe trägt zu einem guten Einvernehmen zwischen Bundeswehr und Privatwirtschaft bei." Die Erfahrungen aus der Wehrmacht hatten hier offensichtlich zu Vorbehalten geführt. Eine Empfehlung der Einzelhandelsverbände an Geschäftsinhaber weist lediglich auf Verfahrensweisen bei „Teilzahlungsgeschäften mit Soldaten" hin. Mit Soldaten könnten genauso Teilzahlungsverträge abgeschlossen werden wie mit zivilen Kunden.

Militär und Wirtschaft oder Wirtschaft im Militär – ein Exkurs

Über einen fast dreiwöchigen Kantinenboykott im Fliegerhorst Uetersen auf Grund überhöhter Preise berichteten nicht nur die regionalen Zeitungen oder BILD. Dieser Vorfall ab dem 10. November 1958 beschäftigte neben den örtlichen Kommandeuren, der Standortverwaltung, dem Küchenausschuss oder den Vertrauensleuten auch die Wehrbereichsverwaltung (WBV) in Kiel – bis hin zum Präsidenten sowie als „Besonderes Vorkommnis" auch das Bundesministerium für Verteidigung und das Kommando der Schulen. Selbst der Militärische Abschirmdienst (MAD) wurde eingeschaltet, um zu überprüfen, ob es sich um eine „bewußte Zersetzungsarbeit" handeln könnte. Alleine die anschließende Aktennotiz umfasst fünf eng beschriebene A 4-Seiten, zudem 103 angehängte Schriftstücke.

Dabei scheinen die Hintergründe weniger im Gegensatz der Preisvorstellungen der Kantinenpächter und der Soldaten gelegen zu haben. Die Preise waren offensichtlich überhöht und erste Preissenkungen fanden bereits vier Tage nach der ersten „Boykottmaßnahme" statt. Nach 14 Tagen wurden praktisch alle Preise deutlich gesenkt.

Die Akten deuten an, dass in diesem Fall eher Machtkämpfe zwischen der militärischen und der zivilen Seite ausgetragen wurden. Leider fehlt eine Bewertung seitens des Leiters der Standortverwaltung, Oberamtmann Franz. Lediglich indirekt ist aus den Unterlagen zu schließen, dass sich Oberamtmann Franz gegenüber der WBV darüber beklagt hatte, seitens der militärischen Führung nicht informiert worden zu sein. Oberst Karl-Ernst Knauer, Kommandeur des FAR, hat ihm jedenfalls am 15. November „offiziell das Mißtrauen der Truppe" ausgesprochen. In einem weiteren Schriftstück heißt es: „Es wird bei Oberamtmann Franz nach Befragen verschiedener Offz. die bereitwillige Mitarbeit vermißt. Mit einer mimosenhaften Empfindlichkeit ist er für alle Belange der Truppe zunächst unaufgeschlossen, nur nach eindringlichen Bemühungen der maßgeblichen Kommandeure, sind überhaupt Gespräche mit ihm möglich gewesen. Oberamtmann Franz will auf dem Horst selbständig regieren und toleriert keine Maßnahmen, die von Seiten der Truppe in eigener Verantwortung durchgeführt wurden."

Auch von anderen Maßnahmen der Standortverwaltung, die das Vertrauen der Truppe zerstört hätten, wird berichtet. Als Beispiel wurde „insbesondere das Vorgehen in der Haftbarmachung der Staffeln für die an Unterkunftsgeräten eingetretenen Schäden" genannt. Selbst eine „glatte Lüge" wurde vorgeworfen.

Hier wäre es sicher von großem Interesse zu erfahren, ob es sich bei diesen Auseinandersetzungen um einen Einzelfall handelte, oder ob solche Reibereien in der neuen Struktur der Bundeswehr – und der damit einhergehenden Trennung von militärischer Truppe und ziviler Verwaltung – begründet lagen. Es muss bei der Bewertung dieses Vorganges daher ebenso die Möglichkeit in Betracht gezogen werden, dass die militärische Seite mit der zivilen Verwaltung so ihre Probleme hatte und sich von der nach rechtlichen Grundsätzen orientierten Verwaltung gegängelt fühlte[20].

Zum sehr umfangreichen Schriftmaterial zu diesem Fall zählt übrigens auch eine anonyme, in Bielefeld abgestempelte Postkarte, in der die Frage gestellt wird: „IST DER HERR KOMMANDEUR NICHT IN DER LAGE DIESE WUCHERPREISE ZU UNTERDRÜCKEN???"

Eine Fortsetzung fand dieser Konflikt im Jahr 1959, als einer der beiden Kantinenpächter auf Schadensersatz klagte. Das Ergebnis des Rechtsstreites ist hingegen nicht bekannt.

Zusammenfassung

Am Fliegerhorst Uetersen nahmen also gleich drei bis heute maßgebliche Ausbildungsgänge ihren Anfang oder erhielten grundlegende Impulse. Die Grundausbildung, die allgemeinmilitärische und nichttechnische militärfachliche Ausbildung der Unteroffiziere (teilweise auch der Offiziere) sowie – etwas zeitversetzt und nicht als Erststandort – die fliegerische Grundschulung.

Alle drei Stränge sind bis heute von grundlegender Bedeutung für Entstehung und Entwicklung der Luftwaffe. Die Bewertung des Standortes, an dem diese ihre Anfang nahmen bzw. wesentliche Impulse erhielten, als eine der Wiegen der Luftwaffe ist daher überaus angemessen.

Gleichermaßen bietet die Geschichte des Standortes Uetersen//Appen auch zahlreiche weitere Beispiele zur Geschichte der Luftwaffe. Die rasche Aufstellung und Veränderung von Verbänden ist an ihr ebenso abzulesen wie bemerkenswerte Vor- und Zwischenfälle, die sich möglicherwiese auch an anderen Standorten ergeben haben.

---

[20] Zu der Trennung von militärischer und ziviler Seite siehe: Klaus-Jürgen Bremm, Hans-Hubertus Mack, Martin Rink (Hg.), Entschieden für Frieden. 50 Jahre Bundeswehr 1955 bis 2005, Freiburg i. Br., Berlin 2005, insbesondere die Beiträge von Hans-Jürgen Rautenberg und Karl Johanny.

Vor allem lassen sich aus einer solchen Studie der lokalen Ebene die praktischen Auswirkungen der großen Entwicklungslinien ablesen. Wenn es beispielsweise in den Quellen aus dem BMVg heißt, dass die Bundeswehr ein infrastrukturelles Problem hätte, erscheint dieses wenig aussagekräftig. Informationen über die konkreten Auswirkungen solcher Probleme auf den Alltag der Soldaten hingegen vermitteln ein ganz anderes Bild solcher Quellenhinweise. Erst dadurch kann die heutige Generation sich der Lebens- und Alltagsrealität der Aufbaugeneration der Bundeswehr annähern. Damit wären wir bei einem weiteren Nutzen historischer Betrachtungen. Zum einen helfen sie die eigene Gegenwart zu verstehen. Die Frage „Warum ist unsere Realität so, wie sie ist?" lässt sich nur mit historischen Bezügen beantworten. Zum anderen bietet der Rückgriff auf Vergangenes auch die Möglichkeit, die eigene Situation besser einordnen und bewerten zu können. Der historische Vergleichsmaßstab kann jeden Einzelnen daher unterstützen, den eigenen Platz in Gesellschaft oder Militär zu analysieren. Entwicklungen und Verbesserungen können sichtbar werden. In dem Verständnis mag der Blick in die Geschichte auch ein gewisses Maß an Zufriedenheit erzeigen.

In diesem Verständnis gibt es viele „Wiegen der Luftwaffe". Nichtsdestotrotz ist der Standort des ersten Luftwaffenausbildungsregimentes und des Fluganwärterregiments eine der herausragenden Wiegen.

Dirk Schreiber

Die Luftwaffe und ihre Doktrin im Zeitalter der Blockkonfrontation (1950 bis 1989)

Einleitung

In der Regel stehen militärische Doktrinen an der Spitze aller Vorschriften von Streitkräften – mit dem Ziel, den Einsatz ihrer Armeen oder Teilstreitkräfte zu regeln. Sie beziehen sich dabei auf die jeweiligen sicherheitspolitischen Rahmenbedingungen und berücksichtigen die wirtschaftlichen, rechtlichen wie politischen Vorstellungen „ihrer" Regierungen. Doktrinen brechen im Ergebnis den möglichen Einsatz der Streitkräfte auf strategische, operative oder taktische Ziele herunter. Damit stehen sie im Spannungsfeld zwischen (Sicherheits-)Politik, Rüstung und „dem" Militär und seiner Organisation. Für die Luftwaffe der Bundeswehr war und ist außerdem von zentraler Bedeutung, dass ihr Einsatz – so es denn bis 1990 dazu gekommen wäre – nie allein, sondern immer an der Seite der Verbündeten in der NATO erfolgt wäre. Die hochgradige Integration der deutschen Luftwaffe in das Atlantische Bündnis bedeutete allerdings auch, dass bis zum Ende des Kalten Krieges nie eine rein deutsche Luftkriegsdoktrin allgemeine Gültigkeit hätte beanspruchen können, sondern allenfalls ein gemeinsames Regelwerk der NATO.

Diese scheinbar banalen Umstände erklären auch, warum für die Luftwaffe bis 1991 keine Dienstvorschrift „Truppenführung" existierte, wie sie beispielsweise für das Heer der Bundeswehr selbstverständlich, ja gar unverzichtbar war. Es liegt also nahe anzunehmen, dass es zwischen 1955 und 1991 schlicht nicht notwendig war, eine deutsche Doktrin zur Luftkriegführung zu verfassen. Sie hätte ohnehin nichts beschreiben können, was nicht längst in anderen Papieren der NATO festgelegt war. Trotzdem hat die Luftwaffe in den 1960er Jahren den Versuch unternommen, eine eigene Luftkriegsdoktrin zu erarbeiten. Heute ist dieses Dokument als Luftwaffendienstvorschrift (LDv) 100/1 „Führung und Einsatz von Luftstreitkräften" bekannt. Ihre Entstehung und die damit verfolgten Ziele stehen im Zentrum der folgenden Betrachtung.

Der Weg zu einer eigenen Doktrin war langwierig und problematisch. Eine Darstellung von mehr als sechzig Jahren des „doktrinären" Denkens in den westdeutschen Luftstreitkräften der Nachkriegszeit kann hier auch nur in Form eines skizzenhaften Überblickes erfolgen. Inhaltlich gilt es vielmehr, sich auf zentrale Aspekte zu fokussieren, die – neben dem graduellen Wandel – mehrfach fundamentale Neuausrichtungen der Luftwaffe bewirkten. Damit versteht sich dieser Artikel zugleich auch als knapper Problemaufriss der Geschichte der Luftwaffe in der Zeit der Blockkonfrontation.

Der Schwerpunkt der Betrachtung liegt auf den ersten fünfzehn Jahren nach der Gründung der Luftwaffe, denn in diesem Zeitraum wurde die Teilstreitkraft nicht nur aufgebaut, sie musste sich auch mit Fragen der Erstellung grundlegender Führungsvorschriften befassen. Gerade für die Entstehung der LDv 100/1 war dieser Zeitraum von entscheidender Bedeutung[1]. Da die Luftwaffe stets die am stärksten in das Nordatlantische Verteidigungsbündnis integrierte Teilstreitkraft der Bundeswehr war, kann sich ein Überblick über ihre Führungsvorschriften nicht allein auf nationale Dokumente beschränken. Dort, wo sie eine wesentliche Rolle spielten, werden deshalb auch Vorschriften und Konzepte der NATO und der angestrebten, aber nicht realisierten Europäischen Verteidigungsgemeinschaft (EVG) beleuchtet[2].

Wie definiert sich der Begriff Militärdoktrin? Die gängige Definition der NATO lautet: „[A doctrine is a …] fundamental principle by which the military forces guide their actions in support of objectives. It is authorative but requires judgement in application[3]“. Generell verbindlich ist diese Aussage jedoch nicht. Vielmehr bleibt es den einzelnen Bündnismitgliedern selbst überlassen, wie sie den Doktrin-Begriff definieren und welchen Charakter jene Vorschriften erhalten, die sie für ihre Streitkräfte erstellen. Grundsätzlich lässt sich aber folgendes feststellen: Militärdoktrinen sind oberste Führungsanweisungen, die Aufgabe, Struktur und Einsatz von Streitkräften bestimmen. Im Kern jeder militärischen Doktrin müssen dabei drei Grundfragen beantwortet werden, die den Charakter der jeweiligen Einheit oder

---

[1] Als Quellen des Textes dienen Dokumente des Führungsstabes der Luftwaffe (Fü L) aus dem Bundesarchiv-Militärarchiv in Freiburg (BArch), darunter auch zwei Entwürfe der LDv 100/1 von 1967 und 1971.

[2] Zur EVG vgl. Dieter Krüger, Die EVG – Ein Vorbild für eine zukünftige Europaarmee? In: Werner Hoyer/Gerd F. Kaldrack (Hrsg.). Europäische Sicherheits- und Verteidigungs-politik (ESVP). Der Weg zu integrierten europäischen Streitkräften?, Baden-Baden 2002; Gerhard Brunn, Die Europäische Einigung, Stuttgart 2009; Lutz Köllner/Klaus A. Maier, Die EVG-Phase (= Anfänge westdeutscher Sicherheitspolitik, Bd. 2), München 1990.

[3] NATO: AAP-6 Nato Glossary of Terms and Definitions, 2015, http://nso.nato.int/nso/nsdd/APdetails.html?APNo=2174&LA=EN (Stand: 13.06.2016).

Teilstreitkraft bestimmen: *Wer sind wir als militärische Einheit? Wie lautet unser Auftrag? Wie wollen wir diesen Auftrag erfüllen[4]?*

Militärdoktrinen bieten dabei keine konkreten Hinweise für das Verhalten in bestimmten taktischen Situationen, stattdessen definieren sie den Rahmen für Aufbau und Einsatz der Streitkräfte, auf die sie sich beziehen. Dabei entstehen Doktrinen immer in tiefer Einbettung in die sicherheitspolitischen Vorgaben und Zielsetzungen ihrer Herkunftsnation und sind daher einem kontinuierlichen Wandel unterworfen. In diesem Sinne sind sie also keine starren Dogmen, sondern vielmehr Richtlinien mit beschränkter zeitlicher Gültigkeit. Genau hier liegt auch der Wert von Militärdoktrinen als Quellen in der militärhistorischen Forschung. Denn als Destillate der obersten militärischen Führung erlauben sie einen Einblick in die militärischen und sicherheitspolitischen Rahmenbedingungen zum Zeitpunkt ihres Entstehens. Strukturelle Probleme einer Armee, das jeweilige Kriegsbild oder besondere Bestimmungen, die für die Streitkräfte gelten, können sich direkt oder indirekt in Militärdoktrinen abbilden. Dennoch bleibt zu beachten, dass Doktrinen eine normative Gültigkeit beanspruchen. Ob sich im Dienstalltag oder einem konkreten Einsatz tatsächlich an ihre Vorgaben gehalten wird, geht aus den Vorschriften selbst jedoch nicht hervor.

Von Himmerod zur EVG – Die Konzeptionsphase der Luftwaffe
Die Aufstellung der Luftwaffe begann am 1. Januar 1956. Diesem Datum ging eine Phase von sechs Jahren voraus, in der die wesentlichen, konzeptionellen Grundlagen für den Aufbau westdeutscher Luftstreitkräfte gelegt wurden. Natürlich erstellten die Verantwortlichen im Amt Blank oder im daraus entstehenden Führungsstab der Luftwaffe in diesem Zeitraum noch keine Doktrin im eigentlichen Sinn. Aber wesentliche Vorüberlegungen zu Struktur, Aufgaben und Ausrichtung der zukünftigen Luftstreitkräfte entstanden bereits in dieser Zeit. Schon auf der Himmeroder Konferenz im Oktober 1950 wurden erste Gedanken über Art und Form einer neu aufzustellenden Luftwaffe angestellt. Dass sich der Teilnehmerkreis dieses Treffens jedoch größtenteils aus ehemaligen Heeresoffizieren der Wehrmacht zusammensetzte, schlug sich auch in den Überlegungen zum Aufbau west-

---

[4] Keith Grint/Brad Jackson, Toward „Socially Constructive". Social Constructions of Leadership. In: Management Communication Quarterly (24) Vol. 2, 2010, S. 348-355, hier S. 352.

deutscher Luftstreitkräfte nieder[5]. Im Abschlussdokument, der Himmeroder Denkschrift[6], wurde nicht eindeutig definiert, ob die zukünftigen fliegenden Verbände in einer eigenständigen Teilstreitkraft entstehen oder als Kontingente in Heer und Marine eingegliedert werden sollten. Fest stand nur, dass sie wie der gesamte Verteidigungsbeitrag der Bundesrepublik in eine gemeinsame, westeuropäische Verteidigung eingebunden werden mussten. Gerade ehemalige Heeresoffiziere favorisierten die Idee einer „Heeresluftwaffe" und verwiesen darauf, dass man ohnehin nur wenige Kenntnisse über die Konzepte der Alliierten im Bereich der modernen Luftkriegführung hatte[7]. Falls es den Alliierten in Europa nämlich möglich sein sollte, zumindest die Kräfte der Luftverteidigung Mitteleuropas selbst zu stellen, könnte sich die neue deutsche Armee völlig auf die Aufstellung von fliegenden Einheiten im Rahmen von Heer und Marine konzentrieren. Grundsätzlich unstrittig war nur, dass die möglichen Luftstreitkräfte der Bundesrepublik die Form einer taktischen Luftwaffe erhalten sollten.

Himmerod markierte nicht nur den konzeptionellen Keimpunkt des Aufbaus der Bundeswehr, sondern auch den Beginn eines anhaltenden Streits der Luftwaffen- mit der Heeresführung über die eigentliche Stellung der Luftwaffe innerhalb der Gesamtstreitkräfte[8]. Diese Streitfrage wurde noch bis in die frühen 1960er Jahre diskutiert. Besonders deutlich entwickelte sich diese Auseinandersetzung ab 1955 unter dem ersten Inspekteur der Luftwaffe Generalleutnant Josef Kammhuber. Sowohl Heeres- als auch Luftwaffenführung versuchten dabei, aus den Erfahrungen des Zweiten Weltkrieges zu lernen und Konsequenzen für den Wiederaufbau der Luft-

---

[5] Nur drei der 15 Teilnehmer kamen aus der ehemaligen Luftwaffe der Wehrmacht. Vgl. dazu Hans-Jürgen Rautenberg/Norbert Wiggershaus, Die Himmeroder Denkschrift vom Oktober 1950. Politische und militärische Überlegungen für einen Beitrag der Bundesrepublik Deutschland zur westeuropäischen Verteidigung, Karlsruhe 1977, S. 19.

[6] Neuere Studien legen nahe, dass die Himmeroder Konferenz letztlich primär der Verkündungszeitpunkt von Überlegungen war, die im Umfeld der Regierung Adenauer bereits zu Beginn des Jahres 1950 getroffen wurden. Vgl. Thorsten Loch/Agilof Keßelring, Himmerod war nicht der Anfang. Bundesminister Eberhard Wildermuth und die Anfänge westdeutscher Sicherheitspolitik. In: Militärgeschichtliche Zeitschrift (74) 2015, S.60-96.

[7] Rautenberg/Wiggershaus, Die Himmeroder Denkschrift (wie Anm. 5), S. 29.

[8] Ähnliche Debatten hatte es zwischen US Air Force und US Navy Ende der 1940er Jahren gegeben. Hintergrund war die massive Aufwertung des Status von Luftstreitkräften in einem atomaren Kriegsszenario. Vgl. Friedrich Korkisch, Luftkriegsdoktrin in Diskussion: Kann Air Power allein politische Ziele erreichen? In: Österreichische Militärische Zeitschrift (ÖMZ) 1999, S. 575-586, hier: S. 577.

streitkräfte zu fordern. Wie man inhaltlich an die Sache heranging, unterschied sich jedoch deutlich. Von Heeresseite wurde eine schwerpunktmäßige Ausrüstung der Luftwaffe mit Jagdbombern und Aufklärern gefordert, um den beweglichen Heeresverbänden ein Optimum an wirksamer Unterstützung zukommen zu lassen. Diese Forderungen gipfelten stellenweise gar im Wunsch einer Wiederkehr der „fliegenden Artillerie" aus Zeiten des Weltkrieges[9].

Der Führungsstab der Luftwaffe interpretierte die Situation naturgemäß anders und verwies darauf, dass die Luftwaffe in der zweiten Hälfte des Zweiten Weltkrieges nur deshalb so wenig Einfluss auf die Kampfhandlungen am Boden nehmen konnte, weil sie unter einer gravierenden Fehlkonstruktion litt. Diese Fehlkonstruktion, eine einseitige Fixierung auf den Angriffsgedanken, sah man nun in den Forderungen der Heeresgeneralität erneut auf sich zukommen. Kernpunkt der Überlegungen der Luftwaffenführung war daher, dass leistungsfähige und moderne Luftstreitkräfte nur dann in der Lage waren in das Kampfgeschehen am Boden einzugreifen, wenn sie sich zuerst die Grundbedingungen ihrer Handlungsfreiheit, also einen gewissen Grad an Luftüberlegenheit, erkämpfen konnten. Dazu war jedoch die Ausrüstung mit zahlenmäßig angemessenen Jagdeinheiten notwendig[10]. Diese Forderung wurde wiederum von Teilen der Heeresgeneralität als Verschwendung von Ressourcen interpretiert. Diese verfahrene Situation klärte sich jedoch zugunsten der Luftwaffenführung durch den Einfluss der USA und Großbritanniens beim Wiederaufbau der Luftstreitkräfte in der Bundesrepublik. Die angloamerikanische Position fußte auf der Überzeugung, dass die Luftwaffe nur als selbstständig operierende Teilstreitkraft die Vorteile von Kampfflugzeugen, vor allem deren Flexibilität, Geschwindigkeit und Fähigkeit zur Schwerpunktbildung, voll zum Ausdruck bringen konnte. Gerade die US-Amerikaner ließen deshalb keinen Zweifel daran aufkommen, dass nur eine Luftwaffe nach alliiertem Vorbild für die Bundeswehr infrage kommen konnte[11]. Nicht zuletzt ließ auch die Struktur

---

[9] BArch, BW 9/24401: II/Pl/L an Leiter II über Leiter II/PL, 15.10.1954.

[10] BArch, BW 9/1444: Rede Oberst i.G. a.D. Richard Heuser zum Stand der EVG-Verhandlungen, 27.1.1954.

[11] Vgl. Bernd Lemke, Konzeption und Aufbau der Luftwaffe. In: Ders., Dieter Krüger u.a. (Hrsg.), Die Luftwaffe 1950 bis 1970. Konzeption, Aufbau, Integration, München 2006 (= Sicherheitspolitik und Streitkräfte der Bundesrepublik Deutschland, Band 2), S. 71-484, hier: S. 80 u. 115.

der NATO-Luftstreitkräfte in Mitteleuropa (AIRCENT) kaum eine andere Lösung für die Luftwaffe zu. Damit war die Frage *Wer sind wir als militärische Einheit?* beantwortet.

Die ersten tatsächlichen Grundkonzeptionen für die zukünftige Luftwaffe fanden im Rahmen der Verhandlungen zum Aufbau der Europäischen Verteidigungsgemeinschaft zwischen 1951 und 1954 statt. Auch wenn die EVG nie Wirklichkeit werden sollte, so bildeten diese Verhandlungen jedoch das Forum, in dessen Umfeld die nötigen Vorbedingungen für den konkreten Aufbau der Luftwaffe entstanden. Von ihrem Konzept her war die EVG in erster Linie als politisches Symbol einer geschlossenen europäischen Verteidigung gen Osten zu verstehen. Gleichzeitig sollte sie eine kontrollierte Einbindung westdeutscher Truppen in die NATO ermöglichen, was vor dem Hintergrund der Erfahrungen der Alliierten mit Deutschland in den zurückliegenden Jahrzehnten nur allzu verständlich war. Die gemeinsam aufzustellenden europäischen Streitkräfte sollten aber nur truppendienstlich den jeweiligen EVG-Kommandos unterstehen. Im Verteidigungsfall hätte die NATO den operativen Befehl über die westeuropäischen Einheiten übernommen[12]. Aus diesem Grund orientierten sich auch die konzeptionellen Grundlagen der EVG-Struktur, insbesondere im Bereich ihrer Teilstreitkräfte, an NATO-Vorgaben. Für die Luftwaffe war diese Abhängigkeit ein Glücksfall, denn nach dem Scheitern der EVG-Verhandlungen 1954 konnte mit dem gewonnenen Wissen verhältnismäßig rasch eine direkte Integration der neuen deutschen Luftwaffe in die NATO erfolgen.

Im Rahmen der EVG-Verhandlungen wurde die erste, in sich schlüssige Einsatzdoktrin entwickelt, die auch für die deutschen Luftstreitkräfte gelten sollte. Die taktische Studienkommission der EVG entwickelte ein zweiphasiges Konzept für die Abwehr eines großflächigen sowjetischen Angriffes durch die europäischen Luftstreitkräfte. In einer ersten Phase sollten unverzüglich alle verfügbaren Einheiten den Kampf um ihre „dringlichsten Lebensbedürfnisse" aufnehmen[13]. Konkret bedeutete dies eine massive Luftschlacht in Kombination mit Einsätzen zur großflächigen Abriegelung des Gefechtsfeldes. Gelang es in dieser Phase einen gewissen Grad an Luftüberlegenheit über den Gegner zu gewinnen und seinen Angriff zu verlangsamen, konnte zur zweiten Phase übergegangen werden. In ihr sollte ein Ab-

---

12 BArch, BW 9/3235: Kurzbericht der 14. Sitzung des Militärausschusses, 21.6.1951.
13 BArch, BW 9/309: Taktische Studienkommission, Entwurf einer vorläufigen Anweisung für den Einsatz der Streitkräfte, Titel VII, Kapitel 16, 7.10.1952.

wehrschirm über den eigenen Bodentruppen gebildet werden, der dann gleichzeitig die Möglichkeit zur direkten taktischen Unterstützung aus der Luft bot. In diesem Sinne war der zentrale Grundgedanke der taktischen Doktrin der EVG ein enges Zusammenwirken zwischen Luft- und Landstreitkräften, das in einem gemeinsamen Gefechtsstand, dem Joint Operations Center (JOC), koordiniert werden sollte[14].

Basierend auf den Erfahrungen des Zweiten Weltkrieges konzipierten die verantwortlichen Planer der EVG-Studienkommission ein Luftverteidigungskonzept, das auf den Masseneinsatz aller verfügbaren Luftstreitkräfte zur Abwehr des Gegners ausgerichtet war. Diese Ansicht wurde ab 1955 auch von der Führung der deutschen Luftwaffe übernommen und in prominenter Form von Inspekteur Kammhuber noch bis Anfang der 1960er Jahre vertreten. Er forderte vehement eine große Zahl günstiger und zugleich hochleistungsfähiger Jagdflugzeuge als Kernbeitrag der Bundesrepublik zur Luftverteidigung Europas[15]. Die Realitäten des Überschallzeitalters mit seinen geradezu explodierenden Kosten für die Entwicklung und Beschaffung von Jagdflugzeugen standen diesem Denken jedoch ebenso entgegen, wie das Aufkommen von Boden-Luft-Raketen, die das Angesicht des Luftkrieges nachhaltig verändern sollten[16]. Somit markierten die EVG-Konzepte in einem gewissen Sinn das Ende eines Führungsdenkens auf der obersten Ebene der Luftstreitkräfte, das noch an vielen Stellen versuchte, die Erfahrungen des Zweiten Weltkrieges auf die Bedingungen des Atomzeitalters zu übertragen.

Das Zeitalter der Massiven Vergeltung – Die Aufstellungsphase der Luftwaffe

Von ihrer Aufstellung bis zum Ende des Kalten Krieges verfügte die Luftwaffe über keine eigene, nationale Doktrin. An ihre Stelle traten übergeordnete Vorschriften der NATO und ihrer Luftflotten, sowie nationale Einsatzkonzepte für die verschiedenen Waffensysteme der Luftwaffe. Dennoch

---

[14] Lemke, Konzeption und Aufbau der Luftwaffe (wie Anm. 11), S. 141-143.

[15] BArch BL 1/1502, Josef Kammhuber, Einsatz und Führung der bodenständigen Luftverteidigung unter besonderer Berücksichtigung der Bodenabwehr und ihrer Zusammenarbeit mit der Luftabwehr, 22.3.1955.

[16] Vgl. dazu neuerdings Claas Siano, Die Luftwaffe und der Starfighter: Rüstung im Spannungsfeld von Politik, Wirtschaft und Militär, Berlin 2016 (= Schriften zur Geschichte der Deutschen Luftwaffe, Band 4).

lassen sich aus den erhaltenen Aktenbeständen des Führungsstabes der Luftwaffe Grundzüge einer eigenen Doktrin rekonstruieren[17] – nicht zuletzt, weil man an der Führungsakademie der Bundeswehr bereits 1961 mit den Arbeiten an der LDv 100/1 begonnen hatte. Die Luftwaffenführung erkannte Ende der 1950er Jahre, dass es in ihren Schulungseinrichtungen und im täglichen Dienstbetrieb an einer grundlegenden Vorschrift mangelte, welche die „Grundsätze für Führung und Einsatz der Luftwaffe" enthalten sollte[18]. Die Anforderungen, denen die Studiengruppe der Luftwaffe an der Führungsakademie dabei gerecht werden sollte, waren vielfältig. Adressat der Vorschrift war die mittlere Führungsebene, verbunden mit dem Ziel, dort eine einheitliche Auffassung über die Grundlagen der Luftkriegführung zu entwickeln. Zudem sollte die Vorschrift Maßstäbe für das Zusammenwirken mit anderen Teilstreitkräften definieren und dabei insbesondere mit der Heeresdienstvorschrift (HDv) 100/2 „Führungsgrundsätze des Heeres für die atomare Kriegführung" kompatibel sein[19]. Dabei war vermutlich ausschlaggebend, dass die Luftwaffenführung nach einem zentralen Dokument verlangte, das ein für alle Mal eine klare Trennlinie zwischen den Aufgaben der Luftwaffe und den Ansprüchen des Heeres auf ihre Unterstützungsleistungen festschrieb. Außerdem sollte die LDv 100/1 maximal die Geheimhaltungsstufe „VS-Vertraulich" erhalten, um ihre breite Anwendung vor allem in den Ausbildungseinrichtungen der Luftwaffe sicherzustellen[20].

Zentraler Faktor für die Arbeiten an der Vorschrift war die nahezu komplette Integration der Luftwaffe in die operativen Kommandostrukturen der NATO. Bis auf wenige Ausnahmen galten für sämtliche Luftwaffenverbände Regelungen und Verfahren, die von gemeinsamen alliierten Kommandostellen erlassen und dann im Verteidigungsfall von den beiden Allied Tactical Air Forces (ATAF) in Mitteleuropa und deren assignierten Verbänden durchgeführt wurden. Daher waren der Hamburger Studiengruppe bei der Erarbeitung einer nationalen Führungsvorschrift zum Wesen des Luftkrieges

---

[17] Neben den erwähnten Entwürfen der LDv 100/1 bezieht sich dies vor allem auf Einsatzkonzeptionen und Studien der Luftwaffe zur Natur des Luftkrieges, die in den Aktenbeständen BW 9 (Akten der Dienststellen zur Vorbereitung des westdeutschen Verteidigungsbeitrages) und BL 1 (Akten des Führungsstabes der Luftwaffe) des Bundesarchives in Freiburg erhalten geblieben sind.

[18] BArch, BL 1/19039: FüAkBw an Fü L, Bearbeitung der LDv 100/1 Luftwaffenführung, 29.8.1962.

[19] BArch, BL 1/19039: Auftrag Nr. 18 für die Bearbeitung einer Dienstvorschrift, 12.10.1961.

[20] Ebd.

schlichtweg in vielen Bereichen die Hände gebunden. NATO-Vorgaben durften durch die neue deutsche Vorschrift in keiner Weise tangiert werden. Gleichzeitig konnten die Richtlinien der NATO zur Führung des Luftkrieges auch nicht einfach in eine nationale Weisung übernommen und verändert wiedergegeben werden[21]. Dieser Umstand war letztlich einer der Gründe für das vorläufige Scheitern der LDv 100/1 in den 1970er Jahren.

Bei der Erarbeitung orientierte sich die Studiengruppe an diversen ähnlichen Dokumenten, die bei Partnerstreitkräften in der NATO, insbesondere in Großbritannien und den USA, bereits existierten; allen voran dem Air Force Manual 1-2 der US-Luftwaffe, welches gemeinhin als die „Mutter" sämtlicher Luftkriegsvorschriften der NATO bezeichnet wird. Die LDv 100/1 war zudem die erste deutsche Vorschrift ihrer Art seit der Luftwaffendienstvorschrift 16 von 1935[22]. Dabei stellt sich natürlich die Frage, ob es Gemeinsamkeiten zwischen beiden Vorschriften gab; dies auch deswegen, weil zumindest die erste Generation von Offizieren, die an der LDv 100/1 arbeitete, zum Teil noch persönliche Bezüge zur Reichsluftwaffe aufwies. Vergleicht man die LDv 16 mit den Entwürfen der LDv 100/1, dann fallen inhaltlich jedoch kaum gravierende Gemeinsamkeiten auf. Zwar waren die grundsätzlichen Aufgaben einer taktischen Luftwaffe in beiden Vorschriften sehr ähnlich definiert, ihre Durchführung wurde Ende der 1950er Jahre aber durch die Nuklearisierung der Luftstreitkräfte völlig verändert. Das Aufkommen von Raketen, Überschallflug und Atomwaffen hatte seit 1945 bewirkt, dass kaum noch Inhalte im großen Stil auf die neue Vorschrift übertragen werden konnten[23]. Gemeinsamkeiten mit der LDv 16 finden sich eher in Details wie der Struktur und Gliederung der LDv 100/1, der Beschäftigung mit dem Soldatentypus des Luftwaffensoldaten und seiner Motivation sowie nicht zuletzt auch kuriosen Punkten wie der Feststellung, dass auch 1971 noch Vergeltungsangriffe gegen die Zivilbevölkerung eines Landes in Ausnahmefällen zulässig gewesen wären[24].

---

[21] BArch, BL 1/19039: Notiz für mündlichen Vortrag des Leiters der Studiengruppe der Luftwaffe, Sachstand LDv 100/1, vom 13.1.1966.

[22] BArch, BL 1/19039: Bearbeitung der LDv 100/1 – Luftwaffenführung, 29.8.1962.

[23] Vgl. dazu Lemke, Konzeption und Aufbau der Luftwaffe (wie Anm. 11), S. 158f.

[24] Der Abschnitt im Paragraph 40 bezog sich auf die Natur des strategischen Luftkrieges, wurde jedoch vom Kommentator bei Fü L handschriftlich gestrichen. BArch, BL 1/26661: Entwurf LDv 100/1, vom 10.8.1971.

Welche Aussagen über einen möglichen Einsatz deutscher Verbände lassen sich in den Entwurfsfassungen der LDv 100/1 und anderen Einsatzkonzeptionen der Luftwaffe finden? Grundsätzlich entsprachen die Vorschriften immer den Grundaussagen der NATO zur Natur eines möglichen Krieges mit dem Warschauer Pakt. Dieser Krieg, falls er über einen nicht weiter definierten lokalen Konflikt hinausging, wurde dabei als globaler Atomkrieg verstanden. Aufseiten der NATO gab es bis 1967 dezidiert keine Planungen für eine großflächige, konventionelle Konfrontation mit dem Warschauer Pakt[25]. Für das Atomkriegsszenario sah die NATO einen zweiphasigen Ablauf vor. Eine erste Phase von maximal 30-tägiger Dauer würde aus massiven Nuklearschlägen beider Blöcke bestehen, die mit dem Aufbrauchen der Atomwaffenbestände einer Seite enden würde. Anschließend sollte in einer zweiten Phase die völlige Vernichtung der übrigen gegnerischen Streitkräfte und somit der Sieg über den Gegner erfolgen. Allerdings endeten die konkreten Planungen der NATO für dieses Szenario schon beim Beginn der ersten Kriegsphase mit dem Ablauf der „R[elease]-Hour", also dem automatischen Einsatz der Atomwaffenträger. Ob und wie überhaupt eine Phase nach diesem nuklearen Schlagabtausch aussehen sollte, lag im Dunkeln[26]. Bis zur Implementierung der *Flexible Response*[27] bedeutete dies, dass der Hauptauftrag der deutschen Luftstreitkräfte in der Teilnahme an der nuklearen Abschreckung im AIRCENT-Bereich lag. Für den Fall, dass die Abschreckung jedoch versagte, sollte die Luftwaffe drei Kernaufgaben nachkommen: (1.) Ihre leichten Kampfgeschwader, ausgerüstet mit Jagdbombern Fiat G-91, sollten eine bewegliche Verteidigung der Heeresverbände im Rahmen der Vorneverteidigung unterstützen. (2.) Die Luftverteidigungsverbände der Luftwaffe, und hier insbesondere die NIKE- und HAWK-Bataillone, waren zur Abwehr von Luftangriffen im Rahmen des NATO-Luftverteidigungsgürtels entlang der innerdeutschen bzw. deutsch-tschechoslowakischen Grenze vorgesehen. (3.) Zeitgleich sollten die für den

---

[25] NATO, MC 14/2 (Final Decision) Overall strategic Concept for the Defense of the North Atlantic Treaty Organization Area, 23.5.1957, NATO International Military Staff (IMS): Public Disclosure Programme (PDP), CD 2.

[26] NATO, MC 48/2 (Final Decision) Measures to implement the strategic Concept, 23.5.1957, NATO IMS, PDP, CD 2.

[27] Im deutschen Sprachgebrauch hat sich für die NATO-Strategie ab 1967 der englische Begriff „Flexible Response" statt der deutschen Übersetzung „Flexible Antwort" etabliert. Um den Lesefluss zu erleichtern, wird deshalb nachfolgend die englische Bezeichnung verwendet.

taktischen Strike-Auftrag vorgesehenen Lockheed F-104G- und Pershing-Raketen-Verbände die Angriffsfähigkeit der Warschauer-Pakt-Truppen durch vorausgeplante Nuklearschläge hemmen[28].

Seit Beginn der Arbeiten an der LDv 100/1 stand das Projekt unter keinem guten Stern. Die Studiengruppe litt dabei unter ähnlichen Grundproblemen wie die gesamte Luftwaffe in ihrer Aufbauphase in den 1960er Jahren. Zum einen fehlte es an ausgebildetem Fachpersonal, das für die Erarbeitung einer derart tiefgreifenden Führungsvorschrift überhaupt qualifiziert war[29]. Dies führte dazu, dass sich die Zusammensetzung der Studiengruppe teils im Monatsverlauf änderte und im Durchschnitt kaum über eine Gesamtstärke von fünf Personen hinaus vergrößerte.

Zum anderen entstand die Vorschrift in einer Phase des grundlegenden Wandels des Kriegsbildes. Bei Beginn der Arbeiten 1961 war die NATO-Strategie der *Massiven Vergeltung* noch uneingeschränkt gültig. Doch die sicherheitspolitische Lage des Bündnisses begann sich spätestens 1962 mit der Zuspitzung und Überwindung der Kuba-Krise zu verändern. Insbesondere die USA forderten zunehmend die Schaffung von größeren konventionellen Kapazitäten der NATO-Streitkräfte in Europa[30]. Die Studiengruppe der Luftwaffe stellte 1962 daraufhin fest, dass „[…] die sachlichen Schwierigkeiten in der Bearbeitung von Führungsvorschriften infolge der Vielschichtigkeit des Kriegsbildes, der politischen und wirtschaftlichen Entwicklungen, des zunehmenden Einflusses der Technik und der Eingliederung deutscher Streitkräfte in die NATO größer sind als früher.[31]" Damit versuchte man

---

[28] Vgl. Lemke, Konzeption und Aufbau der Luftwaffe (wie Anm. 11), S. 155-159.

[29] BArch, BL 1/19039: Fü Ak Bw - Abt. Lw, Vortragsnotiz Studiengruppe Luftwaffe: Bisherige Entwicklung – beabsichtigte Veränderungen, vom 9.2.1970.

[30] Mit verstärkten konventionellen Kapazitäten sollten dem Warschauer Pakt zu Beginn eines Konfliktes in Europa Landgewinne so lange verweigert werden, bis die NATO den Entschluss über einen defensiven Einsatz von Nuklearwaffen getroffen hatte. Als Wendepunkt gelten hier die „Athener Richtlinien", die auf Veranlassung des US-Verteidigungsministers Robert S. McNamara 1962 in die Verteidigungsplanungen des SACEUR integriert wurden, sowie die neue Bedrohungsanalyse MC 100 von 1963, die davon ausging, dass ein von den Sowjetunion begonnener Atomkrieg als unwahrscheinlich anzusehen sei. Vgl. Dieter Krüger, Der Strategiewechsel der Nordatlantischen Allianz. In: Bernd Lemke, Dieter Krüger u.a. (Hrsg.), Die Luftwaffe 1950 bis 1970 (wie Anm. 11), S. 41-69, hier: S. 51f.

[31] BArch, BL 1/19039: Vermerk über die Situation und den Stand der Bearbeitung von Vorschriften, Studien, Übersetzungen und Lehrunterlagen, vom 30.9.1962.

offensichtlich, die ersten Verzögerungen bei der Erstellung der Vorschrift zu erklären.

Die Studiengruppe kam wegen der Komplexität der Thematik zu dem Schluss, dass vor dem Beginn der Arbeiten an der eigentlichen Vorschrift zuerst einmal detaillierte Vorstudien zu nahezu allen inhaltlichen Kernthemen der Dienstvorschrift nötig waren. Dies bedeutete natürlich einen erheblichen zeitlichen Verzug des gesamten Projekts. In den folgenden Jahren verzögerten sich die Arbeiten weiter und wurden immer wieder unterbrochen, weil die Erstellung anderer Vorschriften vorgezogen wurde. Dennoch gelang es 1967 einen ersten, vollständigen Entwurf der Dienstvorschrift vorzulegen. Aus ihm wurde dann bis 1971 sogar ein Referentenentwurf entwickelt, von dem auch eine geringe Stückzahl an die Offizierschule und den Führungsstab der Luftwaffe ausgegeben wurde[32]. 1981 stellte man die Arbeiten an der LDv 100/1 dann vorerst ein. Es war offensichtlich geworden, dass der Mehrwert, den die Vorschrift generieren konnte, in keinem Verhältnis zum Aufwand stand, den ihre Erarbeitung bedeutete. Zudem verfügte die NATO seit 1976 mit der ATP-33 Tactical Air Doctrine[33] über eine aktuelle Luftkriegsdoktrin für alle Mitglieder der Allianz, sie ließ eine deutsche Vorschrift mit ähnlicher Ausrichtung obsolet werden[34].

Die Flexible Response –
Die Rückkehr des konventionellen Luftkrieges

Die Massive Vergeltung stellte ab 1957 den Versuch dar, einen Krieg mit dem Warschauer Pakt durch die Gefahr einer nuklearen Eskalation unführbar werden zu lassen. Das neue Konzept der Flexible Response der NATO zielte später darauf ab, zumindest einen begrenzten Konflikt mit der Sowjetunion auch ohne Einsatz von Atomwaffen führen zu können[35]. Grundgedanke dieser Strategie war der Anspruch, auf jede Form von Aggression des Warschauer Paktes eine angemessene Antwort durch die NATO bieten zu können. Zentrales Element der Flexible Response war dabei die „Deliberate Escalation". Sie bedeutete, dass sich die NATO vorbehielt, einen begrenzten

---

[32] BArch, BL 1/19041: Fü L I 5, Kurznotiz zu Entwicklung und Sachstand LDv 100/1 vom 21.9.1977.

[33] Allied Tactical Publication.

[34] BArch, BL 1/1904 1: Fü L I 5 an Fü L III 5, Einstellen der Bearbeitung LDv 100/1 u. LDv 100/2 vom 14.9.1981.

[35] Vgl. Krüger, Der Strategiewechsel der Nordatlantischen Allianz (wie Anm. 30), S. 50.

Konflikt mit dem Warschauer Pakt in einem gewissen Umfang zu eskalieren, wenn er auf konventionellem Weg nicht einzudämmen war. Eskalation konnte in diesem Kontext den selektiven Nuklearwaffeneinsatz oder auch nur die Eröffnung einer weiteren „Front" an einem anderen Ort bedeuten. In jedem Fall drohte sie aber mit einer qualitativen Ausweitung des Krieges, um damit die Kosten und auch Gefahren einer Fortführung des Kampfes für den Gegner auf ein für ihn unerträgliches Maß ansteigen zu lassen[36]. Das neue Konzept bedeutete allerdings, dass vor allem die Streitkräfte der Allianz in Mitteleuropa, die sich in ihren Strukturen gerade den Anforderungen an die Massive Vergeltung angepasst hatten, verstärkt konventionelle Kapazitäten aufbauen mussten. Insbesondere für die deutsche Luftwaffe war diese Herausforderung nicht zu unterschätzen.

Auch die Entwürfe der LDv 100/1 zeichneten den Strategiewechsel der NATO zur Flexible Response ab 1967 nach. Sie behielten dabei aber im Auge, dass die materielle Ausrüstung der Luftwaffe Ende der 1960er Jahre noch in großen Teilen auf das Kriegsbild der Massiven Vergeltung ausgerichtet war. Im Zuge dessen wurde beispielsweise festgestellt, dass die zuvor nuklear geplanten Einsätze mit den konventionellen Mitteln der Luftwaffe kaum noch wirtschaftlich durchführbar waren[37]. Die F-104G als fliegendes Hauptwaffensystem der Luftwaffe war beispielsweise kaum in der Lage, „Counter Air"-Einsätze nur unter Rückgriff auf nicht-nukleare Waffen in einem angemessenen Kosten-Nutzen-Verhältnis durchzuführen. Auch drohte ein lang anhaltender konventioneller Krieg die Mittel der Luftwaffe rasch zu verschleißen. Das war gerade deshalb problematisch, weil sich die Bundeswehr kaum Reservebildungen im Bereich der Luftstreitkräfte leisten konnte. Konkret bedeutete dies, dass Maschinen, die zuvor für den taktischen Strike-Auftrag vorgesehen waren, zwar in ihrer Zweitrolle auch konventionell eingesetzt werden konnten. Gingen sie aber in diesen Einsätzen verloren, wurde dadurch die Aufrechterhaltung der Strike-Fähigkeit und damit die nukleare Abschreckung im Bereich AIRCENT ernsthaft bedroht. Diese Gefahr wurde zwar bereits 1968 im Führungsstab der Luftwaffe erkannt, man fand aber vorerst keine Lösung dafür[38].

---

[36] NATO, MC 14/3 (Final) Overall strategic Concept for the Defense of the North Atlantic Treaty Organisation Area, 16.01.1968, NATO IMS, PDP, CD 18.

[37] BArch, BL 1/525: Entwurf LDv 100/1 vom September 1967, § 288-290.

[38] BArch, BL 1/5623: Stellungnahme Fü L zur Vorbereitung der „AFCENT Conventional Offensive Air Operations Conference" vom 28.11.1968.

Dieses Problem galt jedoch in ähnlicher Form auch für die gesamte Bundeswehr, die Ende der 1960er Jahre kaum in der Lage war, in einem größeren, konventionellen Konflikt über längere Zeit zu bestehen. Diese Gemengelage gipfelte dann 1970 beispielsweise in der Forderung des Generalinspekteurs, General Ulrich de Maizière, sich nur auf einen kurzen konventionellen Konflikt mit dem Warschauer Pakt einzulassen. Sobald jedoch eine Abnutzung der Streitkräfte in einem Umfang erkennbar werde, der die Aufrechterhaltung der nuklearen Abschreckungsfähigkeit bedrohe, müsse die NATO nuklear eskalieren, in der Hoffnung den Krieg zu beenden[39]. Dieser Forderung schloss sich die Luftwaffe bereitwillig an, wurde doch Ende der 1960er Jahre den gesamten NATO-Luftstreitkräften nur eine kurze Durchhaltefähigkeit in einem konventionellen Konflikt attestiert[40].

Mit der Implementierung der ATP-33 in der NATO (1976) endete vorläufig die Suche nach einer verbindlichen Luftkriegsdoktrin für die Luftwaffe. Die neue Führungsvorschrift war ein wichtiger Schritt zur Umsetzung der Flexible Response innerhalb der NATO-Streitkräfte. Sie brachte aber auch eine erhebliche Demokratisierung auf der Führungsebene der Luftstreitkräfte der Allianz mit sich. Bis zur Veröffentlichung der ATP-33 dominierten noch in weiten Teilen britische und US-amerikanische Standpunkte die Luftkriegskonzepte der NATO. Die neue Luftkriegsdoktrin des Bündnisses wurde aber in der „Tactical Air Working Party" (TAWP) der NATO ab 1972 von Vertretern aller Bündnisnationen gemeinsam entwickelt[41]. Von deutscher Seite flossen hier auch Erkenntnisse aus den Arbeiten an der LDv 100/1 mit ein.

Zentrales Element der APT-33 war ein enges Zusammenwirken zwischen Luft- und Landstreitkräften, insbesondere im Bereich der Gefechtsfeldabriegelung. Dabei griff man auf das britische Konzept der „Air Interdiction" zurück, das in enger Absprache mit den Kommandeuren der Heeresverbände durch die Luftwaffe durchgeführt werden sollte. Genauere Regelungen zur Luftnahunterstützung von Heeresverbänden enthielt die zeitgleich entwickelte ATP-27 „Offensive Air Support". Der Grundgedanke

---

39 BArch, BL 1/4027: Rede des Generalinspekteurs der Bundeswehr [General Ulrich de Maizière] zum Abschluß der 16. Kommandeurtagung der Bundeswehr vom 2.7.1970.
40 BArch, BL 1/5623: Stellungnahme Fü L zur Vorbereitung der „AFCENT Conventional Offensive Air Operations Conference" vom 28.11.1968.
41 Vgl. Lemke, Konzeption und Aufbau der Luftwaffe (wie Anm. 11), S. 261f. und David J. Stein, The Development of NATO Tactical Air Doctrine. 1970-1985, Santa Monica 1985, S. V.

hinter ATP-33 und -27 war nicht nur die Erarbeitung von Vorschriften, die dem neuen strategischen Konzept des Bündnisses entsprachen, sondern auch dem Wirrwarr an unterschiedlichen taktischen Verfahren in den beiden Luftflotten Mitteleuropas ein Ende zu setzen. Die britisch geführte 2. ATAF in Norddeutschland unterschied sich in ihrer Struktur und auch der Durchführung taktischer Verfahren nämlich teils stark von der US-amerikanisch geprägten 4. ATAF in Süddeutschland[42]. Gerade für die Luftwaffe, deren Geschwader in beiden Luftflotten vertreten waren, brachte dieser Zustand immer wieder Probleme bei der Unterstellung von Verbänden und Einheiten mit sich. Da die ATP-33 ab ihrem Erscheinen dann für beide Großverbände galt, trug sie erheblich zur Verbesserung der Interoperabilität zwischen den ATAFs bei.

Seit Beginn der 1970er Jahre hatte auch die Luftwaffe begonnen, sich strukturell dem neuen strategischen Konzept des Bündnisses anzupassen. Am deutlichsten konnten diese Veränderungen im Bereich der Ausrüstung nachvollzogen werden. Die taktischen Aufklärer vom Typ RF-104G wurden als erste Maschinen durch die Aufklärungsversion der F-4 Phantom II ersetzt. Jetzt war es der Luftwaffe möglich, die vom Inspekteur, Generalleutnant Johannes Steinhoff, erkannte Aufklärungslücke zu schließen[43]. War die RF-104G vor allem dazu angeschafft worden, eine Wirkaufklärung nach der atomaren Gegenschlagphase im Rahmen der Massiven Vergeltung durchzuführen, so konnte die RF-4E eine langanhaltende und tiefgreifende Luftaufklärung in unterschiedlichsten Lagen und Konfliktsituationen sicherstellen. Damit kam die Luftwaffe einer zentralen Forderung der MC 14/3[44] und damit auch der späteren ATP-33 nach, nämlich die frühzeitige und zuverlässige Aufklärung eines gegnerischen Angriffes mit der Feststellung seines Umfanges und Zieles[45]. Diese Informationen waren wesentlich für eine schnelle Entscheidungsfindung der politischen Instanzen des Atlantischen Bündnisses, um eine angemessene und eben flexible Reaktion für jede Form von Konflikt finden zu können.

Die Geschichte der ATP-33 und der TAWP als ihrem Entwicklungsforum spiegelte auch die Demokratisierung des Bündnisses in der zweiten

---

[42] Stein, The Development (wie Anm. 41), S. V.

[43] Vgl. Luftwaffe. Der General irrte. In: Der SPIEGEL (30) 1968 vom 22.7.1968, S. 23.

[44] Military Committee.

[45] NATO: MC 48/3 (Final) Measures to implement the strategic Concept, 8.12.1969, NATO IMS, PDP, CD 19.

Hälfte des Kalten Krieges wider. Gerade bei der Implementierung neuer Einsatzverfahren in die Doktrin kam es dabei innerhalb der Arbeitsgruppe immer wieder zu Diskussionen zwischen den Mitgliedsnationen. Stellvertretend können hier die Debatten um die Einführung der Konzepte „Follow-on-Forces-Attack" (FOFA) und „Supression of Enemy Air Defence" (SEAD) genannt werden[46]. Beide Verfahren gingen auf Vorschläge der US Air Force zu Beginn der 1980er Jahre zurück. Mit SEAD sollte der taktische Luftkrieg gegen den Warschauer Pakt ausgeweitet werden, indem durch direkte Angriffe auf dessen FlaRak-Stellungen Breschen in seinen Luftabwehrschirm geschlagen wurden. FOFA hingegen bedeutete die Bekämpfung der zweiten und dritten Welle angreifender Bodentruppen des Warschauer Paktes durch massive Luftschläge tief in dessen eigenem Gebiet. Beide Konzepte wurden insbesondere von den europäischen Bündnisnationen zuerst abgelehnt, weil sie mit hohen Folgekosten verbunden waren und bei Anwendung die politischen Möglichkeiten zur Beilegung von Konflikten deutlich einschränkten[47]. Zudem sah man sich dem Versuch ausgesetzt, in eine erneute Abhängigkeit von US-amerikanischen Rüstungsproduzenten zu gelangen, von der sich die europäischen Bündnismitglieder zu diesem Zeitpunkt ein Stück weit entfernen wollten. Zumindest das FOFA-Konzept wurde aber 1986 in den Fähigkeitskatalog der NATO-Luftstreitkräfte aufgenommen[48]. Großbritannien und die Bundesrepublik begannen gegen Ende der 1980er Jahre zudem selbstständig, sich in einem gewissen Umfang mit der Beschaffung von Waffensystemen für SEAD-Operationen zu beschäftigen. 1990 stand der Luftwaffe mit dem Tornado ECR[49] dann auch ein geeignetes Flugzeug für diese Aufgabe zur Verfügung.

Der Fall der Berliner Mauer am 9. November 1989 traf sowohl die NATO als auch die Bundeswehr völlig unvorbereitet. Der Wegfall des Blockgegners, die globale Abrüstung und die Verlagerung auf neue Konfliktszenarien machten daher für die seit 1991 „wiedervereinigte" Bundeswehr und ihre Luftwaffe auch eine neue Doktrin notwendig. Bereits 1985 hatte man

---

[46] Vgl. Philip S. Meilinger, The Paths of Heaven. The Evolution of Airpower Theory, New Delhi 2000, S. 455.

[47] Vgl. Stein, The Development (wie Anm. 41), S. 39f.

[48] Vgl. Christian Herrmann, Sicherheitspolitik als res publica? Die Kontroverse um die Militärdoktrinen der USA und der NATO in der Bundesrepublik Deutschland 1983-1986, Marburg 2015, S. 116.

[49] Electronic Combat Reconnaissance = Elektronischer Kampf und Aufklärung.

die Arbeiten an der LDv 100/1 wieder aufgenommen, um sie nun doch noch in die Truppe einzuführen. Dies geschah dann 1991 nach einer eingehenden Anpassung an die neuen Verhältnisse auch. Damit hatte die Bundeswehr auf das Jahr genau 30 Jahre für die Erstellung ihrer ersten, eigenen Luftkriegsdoktrin benötigt.

Jörg Sievers
Flugabwehr in den strategischen Planungen der NATO

Nach Gründung der NATO und dem Beginn der Mitgliedschaft der Bundesrepublik Deutschland ab 1955 in diesem Bündnis erfolgten der Aufbau und die Ausrüstung der neu aufzustellenden Bundeswehr in enger Anlehnung an die strategischen Planungen der NATO.

Diese strategischen Planungen der NATO zu Beginn der 1950er Jahre basierten auf der Erkenntnis, dass die konventionellen Streitkräfte der Alliierten alleine nicht mehr ausreichend waren, um die Sowjetunion und somit den Warschauer Pakt glaubhaft abzuschrecken. Da die Truppenstärken der konventionellen Streitkräfte des Warschauer Pakts jenen der NATO zahlenmäßig deutlich überlegen war, waren die ersten beiden NATO-Strategien auf eine unmittelbare Verteidigung des Bündnisgebietes an der innerdeutschen Grenze im Zuge einer „Vorwärtsverteidigung" (MC 14/1)[1] bzw. ein Abschreckungsszenario mit der Androhung des unmittelbaren Nuklearwaffeneinsatzes als mögliche „Massive Vergeltung" (MC 14/2)[2] ausgerichtet. Stellten ursprünglich die Landstreitkräfte die Hauptkräfte für eine Verteidigung Westeuropas dar, so sollten in einem Konfliktfall nun die taktischen und strategischen Luftstreitkräfte mit massivem Einsatz von Nuklearwaffen die Entscheidung herbeiführen.

Das Konzept der „Massive Retaliation"

Die Planungen der NATO auf der Grundlage der 1957 in Kraft gesetzten Strategie der „Massiven Vergeltung" sahen daher vor, zunächst durch einen massiven Einsatz aller konventionellen Mittel einen sowjetischen Angriff soweit wie möglich ostwärts des Rheins zu verzögern („Vorwärtsverteidigung"), um dann durch eine nukleare Gegenoffensive der strategischen Luftstreitkräfte – und hier vor allem der US Air Force – eine Entscheidung zugunsten der NATO zu bewirken.

---

[1] MC 14/1: Report by the Standing Group on Strategic Guidance, vom 9.12.1952 zur Implementierung der „Vorwärtsstrategie" der NATO. Siehe:
http://www.nato.int/docu/stratdoc/ eng/a521209a.pdf (10.5.2016).
[2] MC 14/2: Overall Strategic Concept for the Defense of the North Atlantic Treaty Organization Area, vom 23.5.1957. Siehe:
http://www.nato.int/docu/stratdoc/eng/a570523a.pdf (11.5.2016).

Diese „*Schwert-Schild-Konzeption*" betonte als *Schwert* die strategischen Luftstreitkräfte mit nuklearer Bewaffnung – und zu diesen Kräften gehörte auch partiell das Flugabwehrraketen-System NIKE Hercules. Dazu erhielt die Luftwaffe der Bundeswehr sechs NIKE-Bataillone, die neben dem herkömmlichen Auftrag zum Schutz des Luftraums gegenüber feindlichen Luftangriffen auch für das Verbringen von nuklearen Gefechtsköpfen – sowohl Boden-Luft als auch Boden-Boden – ausgerüstet waren. Die übrigen deutschen Luftverteidigungskräfte der Luftwaffe gehörten zu den konventionellen Streitkräften, die als *Schild* unter anderem den Schutz einsatzwichtiger Flugplätze und Radarstationen sichern sollten, vor allem aber im Verbund mit den Alliierten zwei „Sperrriegel" von Nord nach Süd durch die Bundesrepublik darstellten.

Die deshalb innerhalb der NATO geplante konventionelle Aufrüstung der westeuropäischen Streitkräfte zum Aufbau des Schildes kam jedoch auch aus wirtschaftlichen Gründen – insbesondere in Deutschland, aber auch bei den europäischen Alliierten – nicht so zügig voran, wie die NATO sich das erhofft hatte und wie es auch seitens der Bundesregierung vor 1955/56 versprochen worden war. Der Aufbau der Bundeswehr verzögerte sich derart, dass eben nicht in fünf Jahren eine vollständig aufgestellte Streitmacht existierte, sondern erst Mitte der 1960er Jahre die Bundeswehr und damit auch ihre Luftwaffe die geplante personelle Stärke annähernd erreicht hatten.

Der Übergang zur Flexible Response

Noch während der Aufstellung der Bundeswehr und ungeachtet der eigenen Truppenstärke musste die NATO feststellen, dass ein Schutz des Territoriums flächendeckend unmöglich wäre und deshalb ein Gürtelkonzept als nächstbeste Lösung angestrebt wurde. Außerdem wollte das Bündnis als Reaktion auf einen möglichen sowjetischen Angriff auf Westeuropa mehr Optionen zur Verfügung haben und damit die Schwelle für einen Nukleareinsatz erhöhen.[3]

---

[3] Vgl. Dieter Krüger, Der Strategiewandel der NATO in den 1960er Jahren: Ein westdeutsches Dilemma. In: Die Luftwaffe in der Moderne. Hrsg. von Eberhard Birk, Heiner Möllers und Wolfgang Schmidt, Essen 2001 (= Schriften zur Geschichte der Deutschen Luftwaffe, Band 1), S. 61-69.

Diese Ansätze kumulierten in der NATO Strategie „Flexible Response", die das Bündnis 1967/68 beschloss[4]. Auch diese Strategie war – wie bereits die vorhergehende Strategie – auf die „Vorneverteidigung" im Sinne einer Verteidigung im Schwerpunkt auf dem Gebiet der Bundesrepublik ausgerichtet. Zugleich wurden die überschallfähigen Strahlflugzeuge des Warschauer Paktes als Hauptbedrohung angesehen.

Da jedoch allein mit den deutschen Flugabwehrkräften der Aufbau eines wirkungsvollen Gürtels unmöglich war, stationierten die USA, Belgien und die Niederlande sowie nicht zuletzt auch Frankreich erhebliche LV-Kräfte in den ihnen zugewiesenen Sektoren des FlaRak-Gürtels in der Bundesrepublik Deutschland. Die Fähigkeit zur Bekämpfung des Gegners – insbesondere der Kampf gegen die gegnerischen Luftangriffskräfte – erforderte von den LV-Kräften eine hohe Reaktionsfähigkeit und Flexibilität. Integrierte und zentral geführte Einsätze zusammen mit Bündnispartnern wurden so zum wesentlichen Merkmal der Luftwaffe der 1970er Jahre.

Zeitgleich erfolgte der Aufbau der Integrierten NATO-Luftverteidigung beginnend Ende der 1960er Jahre. Das integrierte Luftverteidigungssystem der Allianz, das „NATO Integrated Air Defence System (NATINADS)", bildet seit seiner Einführung vor über 50 Jahren eine der Stützen der kollektiven Verteidigung des Bündnisses[5].

---

[4] „MC 14/3: Overall Strategic Concept for the Defense of the North Atlantic Treaty Organization Area" vom 16.1.1968. Siehe:
http://www.nato.int/docu/stratdoc/eng/a680116a.pdf (11.5.2016).
Erste Ansätze der NATO wie auch der US-Administrationen sich von der Strategie der Massiven Vergeltung zu lösen, setzten beim NATO-Gipfel 1958 in Kopenhagen ein. Erstmals wurde hier der Dialog mit dem Warschauer Pakt als Instrument zur Konfliktvermeidung erwogen.
Der Wechsel der US-Administration von Präsident Dwight D. Eisenhower zu John F. Kennedy leitete den Strategie-Wechsel ein. Kennedy zweifelte an der Alltagstauglichkeit der Massiven Vergeltung und daran, mit ihr regionale Konflikte bewältigen zu können. Die 1962 eskalierende Kuba-Krise war der letzte Beweis, dass militärisches Handeln auf der Grundlage der Massiven Vergeltung nur einen großen Krieg zur Folge haben konnte. Die Abkehr der US-Administration von der Massiven Vergeltung im Jahr 1962 zwang die NATO-Partner schließlich, sich den USA anzuschließen. Vgl. Johannes Steinhoff/Reiner Pommerin, Strategiewechsel: Bundesrepublik und Nuklearstrategie in der Ära Adenauer-Kennedy, Baden-Baden 1992 (= Nuclear History Program, Band 30/1).
[5] Vgl. Dieter Krüger, Nationaler Egoismus und gemeinsamer Bündniszweck. Das ‚NATO Air Defence Ground Environement Programe' (NADGE) 1959-1968. In: Militärgeschichtliche Zeitschrift 64 (2005), S. 333-358.

84

Historisch gesehen ist die Luftverteidigung jener Bereich der NATO, der am tiefsten integriert war – es handelte sich hierbei um ein äußerst komplexes und multinationales Geflecht von Sensoren, Effektoren und Führungssystemen. Kern der Integration war dabei die übertragene Befugnis an den Alliierten Oberbefehlshaber in Europa (SACEUR), die ihm bereits im Frieden unterstellten Mittel und Kräfte der Luftverteidigung als „NATO Command Forces" zu alarmieren und entsprechend einzusetzen.

Die Strategie der „Flexible Response" und das System der Integrierten Luftverteidigung blieben unverändert bis zur Auflösung des Warschauer Paktes gültig, auch weil die NATO hierzu keinerlei Alternative besaß. Gleichwohl ergaben sich Änderungen im Bedrohungsspektrum für die LV-Kräfte: Nicht nur gegen sehr tief oder sehr hoch fliegende, überschallschnelle und bemannte Luftfahrzeuge mussten die Systeme der Flugabwehrraketentruppe wirken können, sondern auch gegen neue Luftkriegsmittel.

Beginnend in den 1980er Jahren erfolgte die Erweiterung des Bedrohungsspektrums durch unbemannte Luftfahrzeuge – Marschflugkörper (sogenannte Cruise Missiles) und Taktisch Ballistische Raketen. Mit dem Begriff der Erweiterten Luftverteidigung (Extended Air Defence) brachte die NATO zum Ausdruck, dass auch diese Elemente des Bedrohungsspektrums abzudecken waren.

Sichtbares konkretes Zeichen, diese Elemente als Bedrohung erkannt zu haben, war die Einführung des Waffensystems PATRIOT Ende der 1980er Jahre. Dieses Waffensystems konnte und kann sowohl gegen bemannte Kampfflugzeuge, Cruise Missiles wie auch gegen Taktisch Ballistische Raketen eingesetzt werden. – Frankreich, das seit 1966 nicht mehr in die militärische Kommandostruktur der NATO eingebunden war, entwickelte in dieser Zeit ein vergleichbares System: SAMP-T[6].

---

[6] SAMP/T (sol-air moyenne portée terrestre oder surface-to-air medium range/land) ist ein bodengebundenes LV-System zur Bekämpfung von Hochgeschwindigkeitszielen wie taktisch ballistischen Flugkörpern, Marschflugkörpern (Cruise Missiles), bemannten Kampfflugzeugen sowie unbemannten fliegenden Kampfsystemen (UCAVs: unmanned combat air vehicles) Siehe: http://www.army-technology.com/projects/aster-30 (15.7.2016).

Krisenmanagement und „out of area-Einsätze"

Zeitgleich zu diesen (eher technischen) Entwicklungen änderte sich in den frühen 1990er Jahren in der NATO die Bedrohungsperzeption vom Grunde her[7]. Nach dem Fall der Mauer 1989 und der Auflösung sowohl des Warschauer Pakts wie auch der Sowjetunion definierte die NATO ihre Aufgaben neu. Den sicherheitspolitischen Diskurs dominierte zeitweilig eine erhoffte „Friedensdividende". Es schien als sei das wiedervereinigte Deutschland nur noch von Freunden und Partnern umgeben[8]. Wenn es überhaupt noch eine wahrzunehmende Bedrohung gab, dann nur von weit entfernt, durch Raketen und nicht mehr durch aus Nachbarländern einfliegende Kampfflugzeuge.

1991 beschloss die NATO daher mit der „Directive for Military Implementation of the Alliance's Strategy" (MC 400) eine neuen Strategie. Sie wollte als das einzig bestehende und funktionstüchtige Militärbündnis der Welt ihr vorhandenes System nutzen und zu einem Instrument des Krisenmanagements umwandeln, ohne jedoch den Erhalt der Verteidigungsfähigkeit zu vernachlässigen. Somit legte die NATO das Fundament für die Teilnahme an friedenserhaltenden sowie Krisenmanagement-Operationen.

Bereits 1992 erweiterte die NATO ihre Konzeption, indem sie ihre Bereitschaft zu Einsätzen auch außerhalb des Bündnisgebietes („Out-of-Area"-Einsätze) im Rahmen von Mandatierungen durch die UN oder die OSZE erklärte.[9]

Der Wandel der NATO-Strategie in Verbindung mit der geänderten sicherheitspolitischen Lage in Europa verlangte nun auch von der Bundeswehr die Beteiligung an den Einsätzen der NATO. War der Einsatz des Fla-Rak-Personals im Rahmen der Allied Mobile Force[10] (AMF) in der Türkei zur Absicherung eines möglichen Angriffs aus dem Irak[11] noch von der al-

---

[7] Vgl. Johannes Varwick, Die NATO. Vom Verteidigungsbündnis zur Weltpolizei?, München 2008.

[8] Volker Rühe. In der Mitte Europas. Hrsg. vom Militärgeschichtlichen Forschungsamt, Potsdam 2012, S. 42-48.

[9] 1992 erklärte der NATO-Rat seine Bereitschaft, Friedensoperationen auch außerhalb des eigenen Bündnisgebietes zu unterstützen (sog. „Out-of-area-Einsätze"). Siehe: https://www.uni-muenster.de/NiederlandeNet/nl-wissen/politik/vertiefung/aussenpolitik/nato.html (15.7.2016). Ab 1993 wurden die Out-of-area-Einsätze mit der MC 327 (NATO Military Planning for Peace Support Operations) auch auf militärischer Seite offiziell implementiert.

[10] Vgl. grundsätzlich Bernd Lemke, Die Allied Mobile Force 1961 bis 2002, Berlin, Boston 2015 (= Entstehung und Probleme des Atlantischen Bündnisses, Bd. 10).

[11] Vgl. dazu den Beitrag Walsch in diesem Band.

ten Strategie der Flexible Response geprägt, musste sich die Luftwaffe durch ihre Beteiligung an den Operationen über Bosnien ab 1992/93 oder im Kosovo 1999 und später dann auch in Afghanistan bereits bei neuen Aufgaben beweisen[12].

In den zwanzig Jahren nach dem Mauerfall lag die militärische Kernaufgabe der NATO bei der aktiven Konfliktverhütung und Krisenbewältigung außerhalb des Bündnisgebietes. In diesen Jahren wandelten sich die Aufgaben der NATO zur Sicherstellung der kurzfristigen und multinationalen Bewältigung von Krisen und Konflikten.

Die Bundeswehr entwickelte daraus das Konzept zur Aufstellung von Krisenreaktionskräften (KRK). Dieses Konzept wurde auch auf alle Verbände der Luftwaffe und damit auch auf die Flugabwehrraketentruppe angewandt. Es entstanden KRK- und HVK (Hauptverteidigungskräfte)-Verbände. Diese Kräfte unterschieden sich von den Einsatzbereitschaftszeiten aber auch von der Ausrüstung und Ausstattung. Wie ein äußerliches Kennzeichen wirkte die unterschiedliche Bekleidung: der alte „Feldanzug moleskin" war bis zur vollständigen Ausstattung der Bundeswehr für die HVK vorbehalten, während die KRK schon den neuen Feldanzug im Tarndruck erhielten. Die KRK-Verbände konnte man im erweiterten Sinne in Bezug auf die erhöhte Einsatzbereitschaft und die kurzen Vorwarnzeiten im Falle einer Verlegung als Nachfolger der AMF-Kräfte und als Vorgänger der NRF-Kräfte ansehen.

Innerhalb der NATO hatten die strategischen Veränderungen der 1990er Jahre für die Luftverteidigung zwei ganz konkrete Auswirkungen:

1. Vorrangiges Ziel für bodengebundene LV-Kräfte war es Truppen zu schützen, die sich in Krisenreaktionseinsätzen befanden und die in Regionen verlegt waren, wo eine solche Bedrohung existierte. Dazu mussten diese Kräfte mobil und schnell verlegbar sein.

2. Die Bedrohungseinschätzung änderte sich infolge der Proliferation von Raketentechnologie – beispielsweise durch Staaten wie den Iran und Nordkorea – zu einer Bedrohung aus größerer Entfernung mit Raketen. Dies führte zu der Schlussfolgerung, dass die NATO langfristig das gesamte

---

[12] Vgl. Walter Jertz, Die Luftwaffe über Bosnien-Herzegowina 1995. In: Entschieden für Frieden. 50 Jahre Bundeswehr 1955 bis 2005. Hrsg. von Klaus-Jürgen Bremm, Hans-Hubertus Mack und Martin Rink, Freiburg 2005, S. 565-580.

Territorium aller Mitgliedstaaten gegen weitreichende Raketen schützen können muss.

Was bedeutete nun in der Summe dieser Wandel in der Bedrohungsperzeption – nur noch von Partnern und Freunden umgeben zu sein – für die Integrierte NATO Luftverteidigung im Allgemeinen und für die deutsche Flugabwehrraketentruppe im Speziellen?

- Ab 1991 erfolgte die Rückverlegung sämtlicher zuvor in der Bundesrepublik Deutschland stationierten ausländischen Luftverteidigungskräfte in ihre Heimatländer.

- Die Flugabwehrraketentruppe konzentrierte sich aufgrund des Wegfalls der vorherigen Bedrohung aus dem Osten auf die Abwehr Taktisch Ballistischer Flugkörper unter Zurückstellung des restlichen Bedrohungsspektrums.

- Die hohen Bereitschaftsstufen (Schichtbetrieb „24/7") der bodengebundenen Integrierten Luftverteidigung waren damit insgesamt nicht mehr zwingend notwendig und wurden abgeschafft.

- Ebenso konnte die permanente NATO-Unterstellung im Frieden mit Ausnahme der fliegenden Alarmrotten (QRA) aufgegeben werden. Die bodengestützten Flugabwehrraketenverbände sind seitdem national unterstellt und geführt.

- Gleichzeitig reduzierten alle NATO-Staaten ihre verfügbaren FlaRak-Waffensysteme drastisch.

- Die Erfahrungen aus den ersten Auslandseinsätzen in Europa haben diese Entwicklungen noch verstärkt. Seit 2002 hat „Afghanistan" mit seinen militärischen Eskalationen und den deutschen Wahrnehmungen die sicherheitspolitischen Argumentationen und das Denken vom Einsatz über eine Dekade lang bestimmt.

Letztlich blieb als Folge aus der ehemals tief in die NATO integrierten Luftverteidigung nicht mehr als nur ein fragmentierter Ansatz erhalten. Luftverteidigung im klassischen Sinne hat in diesem militär- und sicherheitspolitischen Denken überhaupt keine Rolle mehr gespielt (mit Ausnahme des Feldlagerschutzes), zumal es in diesen zurückliegenden Auslandseinsätzen auch keine ernsthafte Luftbedrohung gegeben hatte.

Strategisches Konzept 2010

Die internationale Sicherheitslage hat sich mit Beginn des 21. Jahrhunderts erneut gewandelt. Terroristische Anschläge, regionale Konflikte mit nicht-staatlichen Akteuren, Cyber War oder Piraterie stellen neue Herausforderungen für das Bündnis dar. Unter diesem Eindruck beschloss die NATO 2010 auf ihrem Gipfel in Lissabon das aktuell gültige Strategische Konzept der NATO[13]. Dieses definiert drei gleichwertige „Kernaufgaben und Kernprinzipien" der Allianz:

1. Krisenmanagement – in- und außerhalb des euro-atlantischen Raumes,

2. Kollektive Verteidigung als klassischen Bündnisfall nach Artikel 5 des NATO-Vertrages sowie

3. Kooperative Sicherheit – auch durch Dialog und Kooperation mit Partnern auch außerhalb der NATO, wie z.B. mit Russland.

Darüber hinaus sollen Rüstungskontrolle, Abrüstung und Nichtverbreitung von Waffen künftig eine besondere Rolle spielen.

In diesem Zusammenhang führte die steigende Proliferation von Raketentechnologie im angrenzenden Südosten des NATO-Gebietes zu dem Beschluss aller NATO-Staaten, einen gemeinsamen Schutz des euro-atlantischen Raumes gegen anfliegende ballistische Raketen aufzubauen. Die Idee dabei war, dass durch freiwillige nationale Beiträge an Sensoren, Effektoren und Waffensystemen, verbunden mit einem von der NATO entwickelten Führungssystem, eine solche Abwehrfähigkeit schrittweise und modular aufzubauen.

Mit dieser Entscheidung der Staats- und Regierungschefs beim NATO-Gipfel in Lissabon 2010, gemeinsam eine territoriale Flugkörperabwehr für die NATO in Europa aufzubauen, ist „Missile Defence" Teil der kollektiven Verteidigung und damit ein Kernauftrag des Verteidigungsbündnisses für seine Mitglieder.

Um diesem neuen Teilaspekt Rechnung zu tragen und weil diese selbstgestellte Aufgabe einen evolutionären Aufwuchs der derzeitigen Integrierten

---

[13] Strategisches Konzept für die Verteidigung und Sicherheit der Mitglieder der Nordatlantikvertrags-Organisation, von den Staats- und Regierungschefs in Lissabon verabschiedet: Aktives Engagement, moderne Verteidigung. Siehe: http://www.nato.diplo.de/contentblob/2978550 /Daten/1854725/strat_Konzept_Lisboa_DLD.pdf (11.5.2016).

Luftverteidigung darstellt, wurde die bisherige NATINADS um den Begriff „Missile“ zum „NATO Integrated Air and Missile Defence System“ (NATINAMDS) erweitert.

Meilenstein NATO-BMD[14]

Nach dem Lissaboner Beschluss erklärte die NATO auf dem Gipfel in Chicago 2012 eine „vorläufige Befähigung der Abwehr ballistischer Raketen“ („Interim BMD Capability“)[15]. Dieses System wurde inzwischen weiterentwickelt. Die USA haben im Rahmen ihrer sogenannten „European Phased Adaptive Approach (EPAA)“ als ihren freiwilligen nationalen Beitrag im September 2015 vier AEGIS-Schiffe im südspanischen Rota stationiert, die gegen ballistische Raketen wirken können. Im Dezember 2015 wurde die Raketenabwehranlage (AEGIS ASHORE) in Rumänien an den militärischen Nutzer übergeben; auch sie ist zur Abwehr ballistischer Raketen vorgesehen.

Konsequenterweise wurde im Sommer 2016 auf dem NATO-Gipfel in Warschau durch die Staats- und Regierungschefs das Erreichen der sogenannten „Initial Operational Capability (IOC)“ für NATO BMD erklärt[16]

Strategisches Umfeld 2016

In der Zwischenzeit haben sich seit dem Gipfel in Lissabon und dem Strategischen Konzept von 2010 jedoch erneut signifikante Änderungen im politischen Umfeld ergeben: Sicherheitspolitische Entwicklungen im Jahr 2014 im Zusammenhang mit der Krim und der Ostukraine haben in der NATO zu einem regelrechten Schock geführt. Mit der Annexion der Krim durch Russland und den folgenden militärischen Auseinandersetzungen in der Ukraine ist die europäische Friedensordnung nachhaltig gestört worden. Für viele NATO-Partner (insbesondere Estland, Lettland, Litauen und Polen) ist nicht zuletzt vor dem Hintergrund ihrer historischen Erfahrungen mit ihrem

---

14 NATO-BMD: NATO Ballistic Missile Defence (NATO-Raketenabwehr).

15 „Gipfelerklärung von Chicago. Treffen des Nordatlantikrats auf Ebene der Staats- und Regierungschefs am 20.5.2012 in Chicago“, Ziffer 60. Siehe: http://www.nato.diplo.de /contentblob/3545084/Daten/4619463/ChicagoCommuniquedtDLD.pdf (11.5.2016).

16 „Gipfelerklärung von Warschau. Treffen des Nordatlantikrats auf Ebene der Staats- und Regierungschefs am 8./9.7.2016 in Warschau“, Ziffer 57. Siehe: http://www.nato.int/ cps/en/natohq/official_texts_133169.htm (15.7.2016).

dominanten östlichen Nachbarn das Vertrauen in Russland als Basis für jegliche Kooperation unwiderruflich verloren gegangen.

Die sicherheitspolitischen Entwicklungen der letzten zwei Jahre verdeutlichten unübersehbar, wie fragil „gefühlte" Sicherheit sein und wie rasch sich eine Situation grundlegend verändern kann. Dabei geht es weniger um die direkte Bedrohung der Sicherheit Deutschlands, als vielmehr um die Gefährdung der Stabilität und Sicherheit in Europa. Vor allem die östlichen NATO-Partner sehen sich angesichts fließender Grenzen zwischen dem Kampf aufständischer Separatisten und offenkundiger Unterstützung durch ausländische reguläre Kräfte in der Ukraine in ihren Befürchtungen einer latenten Gefahr für ihre staatliche Integrität bestätigt.

Deshalb fassten die NATO-Regierungschef auf dem Gipfel in Wales im Herbst 2014 weitreichende Beschlüsse, die eine Anpassung an die neue Situation herbeiführen sollen: Die Fähigkeit der NATO zur kollektiven Selbstverteidigung rückte wieder verstärkt in den Fokus. Dazu war es notwendig, die militärischen Fähigkeiten der NATO an die veränderten Rahmenbedingungen anzupassen.

Die in den Jahren zuvor erfolgte enge Ausrichtung der NATO auf lang andauernde Stabilisierungseinsätze im Rahmen der Krisenverhütung und Konfliktbewältigung auf Basis der „Blaupause" Afghanistan und in Verbindung mit sinkenden Verteidigungshaushalten hatten jedoch deutliche Spuren in den nationalen Fähigkeitsprofilen hinterlassen Die deutsche Flugabwehrraketentruppe war davon besonders betroffen. Deswegen steht die Wiedererlangung der konventionellen Verteidigungsfähigkeit im Fokus aller Bemühungen der NATO-Mitgliedsstaaten. Diese gehen einher mit der Fokussierung auf den Schutz der baltischen Staaten und des Nordosten der Allianz — als einer möglichen neuen bedrohten Flanke der NATO.

Die NATO überschrieb diese Anpassung mit dem Schlagwort: „Readiness Action Plan (RAP)"[17]. Dieser Katalog an Maßnahmen sieht vor, die Alliierten an der Nordostflanke durch geeignete Maßnahmen rückzuversichern („Reassurance") und zu verstärken, um sie so gegen Pressionen, hybride Kriegführung oder sogar offene militärische Aggression zu schützen.

Auf dem Gipfel der Allianz in Warschau im Juli 2016 wurde über den in Wales beschlossenen RAP hinaus die Stationierung zusätzlicher Truppen im Osten des Bündnisgebiets beschlossen. Diese Truppen sollen regelmäßig

---

[17] Siehe http://www.nato.int/cps/en/natohq/topics_119353.htm (11.5.2016).

rotieren, um die Einhaltung der NATO-Russland Grundakte[18] sicherzustellen. Im Rahmen der so genannten „enhanced Forward Presence (eFP)" (verstärkte Vornepräsenz) werden in den baltischen Staaten sowie in Polen jeweils ein Bataillon eingesetzt[19]. Bei der Komposition dieser Truppenteile ist auch über Anteile zur Luftverteidigung im klassischen Sinne nachzudenken.

In der Summe erfolgte eine Rückbesinnung auf die Fähigkeiten zur kollektiven Verteidigung des Bündnisgebietes inklusive einzelner Maßnahmenpakete[20]. Diese grundlegende Schwerpunktänderung war für die NATO ein vergleichbarer Paradigmenwechsel wie nach dem Wegfall der Ost-West Konfrontation Anfang der 1990er Jahre.

Setzt man die veränderte Sicherheitslage und die bereits beschlossenen Anpassungen der NATO in Relation zu den deutschen Luftverteidigungskräften und ergänzt diese durch die Bedeutung, die sich aus einem Szenario der kollektiven Verteidigung ergeben könnte, lassen sich folgende Aussagen für den künftigen Anspruch an die Fähigkeiten der bodengebunden Flugabwehr (-raketentruppe) ableiten:

- Die NATO hat es mit einem möglichen Gegner zu tun, der quantitativ und qualitativ mit ihr auf Augenhöhe ist und in relativ kurzer Zeit eine solche Bedrohung generieren kann.

- Das gesamte Spektrum an Luftbedrohungen mit bemannten und unbemannten Luftfahrzeugen – Cruise Missiles, Drohnen, Kampfhubschrauber, ballistische Raketen – rückt erneut in den Fokus.

- Ein erheblich vergrößertes Bündnisgebiet muss mit deutlich weniger Kräften geschützt werden.

---

[18]   Siehe   http://www.nato.diplo.de/contentblob/1940894/Daten/189459/1997_05_Paris_DownlDat.pdf (18.7.2016).

[19]   „Gipfelerklärung von Warschau. Treffen des Nordatlantikrats auf Ebene der Staats- und Regierungschefs am 8./9. Juli 2016 in Warschau", Ziffer 40. Siehe:
http://www.nato.int/%20cps/en/natohq/official_texts_133169.htm (15.7.2016).

[20] Zu diesen gehören u.a. die Umsetzung des Readiness Action Plan (RAP) sowie die Errichtung eines Eingreifverbandes (eNRF, „Speerspitze", zur Erhöhung der Reaktionsfähigkeit der Allianz), eine Long Term Adaptation (LTA) zur Stärkung der Abschreckung und Verteidigungsfähigkeit der NATO, Verbesserungen im Krisenmanagement des Bündnisses durch Beschleunigungen der Entscheidungsprozesse innerhalb der NATO sowie Übungen und Anpassung des NATO-Krisenreaktionssystems; der Aufbau der NATO-Raketen-abwehr (BMD) wurde fortgesetzt und langfristig erfolgt der Aufbau militärischer Fähigkeiten im Rahmen des NATO Verteidigungsplanungsprozesses (NATO Defence Planning Process [NDPP]).

Eine ungehinderte Nutzung des Luftraumes, wie sie in Afghanistan möglich war, ist nicht mehr selbstverständlich. Vielmehr muss erst die Voraussetzung geschaffen werden, dass die Operationsfreiheit sowohl in der Luft wie auch auf dem Boden gegeben ist.

Hierzu ist der eigene Luftraum so zu verteidigen, dass die schnellen Reaktionskräfte, wie beispielsweise die VJTF (Very High Joint Task Force /„Speerspitze"), verlegt und zum Einsatz gebracht werden können.

Auf dem Boden unter einer gegnerischen Luftbedrohung ohne eigenen Schutz zu operieren ist geradezu „selbstmörderisch". Die Bilder aus Syrien haben dies deutlich gezeigt. Eine teilstreitkraft-übergreifende Zusammenarbeit zwischen Land-, Luft- und Seestreitkräften gewinnt daher wieder erheblich an Bedeutung.

Fazit

Die Bedeutung der Luftverteidigungskräfte für die Sicherheit der NATO hat in den zurückliegenden allein 25 Jahren erhebliche Wandlungen erfahren. Angesichts technischer Entwicklungen, die es ermöglichen könnten, mit weniger Personal und Material einen größeren Luftraum wirkungsvoll zu schützen, haben eben solche technischen Möglichkeiten auch komplexere, asymmetrische Bedrohungen entstehen lassen.

Die Stichworte „Proliferation" oder „Ballistische Raketen" überlagern dabei die militärpolitischen Debatten und täuschen vielleicht darüber hinweg, dass künftige Gefährdungen nicht nur von staatlichen Akteuren provoziert werden. Damit hat sich das eindeutige Bild der NATO-integrierten Luftverteidigung und ihres deutschen Anteils vom FlaRak-Gürtel einst zu einem heute hochkomplexen Szenario gewandelt. Die im Rahmen der „Friedensdividende" aufgegebenen Kräfte und Fähigkeiten müssen nun neu aufgebaut werden, um den neuen Bedrohungen gemeinsam mit den Partnern in der NATO gerecht werden zu können.

Friederike Hartung
Flugabwehr im Wandel der Zeit.
„Vom Kalten Krieg bis heute"

I. Ein Dach über Europa: Aufbau der taktischen Luftverteidigung

Gemäß der Planungen des Amtes Blank seit 1950 fiel die Aufgabe, Luftverteidigungs- und Luftangriffsverbände zur taktischen Verteidigung des mittel- und westeuropäischen Raumes aufzustellen und einsatzfähig zu machen, der Luftwaffe zu. Diese Verbände sollten im Zusammenwirken mit Heer und Marine sowie mit Unterstützung der alliierten Luftstreitkräfte einen möglichen Angriff erfolgreich abwehren. Der Auftrag bedeutete im Wesentlichen die Vorbereitung auf den taktischen Luftangriff und die taktische Luftverteidigung mit Kampfflugzeugen. Um den taktischen Einsatz zu gewährleisten, mussten gemäß NATO-Forderung die Fliegerhorste gegen feindliche Luftangriffe geschützt werden. So fiel um die Jahreswende 1956/57 die Entscheidung, neben der Flugabwehr des Heeres eine bodengebundene Flugabwehr in der Luftwaffe aufzubauen[1].

Da der Bundesrepublik in den ersten 10 Jahren nach Ende des Zweiten Weltkrieges jegliche Rüstungsentwicklungen verboten waren, konnte die neue Flugabwehrtruppe, die 1956 mit den ersten beiden Flugabwehr-Zügen in Andernach aufgestellt wurde, nur auf Waffenentwicklungen des Auslandes zurückgreifen. Die Anforderungen an die Flugabwehr hatten sich insbesondere durch die rasante Entwicklung der zu bekämpfenden fliegenden Waffensysteme erheblich gesteigert. Mit dem Fla-Panzer 40 mm L 60 (M42) und dem 12,7 mm Vierlings-FlaMG auf Halbkettenfahrzeug (M16) stellten die USA die ersten Flugabwehr-Waffen zur Verfügung. Sie unterstützten bei der Einführung und Übernahme dieser Waffensysteme sowie der Ausbildung an der Flugabwehrschule in Rendsburg und am Ausbildungszentrum für Luftverteidigung der US Army in Fort Bliss (Texas). Die Flugabwehrschule (FAS), die als Institution des Heeres in Rendsburg aufgestellt worden war, wurde 1957 zur gemeinsamen Schule der Flugabwehr von Heer und Luftwaffe unter Führung der Luftwaffe. Zur Erprobung von Ausbildungsvorschriften sowie Ausbildungsmethoden und -mitteln an den übernomme-

---

[1] Vgl. Wilhelm von Spreckelsen/Wolf-Jochen Vesper; Blazing Skies. Die Geschichte der Flugabwehrraketentruppe der Luftwaffe, Oldenburg 2004, S. 20ff.

nen Waffen und den zugehörigen Feuerleitgeräten wurde 1956 zudem das Flugabwehrversuchsregiment in Niederlahnstein aufgestellt. Die ein Jahr später aufgestellten Luftwaffen-Flugabwehrbataillone wurden mit der Flugabwehrkanone Bofors L 70 ausgerüstet[2].

Die NATO legte angesichts der Gefahr potenzieller nuklearer oder auch nicht-nuklearer Angriffshandlungen seitens der Sowjetunion die Strategie der Massiven Vergeltung *(Massive Retaliation)* als Verteidigungskonzept fest. Ursprünglich wurde die Strategie von den USA für die eigenen Streitkräfte bereits 1954 formuliert. Die NATO übernahm diese am 21. März 1957, variierte sie jedoch als sogenannte „Schwert-Schild-Doktrin" (MC 14/"). Darin bildeten die konventionellen Kräfte und taktischen Nuklearwaffen den Schild, um begrenzte oder lokale Angriffe abzuwehren. Der Schild sollte einen Angreifer zu umfangreichen Vorbereitungen zwingen, die klar erkennen ließen, dass es sich um eine groß angelegte Aggression handelte. In diesem Fall hätte die NATO einen konventionellen Großangriff mit dem massiven Einsatz strategischer Nuklearwaffen, dem Schwert, zurückgeschlagen[3].

Die Umsetzung dieser strategischen Planungen war jedoch nur im internationalen Rahmen zu erreichen, da der gesamte Luftraum des Bündnisses abzudecken war. Dies führte zwangsläufig zu einer NATO-integrierten Luftverteidigung, die sich vom Nordkap bis nach Anatolien erstrecken sollte und zur Ausplanung eines Flugabwehr-Raketengürtels vorrangig auf westdeutschem Boden, da man hier den möglichen Hauptschauplatz einer bewaffneten Auseinandersetzung sah: In der Tiefe des Raumes standen die Flugabwehrraketen-Verbände mit dem weitreichenden, in den USA entwickelten Waffensystem NIKE zur Abwehr von Luftfahrzeugen in mittleren und großen Höhen. Dieses konnte zur Abwehr gegen feindliche Bomber-

---

[2] Die schwedische Flak 40 mm wird seit 1933 in vielen Streitkräften eingesetzt. In der Bundeswehr wurde die L/70 bei allen Teilstreitkräften in einer weiterentwickelten Version verwendet. Vgl. Ebd. S. 20ff.; Gemeinschaft der Heeresflugabwehrtruppe e.V. (Hrsg.); Flugziel auf Kurs. Die Geschichte der Heeresflugabwehrtruppe 1950-2012, Stuttgart 2013, S. 28f., 66, 70f.

[3] Vgl. Reiner Pommerin: Von der „Massive Retaliation" zur „Flexible Response". In: MGFA (Hrsg.), Vom Kalten Krieg zur deutschen Einheit, München 1995, S. 525-542, hier: S. 526ff.; Kommando Luftwaffe (Hrsg.): Chronik Führungsstab der Luftwaffe 1955-2012, Bonn 2013, S. 5; https://bw2.link/eQS0c (15.2.2016).

schwärme auch nuklear bestückt werden und kam gegebenenfalls auch als Trägerwaffe gegen Bodenziele in Frage[4].

---

[4] In den Versionen *Ajax* und später *Hercules*. Das Waffensystem wurde zunächst mit konventionellen Gefechtsköpfen ausgerüstet, eine Umrüstung auf atomare (nukleare) Gefechtsköpfe unter bestimmten Voraussetzungen war jedoch möglich. Damit war das System Teil des atomaren Gegenschlagpotenzials und wichtig für die Eskalationsfähigkeit der NATO.

Neben deutschen Flugabwehrraketen-Verbänden, vor allem in Norddeutschland, waren niederländische, belgische und US-amerikanische Verbände beteiligt. Im süddeutschen Raum leisteten auch die französischen Streitkräfte einen Beitrag[5].

Angesichts der sich abzeichnenden Aufstellung von deutschen NIKE-Verbänden, und, um diese entsprechend vorzubereiten, wurde 1957 der deutsche Luftwaffenflugabwehrverbindungsstab in El Paso (Texas) aufgestellt. Am 1. April 1959 stellte die Luftwaffe aus den bereits bestehenden Flugabwehrversuchsregimentern und Flugabwehrbataillonen schließlich das Flugabwehrraketenbataillon 21 in Köln-Wahn als ersten NIKE-Verband auf. Zur Ausbildung reiste das Waffensystempersonal in die Vereinigten Staaten. Bis 1961 wurden insgesamt sechs NIKE-Verbände aufgestellt, um den deutschen Bündnisbeitrag für die neue NATO-Luftverteidigung bereitzustellen.

Die ersten NIKE-Einheiten nahmen zunächst provisorische Stellungen ein. Parallel dazu lief ab 1960 das Bauprogramm für die festen NIKE-Stellungsbereiche[6]. Diese wurden ab 1962 bezogen. Die beiden letzten permanenten Stellungsbereiche wurden erst 1973 fertiggestellt[7].

1962 begann für die Flugabwehrraketenbataillone der Schichtdienst „rund um die Uhr". Ein Jahr später konnten alle NIKE-Batterien der Bundeswehr der NATO assigniert und die ersten Batterien unter US-Vorbehalt mit Atomgefechtsköpfen ausgestattet werden. Um die Fähigkeitslücke der NIKE im Bereich schnell und tieffliegender Luftfahrzeuge zu schließen, entschied sich die NATO Ende der 1950er Jahre zum Aufbau eines zweiten Luftverteidigungsgürtels. Dieser dem NIKE-System nach Osten hin vorgelagerte neue Gürtel bestand aus dem mobilen US-amerikanischen Waffensystem HAWK[8]. Die Luftwaffe begann ab 1961 mit der Aufstellung ihrer

---

[5] Vgl. Chronik Führungsstab (wie Anm. 3), S. 68.

[6] Eine Batterie bestand aus drei getrennten Bereichen: der Unterkunft, dem Feuerleitbereich in günstiger topographischer Lage mit bis zu sechs Radargeräten für Überwachung, Zielerfassung, Zielverfolgung, Flugkörperverfolgung, Entfernungsmessung und Freund-Feind-Erkennung sowie dem Abschussbereich mit jeweils drei Abschussflächen und dazugehörigen Bunkern. Vgl. Christian Dewitz, Atomarer Schutzschild der Allianz. In: Bundeswehrjournal – Unabhängiges deutsches Militärmagazin (Hrsg.); Schwerpunktthema: 50 Jahre FlaRak, Heft 1.+2./2009 (5. Jahrgang), S. 44.

[7] Vgl. ebd., S. 44ff.

[8] Der Name verweist auf die ständige Zielbeleuchtung und -verfolgung während der Zielbekämpfung. Das System erhielt von der US Army die Bezeichnung *SAM-A-18* und den Namen *HAWK*, weil der Flugkörper ähnlich dem Habicht (engl. hawk) in der Lage war, ein

HAWK-Verbände, die ersten Waffensysteme erhielt sie ab 1963. Als 1965 der letzte HAWK-Verband der Bundeswehr in Dienst gestellt worden war, bestand der westdeutsche Beitrag zur Luftverteidigung der NATO aus insgesamt sechs NIKE- und neun HAWK-Bataillonen[9]. Die Vervollständigung des geplanten NIKE-Gürtels bis zum Raum nördlich Jever bis zur Nordsee konnte erst Ende 1966 erreicht werden[10].

Am 1. Oktober 1964 gliederte die Luftwaffe ihre Anteile aus der Flugabwehrschule des Heeres in Rendsburg aus und führte sie mit dem sich bereits in Aachen befindlichen Lehrstab 3 zusammen. Die Flugabwehrschule Rendsburg wurde von der Luftwaffe an das Heer übergeben. Seit 1965 (NIKE/HAWK ab 1968) wurden auch die ersten Taktischen Überprüfungen, die sognannten *TacEvals*, durch die NATO bei den Verbänden durchgeführt und ab 1968 fanden auf dem NATO-Raketenschießplatz Kreta (NAMFI) die Jahresschießen[11] für NIKE und HAWK statt[12]. Nachdem die US Army bereits seit 1956 deutsches Flugabwehr-Personal in den USA ausbildete, erfolgte im Mai 1966 die Verlegung der Raketenschule der Luftwaffe von Aachen nach El Paso (Texas)[13].

Die Krisen um Berlin und Kuba Anfang der 1960er Jahre veränderten das Gesicht des Ost-West-Konfliktes. Die Kubakrise 1962 führte auch zu einer neuen Beziehung zwischen den Supermächten, die sich in einer beiderseitigen Entspannungspolitik ausdrückte. Auch erneuerten sich die außen- und sicherheitspolitischen Ansätze, die auch Auswirkungen auf die strategische Zielsetzung der NATO hatten. Die USA gingen – teilweise schon vor der Krise – zu einer militärischen Strategie der Flexiblen Reaktion *(Flexible Response)* über, die in der Folge, nach anfänglicher Ablehnung, auch von den

---

feindliches Flugziel zu überhöhen und dann von der höheren Position herab zu stoßen. Die spätere Definition, *HAWK* sei die Abkürzung für *„Homing-All-the-Way-Killer"*, lässt sich erst ab Anfang der 1960er Jahre nachvollziehen. Ob nun ein gewisser Waffenstolz hierbei eine Rolle spielte, die Behauptung gegenüber dem NIKE-System oder die US-amerikanische Vorliebe für aussprechbare Abkürzungen – Gründe für die letztgenannte Definition sind nicht bekannt. Intern wurde das System auch gerne *„Holiday and Weekend Killer"* genannt. Vgl. Blazing Skies (wie Anm. 1), S. 106.

[9] Insgesamt ca. 20 000 Mann FlaRak in der Luftwaffe.

[10] Vgl. Dewitz, Flugabwehrraketentruppe im Wandel: Kalter Krieg und Krisenreaktion (wie Anm. 6), S. 40.

[11] ASP = Annual Service Practising.

[12] Vgl. Chronik Führungsstab (wie Anm. 3), S. 301.

[13] Vgl. ebd. S. 302f., Blazing Skies (wie Anm. 1), S. 135f.

Bündnispartnern übernommen wurde. Diese Strategie sollte ermöglichen, auf militärische Aggressionen des Warschauer Paktes mit Hilfe eines breiten Spektrums von politischen und militärischen Mitteln reagieren zu können, die je nach Lage in einem auch regionalen Konflikt eskalierend oder deeskalierend eingesetzt werden sollten[14].

Auf eine erhebliche Verstärkung des Offensivpotenzials des Warschauer Paktes Anfang der 1970er Jahre reagierte die NATO unter anderem mit Kampfwertsteigerungsprogrammen für NIKE (Hercules) und HAWK (IHAWK). Darüber hinaus forderte die NATO mit Nachdruck den Flugabwehrschutz von ortsfesten Anlagen wie Flugplätzen, Gefechtsständen und Nuklearwaffenlagern sowie den Eigenschutz von Flugabwehrraketenstellungen. In der Folge wurden die Einsatzverbände der Luftwaffe – so auch die Flugabwehrraketen-Verbände – mit Flugabwehrkanonen 20 mm Zwilling ausgestattet. Ohne technische Feuerleitung und wegen des geringen Kalibers war diese Waffe, die nur unter Sichtbedingungen eingesetzt werden konnte, aber lediglich ein Behelf im Nahbereichsschutz[15].

Bereits seit 1964 war mit dem Waffensystem ROLAND ein binationales Rüstungsvorhaben für die deutschen und französischen Streitkräfte in der Entwicklung. ROLAND war ein hochmobiles, allwetterfähiges, autonomes und gegen elektronische Störmaßnahmen geschütztes Flugabwehrraketensystem zur Bekämpfung von tief- und tiefstfliegenden Luftfahrzeugen. Zur Beschaffung der Waffensysteme fehlte Ende der 1970er Jahre allerdings infolge explodierender Beschaffungskosten des fliegenden Waffensystems TORNADO im bundesdeutschen Verteidigungshaushalt das Geld. Dies galt ebenso für das fortgeschrittene und mögliche NIKE-Nachfolgesystem SAM-D von Raytheon (ab 1976 PATRIOT[16] genannt). Für die Entwicklung

---

[14] Vgl. ebd.; S. 48; Pommerin, Von der „Massive Retaliation" zur „Flexible Response" (wie Anm. 3), S. 541; Luftwaffenmuseum der Bundeswehr (Hrsg.): 50 Jahre Luftwaffe der Bundeswehr 1956-2006. In: Veröffentlichungen des Luftwaffenmuseums. Texte & Materi-alien, Heft 5, Berlin-Gatow 2006, S. 38.

[15] Vgl. Flugziel auf Kurs (wie Anm. 2), S 18f. Dewitz, Waffensystem für drei Nationen (wie Anm. 6), S. 50.

[16] Das System erhielt 1964 zunächst die Bezeichnung *SAM-D* nach der gleichnamigen Studie (Surface-to-Air-Missile Development) der US Army. Nach Angaben des Unternehmens Reytheon wurde *SAM-D* im Jahr 1976 anlässlich der Feierlichkeiten zum 200. Jahrestag der Verkündigung der Unabhängigkeitserklärung der USA bewusst ersetzt durch *PATRIOT*. Der Name wird heute meistens als Abkürzung für „Phased Array Tracking Radar to intercept of Target" genutzt. Vgl. Dewitz, Bereit für die neuen Bündnisaufgaben (wie Anm. 6), S. 56.

dieses hochmobilen, allwetterfähigen Systems, das gleichzeitig mehrere Ziele – einschließlich taktisch-ballistischer Flugkörper – in niedrigen bis sehr großen Flughöhen bekämpfen können sollte, interessierte sich die Luftwaffe bereits seit 1973. 1981 musste sie jedoch zunächst offiziell auf die Beschaffung von ROLAND verzichten und verschob PATRIOT um zwei Jahre. Am 6. Dezember 1983 konnte die deutsch-amerikanische Vereinbarung „über gemeinsame Maßnahmen zur Stärkung der Luftverteidigung in Mitteleuropa" unterzeichnet werden, später besser bekannt als „ROLAND/PATRIOT-Abkommen"[17]. Dieses ermöglichte eine Beschaffung beider Systeme für die Luftwaffe unter bestimmten Voraussetzungen und führte zur erforderlichen Modernisierung der bodengebundenen Luftverteidigung der deutschen Streitkräfte[18].

1984 begannen die NATO-Verbände bereits mit der Aussonderung des Flugabwehrraketensystems NIKE und 1988 endete die Phase der De-Nuklearisierung der NIKE-Batterien, mit der die Luftwaffe vier Jahre zuvor begonnen hatte. Als 1989 die letzten beiden NIKE-Bataillone (24 und 26) außer Dienst gestellt wurden, endete der 30jährige Einsatz des Waffensystems NIKE.

Das erste 1987 aufgestellte Flugabwehrraketen-Geschwader PATRIOT (21) erhielt 1989 das erste deutsche PATRIOT-System und wurde 1990 als erster deutscher PATRIOT-Verband der NATO assigniert.

Für das ROLAND-System begann die erste Ausbildung 1986 an der Heeresflugabwehrschule in Rendsburg. Erster deutscher ROLAND-Verband der Luftwaffe war die am 1. April 1987 an den Standorten Schöneck und Heidenrod in Hessen neu aufgestellte Flugabwehrraketengruppe 42.

---

[17] Das Abkommen sah vor, dass die Bundesrepublik 27 ROLAND-Systeme für den Schutz von US-Flugplätzen auf ihrem Territorium zur Verfügung stellt und, dass diese von deutschem Luftwaffenpersonal 10 Jahre lang bedient und gewartet werden. Ferner sollten 60 ROLAND-Systeme zum Schutz deutscher Einsatzflugplätze, die teilweise auch von der US-Luftwaffe als Operationsbasen für den Ernstfall mitgenutzt wurden, beschafft werden. Weitere 8 Systeme waren für die Ausbildung und Instandsetzung vorgesehen. In Bezug auf PATRIOT sah das Abkommen vor, dass die BRD 10 Jahre lang auf ihrem Gebiet 12 PATRIOT-Einheiten betreibt, die im Besitz der USA bleiben. Im Gegenzug stellen die USA der bundesdeutschen Luftwaffe 14 PATRIOT-Feuereinheiten zur Verfügung, davon zwei Systeme für die Ausbildung und Reserve. Vgl. Chronik Führungsstab der Luftwaffe (wie Anm: 3), S. 132-137.
[18] Vgl. ebd. sowie Dewitz, Waffensystem für drei Nationen (wie Anm. 15), S. 50ff. Ders., Bereit für die neuen Bündnisaufgaben (wie Anm. 16), S. 54ff.

Nach der Umrüstung und Umorganisation der Flugabwehrraketentruppe der Luftwaffe sah die ursprüngliche Planung den Einsatz von PATRIOT, HAWK und ROLAND fortan in gemischten Formationen, sogenannten *Clustern*, vor. Der bisherige stationäre FlaRak-Gürtel sollte etwas weiter östlich durch zusammengefasste Einsatzzonen von HAWK- und PATRIOT-Einheiten abgelöst werden. Diese Waffensysteme sollten sich mit ihren Stärken und Schwächen hinsichtlich ihrer Feuerkraft und Wirkungsbereiche ergänzen[19]. Zur gemeinsamen Einsatzführung im *Cluster* war ein Gefechtsstand bei dem Regiments- bzw. Kommandostab vorgesehen. So begann bereits 1985 die Planung für den Gefechtsstand SAMOC (Surface to Air Missile Operations Center) zur vernetzten Operationsführung (ursprünglich PAHOC).

II. Mauerfall und Wiedervereinigung: Der Weg zur Einsatzarmee

Mit der Überwindung der deutschen Teilung und dem Ende des Ost-West-Konfliktes, dem Abzug der sowjetischen Truppen aus Deutschland und der Auflösung der Nationalen Volksarmee erlebte die Bundeswehr Anfang der 1990er Jahre eine grundlegende Neuorientierung und Neuausrichtung. Die politisch-militärische Übergangskonzeption „Armee der Einheit" war durch psychologische, organisatorische und planerische Dimensionen geprägt und hatte tiefgreifende Auswirkungen auf die Luftwaffe. Sowohl für die Angehörigen der ehemaligen Nationalen Volksarmee als auch für die Soldaten der „alten" Bundesrepublik wurde das Berufsethos nun nicht mehr durch die System-Konfrontation bestimmt. Generalleutnant Bernhard Mende, der erste Inspekteur der Luftwaffe (1994-1997), der nicht Luftfahrzeugführer war, sondern Offizier der Flugabwehrraketentruppe, repräsentierte in seiner Person für viele Luftwaffenangehörige die Vereinigung Deutschlands. Mit persönlichem Engagement und Vorbild konnte er nicht nur die Soldaten der ehemaligen NVA integrieren, sondern auch die Angehörigen der „alten" Luftwaffe als *Team Luftwaffe* motivieren und auf die Anforderungen der Zukunft vorbereiten[20].

Die Wiedervereinigung entzog der gefundenen Flugabwehr-Struktur nicht nur das operationelle Rational, sondern erforderte auch ein völliges

---

[19] Das leistungsfähigere System PATRIOT benötigt zum Beispiel die Unterstützung von HAWK im niedrigen Höhenbereich und bei der 360°-Abdeckung.

[20] Vgl. Blazing Skies (wie Anm. 1), S. 259; https://bw2.link/kwGql (15.2.2016).

Umdenken auf Grund der veränderten sicherheitspolitischen Lage. Im Rahmen dieses Transformationsprozesses, der hier begann, wurde die bodengebundene Luftverteidigung der neuen gesamtdeutschen Streitkräfte reduziert und ihrer 24-Stunden-Bereitschaft entbunden. Nach der Aufgabe des Flugabwehrraketengürtels unterstanden die verbliebenen Kräfte operationell den damaligen Flugabwehrraketenkommandos (heute FlaRak-Geschwader). Sie waren nun für die Führung von verschiedenen Waffensystemen im Verbund verantwortlich. Der Grundgedanke eines gemischten Einsatzes von HAWK und PATRIOT unter Führung eines gemeinsamen Stabes blieb zunächst noch erhalten, ein neues Konzept sah aber die Bildung von lageabhängigen Einsatzzonen an beliebigen Orten im Bündnisgebiet vor[21].

1991 erfolgte während des 2. Golfkrieges im Rahmen der NATO-Operation *ACE Guard* die Verlegung von 18 Alpha-Jet-Jagdbombern des Jagdbombergeschwaders 43 als Teil der Allied Command Europe Mobile Forces (AMF) nach Erhaç (Türkei) zur Sicherung der NATO-Südflanke gegen mögliche Angriffe des Irak. Zusätzlich wurden HAWK- und RO-LAND-Systeme nach Dyarbakir und Erhaç zur Verstärkung der Luftverteidigung in dieses Gebiet verlegt. Dies führte zu heftigen Diskussionen über die Zulässigkeit derartiger Auslandseinsätze und schließlich zu einer Klärung durch das Bundesverfassungsgericht am 12. Juli 1994[22].

Der Schwerpunkt verlagerte sich auf mögliche Einsätze zur Bündnisverteidigung außerhalb Deutschlands, aber vor allem auf Einsätze zur Konfliktverhütung und Krisenbewältigung außerhalb des NATO-Bündnisgebietes. Dies führte zu strukturellen und materiellen Eingriffen auch bei den Verbänden des Flugabwehrraketendienstes der Luftwaffe. Zwei der damals sechs FlaRak-Geschwader[23] wurden den sogenannten Krisenreaktionskräften zugeordnet und 1996 der NATO assigniert – die vier übrigen Geschwader zählten zu den Hauptverteidigungskräften[24].

Die NATO-Luftverteidigung erlebte eine Neuausrichtung, die zwei Ziele verfolgte: den Schutz eingesetzter Bündnistruppen bei Auslandseinsätzen sowie die Fähigkeit zur kollektiven Verteidigung. Die Anpassung an die ver-

---

21 Vgl. Dewitz, Flugabwehrraketentruppe im Wandel (wie Anm. 6), S. 42; Dewitz, Bereit für die neuen Bündnisaufgaben (wie Anm. 16), S. 56.
22 Vgl. Chronik Führungsstab (wie Anm. 3), S. 155f., 195ff. Vgl. Beitrag Walsch in diesem Band.
23 FlaRakG 1 „Schleswig-Holstein" und FlaRakG 3 „Oldenburg".
24 Vgl. Dewitz, Bereit für die neuen Bündnisaufgaben (wie Anm. 16), S. 56.

änderten globalen Verhältnisse und sicherheitspolitischen Rahmenbedingungen erfolgte konsequent mit der Erarbeitung des Konzeptes der Erweiterten Luftverteidigung (ELV). Ein wesentlicher Teil des Konzeptes bestand aus der Nutzung des Taktischen Luftverteidigungssystems (TLVS) MEADS. Dieses „Medium Extended Air Defense System", das von Deutschland, Italien und den USA unter Federführung der NATO MEADS Management Organization (NAMEADSMO) entwickelt werden sollte, zielte auf einen umfassenden Schutz von Objekten und Kräften der Bundeswehr gegen alle modernen Luftangriffsmittel – einschließlich taktisch ballistischer Flugkörper – im beweglichen Einsatz ab. MEADS sollte sukzessive die PATRIOT-Systeme bis zu ihrer Außerdienststellung ablösen[25].

III. Strukturreformen und Neuausrichtung:
Reduzierung der Kräfte, doch steigende Belastung?

Im Rahmen der Weiterentwicklung der Reform der Bundeswehr erfolgte ab 2003 die Außerdienststellung der Waffensysteme HAWK und ROLAND, die bis 2005 erfolgte und die Fähigkeiten der Luftwaffe zum Schutz eigener Kräfte und Mittel gegenüber jeder Form „konventioneller Luftbedrohung" einschränkte. Noch vor dem Abschluss aller Maßnahmen der Luftwaffenstruktur 5 ging die Luftwaffe 2005 zur Einnahme der Struktur 6 über[26]. Es verblieben drei Geschwader mit jeweils zwei FlaRak-Gruppen und insgesamt 24 PATRIOT-Systemen[27].

Neben Einzelabstellungen beteiligte sich die FlaRak schwerpunktmäßig an den Einsätzen im Kosovo und Afghanistan. Von 2008 bis 2013 waren für die Luftwaffe Soldaten der Flugabwehrraketengeschwader in insgesamt 15 Kontingenten zur Feldlagerbewachung bei KFOR eingesetzt. Mit der Rückkehr des 35. DEU Sicherungszuges KFOR endete am 7. Oktober 2013 gleichzeitig der Auftrag zur Gestellung von Sicherungskräften für die Kosovo Force durch die Luftwaffe. Zudem engagierte sich die FlaRak seit Januar 2010 mit fünf Kontingenten beim Aufbau der AFG Sicherheitskräfte durch

---

[25] Vorteile des Systems sind neben der Schließung der vorhandenen Lücke in der 360°-Abdeckung, die Weiterentwicklung der vernetzten Operationsführung und die Verlegbarkeit mit dem A400M. Vgl. Dewitz, Neue Aufgaben, große Herausforderungen (wie Anm. 6), S. 62.

[26] Vgl. den Beitrag Möllers in diesem Band.

[27] FlaRakG 1 „Schleswig-Holstein" in Husum mit den FlaRakGrp 25 in Stadum und 26 in Husum; FlaRakG 2 „Mecklenburg-Vorpommern" in Bad Sülze mit den FlaRakGrp 21 in Sanitz und 24 in Bad Sülze; FlaRakG 5 in Erding mit FlaRakGrp 22 in Penzing und 23 in Manching.

die OMLT-Teams in Kunduz[28]. Am 14. Juli 2012 wurde der Auftrag nach fast drei Jahren offiziell beendet[29].

Entsprechend der sich immer dynamischer wandelnden Rahmenbedingungen stand die Flugabwehrraketentruppe 2012 erneut vor tiefgreifenden Veränderungen. Die Neuausrichtung der Bundeswehr sah die Zusammenführung aller Kräfte der bodengebundenen Luftverteidigung in der Luftwaffe vor. Hierzu wurde die Heeresflugabwehrtruppe im Rahmen eines feierlichen Appells auf dem Schießplatz Todendorf am 12. März 2012 vom Inspekteur des Heeres, Generalleutnant Werner Freers, außer Dienst gestellt. Die Luftwaffe musste nun mit einem breiteren Fähigkeitsspektrum als jemals zuvor – vom Schutz gegen Angriffe durch Raketen, Artillerie- und Mörsergeschossen im Nächstbereich bis hin zur Abwehr taktisch ballistischer Flugkörper – die Flugabwehr sicherstellen. Eine grundlegende Neuordnung innerhalb der Aufgaben und Fähigkeiten bei gleichzeitiger Reduzierung der Personalstärke (von 4500 auf knapp 2300 DP)[30] war unumgänglich.

Alle Kräfte der bodengebundenen Luftverteidigung der Bundeswehr wurden in nur noch einem Flugabwehrraketengeschwader zusammengefasst. Die PATRIOT-FlaRak-Gruppen 21, 24 und 26 blieben erhalten und die Bodengebundene Luftverteidigung im Nah- und Nächstbereich wurde fortan zur Aufgabe der Flugabwehrraketengruppe 61. Mit dem 2012 in Dienst gestellten Nächstbereich-Schutzsystem MANTIS[31] und dem leichten Flug-

---

[28] Die Aufgabe der fast 130 Soldaten aus den FlaRakG 1, 2 und 5 bestand in den letzten drei Jahren darin, eine Einheit der Afghan National Army im täglichen Dienst auszubilden, zu unterstützen und zu beraten sowie diese so auf das sogenannte „Partnering" – den gemeinsamen Einsatz von Kräften der afghanischen Armee und der internationalen Schutztruppe – ISAF – vorzubereiten und damit auch die zukünftige Selbstständigkeit dieser Stabs- und Versorgungskompanie (Garrison Support Unit) sicherzustellen. Vgl. https://bw2.link/O2ioP (25.2.2016).

[29] Vgl. https://bw2.link/u5QWo (25.2.2016); Chronik Führungsstab (wie Anm. 3), S. 158, 208.

[30] Vgl. Flugziel auf Kurs (wie Anm. 2), S. 63ff.; Helge Weymann, Die Neuausrichtung der bodengebundenen Luftverteidigung, https://bw2.link/ar32D (25.2.2016).

[31] Das *Modular, Automatic and Network capable Targeting and Interception System* (kurz: MANTIS) ist ein Nächstbereich-Schutzsystem, mit dem die Luftwaffe den Einstieg in eine neue Generation von Schutzsystemen gegen Raketen-, Artillerie- und Mörserangriffe vollzogen hat. Das System dient vorrangig zum Schutz von Einrichtungen und Objekten, insbesondere von Feldlagern. Seine Einführung kann als Reaktion auf die Erfahrungen in Afghanistan gedeutet werden. Das System wurde explizit für den Einsatz im Ausland und nicht die Landesverteidigung entwickelt. Entwickelt seit dem Jahr 2008, ist das Flugabwehrwaffensystems MANTIS seit April 2012 Bestandteil der FlaRakGrp 61. Vgl. https://bw2.link/E8Huu (20.2.2016).

abwehrsystem sowie dem Luftraumüberwachungsradar LÜR, das bereits zur Kontrolle des Luftraumes in Mazar-e-Sharif in Nordafghanistan eingesetzt war, erweitert die FlaRakGrp 61 das Fähigkeitsportfolio des Geschwaders. Ihr Auftrag umfasst den Schutz von Objekten und Räumen vor Bedrohung aus der Luft[32].

Im Zuge des seit 2011 andauernden Bürgerkriegs in Syrien ersuchte Ende 2012 die türkische Regierung die NATO-Partner, sie im verbundenen Einsatz an der syrischen Grenze zu unterstützen. Diesem Antrag kam die NATO nach. Ein militärischer Schutzschild für drei grenznahe Städte sollte installiert werden. Der Deutsche Bundestag mandatierte daraufhin im Dezember 2012 die Entsendung deutscher bewaffneter Streitkräfte zur Verstärkung der integrierten Luftverteidigung der NATO. Die deutschen Soldaten erhielten den Auftrag, die Stadt Kahramanmaraş, rund 100 Kilometer von der syrischen Grenze entfernt, vor einem Beschuss mit ballistischen Raketen zu schützen. Am 15. Oktober 2015 endete der operative Auftrag der deutschen Soldaten, da die Bedrohung des türkischen Territoriums durch ballistische Raketen aus Syrien mittlerweile als gering eingeschätzt wurde[33].

Nach dem zwischenzeitlichen Verzicht auf MEADS im Rahmen der Neuausrichtung der Bundeswehr[34] verkündete Verteidigungsministerin Ursula von der Leyen im Sommer 2015, dass das zukünftige Taktische Luftverteidigungssystem (TLVS) der Bundeswehr auf dem Luftverteidigungssystem MEADS basieren soll. Das neue System soll die PATRIOT-Flugabwehrsysteme ersetzen.

---

32 Vgl. Flugziel auf Kurs (wie Anm. 2), S. 64f.
33 Vgl. https://bw2.link/Phrox (25.2.2016).
34 Die USA hatten bereits 2011 ihren Ausstieg bekannt gegeben.

Stationierung der Flugabwehrraketentruppe 2016

IV.   Schluss

Bald 60 Jahre lang hat die Flugabwehrraketenwaffe die Geschichte der Luftwaffe mitgeprägt. Seit der Wiedervereinigung hat das Tempo der Veränderungen im Hinblick auf Auftrag, Aufgaben und Struktur enorm zugenommen. Seitdem ist die Truppe kaum zu Atem gekommen.

Der Einsatz *Active Fence Turkey* stellte die jüngste Struktur schmerzhaft auf die Probe. Erstmals stand die Flugabwehrraketentruppe der Luftwaffe wieder im Fokus. Und die Frage war dabei nicht, ob eine solche Truppe in Zukunft noch benötigt wird.

Aufgrund der unvermeidbaren weltweiten Proliferation von Massenvernichtungswaffen und ihrer entsprechenden Trägersysteme gerade im Nahen Osten muss eine Risikoprävention stets Teil einer verantwortungsbewussten Sicherheitspolitik bleiben. Die Fähigkeiten moderner Flugabwehrraketensysteme sind damit zunächst unersetzlich – zumal sich der Schwerpunkt vor dem Hintergrund einer neuen, als aggressiver wahrgenommenen russischen Außenpolitik im Osten Europas zum Schutz der NATO-Bündnispartner und Deutschlands auch in Richtung Heimatluftverteidigung zu verschieben scheint.

Christian Hauck

Das „Tieffliegerproblem" und Luftraumüberwachung im Kalten Krieg

Einleitung

Der 28-jährige Elektriker Franz Schuster beobachtete am 25. Mai 1967 mit einem Fernglas Vögel. Doch statt gefiederter Zweibeiner geriet ihm plötzlich ein rotbesterntes Strahlflugzeug ins Sichtfeld. Verdutzt verfolgte der Naturfreund, wie die Maschine rund 500 Meter von seinem Standort entfernt mit eingezogenem Fahrwerk auf einer Wiese notlandete. Der MiG 17 entstieg ein Oberleutnant der in der DDR stationierten 24. Luftarmee, Wassilij Iljitsch Epatko, 25. Er stand vor dem Auto des Handwerkers, der das linke Fenster etwas herunterkurbelte und den Russen auf Deutsch fragte: "Maschin kaputt?" Epatko: „Ja, kaputt - und wo ich?" Schuster: „In Deutschland." Epatko: „Ost?" Schuster: „Nein, West[1]."

Schuster brachte den Piloten auf eigenen Wunsch zu einer Bundeswehrkaserne im nahegelegenen Dillingen, wo Epatko nach etlichen Schererein an der Wache schließlich vom Kommandeur des Fernmeldebataillons 210 in Empfang genommen wurde. Nach einigen Partien Schach und Karten verlangte der junge Russe, an „Amerikanski Militär" übergeben zu werden. Ohne genaue Kenntnis der Rechtslage, ließ der inzwischen ebenfalls informierte Außenminister Willy Brandt die Überstellung an die Amerikaner anweisen. Bereits am Tag nach der Landung wurde Epatko von Mitarbeitern der US-Botschaft abgeholt und anschließend vernommen.

Währenddessen liefen bei der für die Luftraumüberwachung in Süddeutschland zuständigen 4. Allied Tactical Air Force (ATAF) bereits intensive Untersuchungen. Wenn auch scheinbar unabsichtlich, hatte Oberleutnant Epatko nämlich etwas geschafft, wovor nicht nur den Generalen der NATO graute: im Tiefflug unbehelligt bis tief ins westdeutsche Hinterland vorzudringen. Immerhin lag Dillingen, in dessen Nähe die Notlandung stattgefunden hatte, über 180 km von der innerdeutschen Grenze entfernt.

Die offizielle Antwort der 4. ATAF auf den Zwischenfall lautete schließlich, dass das Flugzeug während der gesamten Flugzeit unter Radar-

---

[1] Zit. nach: Maschin kaputt. In: Der Spiegel, Heft 23/1967 v. 29.05.1967, S. 43.

beobachtung gestanden habe. Irrtümlicherweise hätten die zuständigen Radarflugmelder jedoch angenommen, dass es sich um eine Maschine der NATO handele, die nach einem versehentlichen Passieren der Grenze nun von ihrem Irrflug über der DDR zurückkehren wolle[2].

Die Variante eines menschlichen Versagens wurde schon kurz nach dem Vorfall sowohl in der Presse[3] wie auch von deutschen Spitzenmilitärs angezweifelt[4]. Es schien nämlich deutlich wahrscheinlicher, dass Epatko durch den Tiefflug gar nicht erst in den Erfassungsbereich der deutschen und US-amerikanischen Radargeräte gekommen und daher vollkommen unbemerkt geblieben war[5].

Die Luftwaffen der Warschauer-Pakt-Staaten verfügten zur Zeit des geschilderten Zwischenfalls bereits über eine große Zahl von tiefflugfähigen und hochbeweglichen Jagd[6]- und Frontbombern[7], zudem waren auch die meisten sowjetischen Jagdflugzeugtypen dieser Ära bereits mehrrollenfähig und bei ausreichenden Wetter- und Sichtbedingungen auch tieffluggeeignet[8]. Die Verteidigungsplaner der NATO nahmen an, dass gegnerische Luftstreitkräfte und Raketenverbände den mitteleuropäischen Raum zu jeder Zeit und an jedem Ort überraschend mit einer größeren Zahl Flugzeugen

---

[2] Maschin kaputt (wie Anm. 1). Wer landet, kann bleiben. In: Der Spiegel, Heft 24/1967 vom 5.6.1967, S. 42-43.

[3] Namen der Woche. In: Die Zeit vom 2.6.1967.

[4] E. Schneider, Tiefflieger, eine latente tödliche Bedrohung. In: Allgemeine Schweizerische Militärzeitschrift, Bd. 134, 1968, S. 447-450, hier S. 448.

[5] Gemäß der Zentralrichtlinie „Fliegerabwehr aller Truppen" sind die Flughöhenbereiche wie folgt eingeteilt. Über 15000m – sehr hoch; 7500m bis 15000m – hoch; 600m bis 15000m – mittel; 150m bis 600m – tief; unter 150m – sehr tief. Wenn im Rahmen dieser Arbeit von „Tiefflug", „Tieffliegern" oder die „unterem Höhenband" die Rede ist, sind gemäß o.g. Definition tiefe und sehr tiefe Flughöhen gemeint. Vgl. Luftwaffentruppenkommando Bd I a EinsGdlg: Zentralrichtlinie A2-220/0-2000-7 Fliegerabwehr aller Truppen, Version 1, S. 9; In der vor allem militärischen Literatur finden sich noch weitere Definitionen für militärischen „Tiefflug". Eine ältere sieht als Flughöhenbereich von Tieffliegern denjenigen Raum an, in den leichte Flugabwehrwaffen wirken können, also etwa von der Erdoberfläche bis zur Höhe von 3.000m. Vgl. Hans Müller, Tieffliegerabwehr. In: Truppenpraxis: Zeitschrift für Taktik, Technik und Ausbildung, Jg. 4, H. 6, 1960, S. 467-470, hier S. 467.

[6] Z. B. Su-7 „Fitter".

[7] Z. B. IL-28 „Beagle".

[8] Z. B. MiG 15, 17, 19.

und Flugkörpern angreifen könnten[9]. Eine besonders schwer zu beherrschende Bedrohung ging dabei von Tieffliegern aus. Durch ihre Fähigkeit, den durch Radar überwachten Luftraum zu unterfliegen, waren sie unter Ausnutzung des Überraschungsmomentes spät aufklärbar und deswegen auch kaum wirkungsvoll zu bekämpfen. Analysen der Stabsabteilung Luftverteidigung bei SHAPE im Jahr 1960 ergaben, dass die zu diesem Zeitpunkt etwa 1000 auf dem Gebiet der DDR stationierten Jagdbomber Ziele bis ca. 275 km jenseits der innerdeutschen Grenze im Tiefflug erreichen konnten. In diesem Bereich lagen bereits über 70 Prozent der für den Gegner interessanten Objekte und Kräfte der NATO. Dazu kamen noch etwa 850 tiefflugfähige leichte Bomber, die von ihren Basen in der DDR und der Sowjetunion sogar 95 Prozent aller potenziellen Ziele in der Verteidigungsregion Europa-Mitte erreichen konnten[10]. Bekannterweise versuchten sich nicht nur die Fliegerkräfte des Ostblocks die Vorteile des Tieffluges zunutze zu machen. Auch im Westen basierte ein wesentlicher Teil der taktischen Einsatzplanungen während des gesamten Kalten Krieges auf Tiefflugverfahren.

Die Umstellung der Luftangriffstaktiken auf Tiefflug war nicht nur ein Resultat der Radarentwicklung und weiteren Verdichtung der radargestützten Luftraumüberwachung seit dem Zweiten Weltkrieg, sondern wurde auch durch die Entwicklung von Flugabwehrraketensystemen auf beiden Seiten des Eisernen Vorhangs befeuert. Diese konnten aber zunächst nur gegen Flugziele in mittleren und großen Flughöhen wirken. So stellte sich die Situation auch noch dar, nachdem seit Mitte der 1960er Jahre der Flugabwehrraketengürtel auf dem Gebiet der Bundesrepublik planmäßig installiert und in Funktion war. Die Lenkflugkörper der im ersten Gürtel stationierten HAWK-Systeme waren zwar auch für den Einsatz gegen Ziele in mittleren und niedrigen Flughöhen ausgelegt, jedoch konnten die zugehörigen Radargeräte Tiefflieger nur unzuverlässig, meist aber gar nicht auffassen und verfolgen. Die weiter im Hinterland stationierten NIKE-

---

[9] Vgl. Harald Wust, Luftverteidigungsverbände. In: Jahrbuch der Luftwaffe, Folge 3, Darmstadt 1966, S. 36-38, hier S. 36.

[10] Vgl. Dieter Krüger, Die Entstehung der NATO-Luftverteidigung. In: Bernd Lemke, Dieter Krüger, Heinz Rebhan, Wolfgang Schmidt, Die Luftwaffe 1950 bis 1970. Konzeption, Aufbau, Integration. Herausgegeben im Auftrag des Militärgeschichtlichen Forschungsamtes, München, 2006 (= Sicherheitspolitik und Streitkräfte der Bundesrepublik Deutschland, Band 2), S. 485-556, hier S. 549-550.

Hercules waren hingegen nur für die Bekämpfung hochfliegender Ziele geeignet. Der Einsatz von Jagdflugzeugen in Frontnähe hatte den Nachteil, dass sich deren Einsatzräume mit den Feuerzonen der FlaRak überschnitten. Zudem bezweifelten viele Experten die Eignung der neu eingeführten F-104G zur Tieffliegerjagd[11]. Wie auch Erfahrungen aus dem Vietnamkrieg zeigten, versprach einzig kampfwertgesteigerte leichte Flakartillerie gewisse Erfolge gegen Tiefflieger. Deren Batterien konnte aber aufgrund der kurzen Reichweiten nur punktuell oder zum Objektschutz eingesetzt werden[12].

Weitere Ausführungen zur Ausrüstung der Luftwaffe mit Rohrwaffen und FlaRak-Systemen zur Tieffliegerabwehr würden den Rahmen dieses Aufsatzes sprengen und sollen daher nicht weiter behandelt werden. Stattdessen soll die Frage im Mittelpunkt stehen, was während des Kalten Krieges von der NATO und der deutschen Luftwaffe auf dem Feld der Luftraumüberwachung unternommen wurde, um die sog. Tieffliegerlücke zu schließen.

Die Tieffliegerproblematik in den 1950er und 1960er Jahren

Bereits 1959 stellte die noch junge Luftwaffe zur Begegnung der Gefahren durch Tiefflieger den Luftraumbeobachtungsdienst (LRB) auf. Ab 1963 sollten 11 LRB-Kompanien einsatzbereit ein[13]. Deren Auftrag war gemäß Luftwaffendienstvorschrift (LDv) 600/4: „Überwachung des Luftraumes vom Boden aus mit Hilfe der menschlichen Sinnesorgane zu dem Zweck, Luftfahrzeuge wahrzunehmen, zu erkennen, zu identifizieren und zu melden[14]."

---

[11] Die F-104G war primär als schneller Höhenjäger ausgelegt. Mangelnde Wendigkeit im Tiefflug, eine zweifelhafte Allwetterfähigkeit sowie ein Bordradar, mit dem keine Ziele unterhalb der eigenen Flughöhe erfasste werden konnten, ließen den Wert des Starfighters bei der Tieffliegerjagd daher fraglich scheinen. Aus diesem Grund entschied die 2. ATAF, ihre Hunter- und Sabre-Staffeln länger als geplant im Dienst zu halten. Vgl. Krüger, Entstehung (wie Anm. 10), S. 550.

[12] Vgl. Krüger, Entstehung (wie Anm. 10), S. 551.

[13] Vgl. Heinz Rebhan, Aufbau und Organisation der Luftwaffe 1955 bis 1971. In: Die Luftwaffe 1950 bis 1970 (wie Anm. 10), S. 557-647, hier S. 596.

[14] Zit. nach: Günter Sudhoff, Der Einsatzführungsdienst der Luftwaffe. Gestern - Heute - Morgen. In: Presse- und Informationszentrum der Luftwaffe (Hg.), 50 Jahre Einsatzführungsdienst der Luftwaffe 1960-2010. München, 2010, S. 12-33, hier S. 19. Ein weiterer Auftrag des LRB bestand in der Meldung von Atomexplosionen im Grenzgebiet. Vgl. Rebhan, Aufbau (wie Anm. 13), S. 596.

Die LRB-Trupps waren voll motorisiert und konnten somit flexibel in provisorischen oder ausgebauten Stellungen an nahezu jedem Ort eingesetzt werden. Haupteinsatzgebiet waren Räume an den Ostgrenzen der Bundesrepublik, die als besonders Tieffliegergefährdet eingestuft wurden.

Eine große Herausforderung bestand in der der sicheren Identifizierung beobachteter Objekte, das heißt der Unterscheidung zwischen Freund und Feind und möglichst auch nach Flugzeugtyp. Da sich Tiefflieger meistens nur wenige Momente im Blickfeld der Luftraumbeobachter befanden, musste das eingesetzte Personal gründlich in der Flugzeugerkennung geschult werden. Beobachtete Tiefflieger wurden unter Angabe des Typs, der Flugrichtung, der Geschwindigkeit und der geschätzten Flughöhe über Funk an die Kompaniegefechtsstände des LRB gemeldet. Hier wurde eine Tieffliegerluftlagekarte geführt und Tieffliegerwarnungen per Telefon oder Funk an die übergeordneten Control and Reporting Center (CRC), Battalion Operation Center (BOC) der FlaRak, die Heeresflugabwehr, bedrohte Verbände, Standorte und den Zivilschutz übermittelt.

Hatte das dichte Netz aus Flugwachen, Flugwachenkommandos und Luftgau-Kommandos bereits im Zweiten Weltkrieg angesichts der großen Zahl hoch angreifender Bomber und tieffliegender Propellermaschinen häufig versagt oder zu langsam reagiert, erschien die Überwachung des Luftraums mittels Auge/Ohr in Anbetracht der Entwicklung von immer leistungsfähigeren Strahlflugzeugen geradezu anachronistisch. Hinzu kamen die Einschränkungen bei Nacht und schlechtem Wetter sowie die langsame und fehleranfällige Informationsweitergabe über Sprachmeldungen, welche die Erstellung eines aktuellen Luftlagebildes nahezu unmöglich machte. Vor diesem Hintergrund wurde bereits Anfang der 1960er Jahre die Entwicklung von mobilen Tieffliegerradaren sowie zeitgemäßer Datenverarbeitungs- und -übertragungstechnik eingeleitet[15]. Bis die Entwicklungen truppenreif waren, sollten jedoch noch einige Jahre ins Land gehen.

Das Luftraumüberwachungssystem der NATO auf dem Gebiet der Bundesrepublik Deutschland basierte zu jener Zeit auf vergleichsweise wenigen, weiträumig dislozierten ortsfesten Großraumradaranlagen, die bis auf wenige Ausnahmen in einem deutlichen Abstand zur innerdeutschen und der Grenze zur ČSSR positioniert waren. Dies ermöglichte einerseits

---

[15] Vgl. Heinz Brand, Der Tieffliegermeldedienst der Luftwaffe. In: Jahrbuch der Luftwaffe, Folge 8, Darmstadt 1971, S. 85-89, hier: S. 85.

noch den Einblick in den gegnerischen Luftraum, sollte aber die Verwundbarkeit der Stellungen gegenüber einer grenznahen Aufstellung reduzieren. Diese Konfiguration hatte allerdings wieder zwangsläufig eine ungenügende Radarsicht in Bodennähe zur Folge, gerade im grenzunmittelbaren Bereich. Die Probleme lagen dabei weniger in der technischen Unzulänglichkeit der Ausrüstung der sich noch bis in die zweite Hälfte der 1970er Jahre im Aufbau befindlichen Führungsdienste, als vielmehr im geographischen Verlauf der östlichen Grenze mit ausgeprägten Mittelgebirgslandschaften (Harz, Hessisches Bergland, Thüringisch-Fränkisches Mittelgebirge und Bayerischer Wald). Doch selbst unter perfekten geographischen Bedingungen liegt die Radarkeule aufgrund der Erdkrümmung ab einer gewissen Entfernung (ca. 30 km) von der Sendestellung nicht mehr auf der Erdoberfläche auf, sondern entfernt sich immer weiter von selbiger, weswegen die sog. Schattenzone mit steigender Distanz ständig in der Höhe wächst. Hinzu kommen noch mögliche Einschränkungen durch natürliche und künstliche Hindernisse (Berge, Schluchten, Wälder, Türme usw.) sowie durch diverse Wetterphänomene und atmosphärische Störungen. Hieraus wird deutlich, dass die Erfassungswahrscheinlichkeit von Flugzielen in mittleren und großen Flughöhen sehr gut, und hauptsächlich durch den Aufstellungsort der Radarantenne sowie der technischen Auslegung der Geräte bestimmt ist. Währenddessen ist die Erfassungswahrscheinlichkeit für Tiefflieger deutlich herabgesetzt, selbst bei günstiger Aufstellung der Geräte[16].

Um trotzdem ausreichende Erfassungsbedingungen zu schaffen, wurden die Großraumradargeräte der Luftwaffe und der Westalliierten nach Möglichkeit auf hohen oder sogar den höchsten Geländepunkten in der westdeutschen Mittelgebirgslandschaft aufgestellt[17]. Dies führte zwar zu einer besseren Reichweite, machte die Geräte aber verwundbarer, da sie weithin sichtbar waren und gegen Angriffe aus der Luft nur schwer

---

[16] Vgl. Volker Pointner, In wieweit werden die in Aufstellung befindlichen beiden TM-Abteilungen der Luftwaffe von Umfang und Geräteausstellung her in der Lage sein, die bestehende Tiefflieger-Erfassungslücke zu schließen und eine zeitgerechte Tiefflieger-Vorwarnung der LV-Kampfmittel zu ermöglichen? Jahresarbeit im Rahmen des 16. GenstLehrgLw. Führungsakademie der Bundeswehr, Hamburg 1971, S. 1-3.
[17] Z. B. wurden militärische Radargeräte auf dem exponierten Erbeskopf im Hunsrück (816 Meter), auf dem Großen Arber im Bayerischen Wald (1455 Meter) oder auf dem Döbraberg im Frankenwald (794 Meter) installiert.

geschützt werden konnten[18]. Auch nach der Implementierung moderner halbautomatischer Führungssysteme[19] in den bestehenden Luftraumüberwachungsstellungen der 2. und 4. ATAF sowie dem weiteren Ausbau der Luftraumüberwachungskapazitäten durch Indienststellung zusätzlicher Großraumradaranlagen und CRC im Rahmen des europaweit vorangetriebenen NADGE-Programms (NATO Air Defence Ground Environment), konnten Flugziele unter 1.000 Metern Flughöhe kaum sicher erfasst werden[20].

Am Grunddilemma änderte sich also nichts: „NADGE bedeutet eine zufriedenstellende Abwehr von hoch und mittelhoch einfliegenden gegnerischen Luftfahrzeugen, ein Schutz gegen Tiefflieger und Mittelstreckenraketen wird jedoch nicht gewährleistet[21]. „Die Tieffliegererfassung

---

[18] Vgl. Karl Sessler, Fernmeldewesen und Elektronik. Das Nervensystem der Luftstreitkräfte. In: Jahrbuch der Luftwaffe, Folge 6, Darmstadt 1969, S. 88-93, hier S. 92.

[19] Das halbautomatische 412-L System der Firma General Electric wurde seit Mitte der sechziger Jahre in den bis dahin manuell betriebenen CRC und CRP (Control and Reporting Post) der 4. ATAF eingesetzt. Die Einrüstung des GfN- (Growth-full-NADGE) und NADGE-Systems (das Gefechtsführungssystem wurde von einem Konsortium unter Leitung der Fa. Hughes entwickelt und verwirrenderweise nach dem Gesamtprogramm benannt) begann 1969 und umfasste die bis dahin ebenfalls manuell betriebenen CRC der 2. ATAF. Vgl. Thorsten Matt, Geschichte der Gefechtsstandelektronik des Einsatzführungsdienstes. In: Presse- und Informationszentrum der Luftwaffe (Hg.), 50 Jahre Einsatzführungsdienst der Luftwaffe 1960 - 2010. München, 2010, S. 74-81, hier S. 74-76.

[20] Unter der Voraussetzung eines idealen Systemzustandes und guten Wetters galt die die Radar-Abdeckung der stationären Radargeräte im NATO Air Defence Ground Environment (NADGE) gegenüber aus dem Osten anfliegenden Zielen mit einer Rückstrahlfläche von 3 Quadratmetern bis 1.000 Metern Flughöhe als ausreichend. Ausnahmen stellten einige Gebiete im Bayerischen Wald und in den östlichen deutschen Alpen dar. Unter selbst in Friedenszeiten realistischen Bedingungen, d.h. technischem Ausfall einer oder mehrerer Radarstellungen, schlechten Wetters usw. wurde allerdings erst ab Flughöhen von 3.000 Metern von einer sicheren Erfassbarkeit mit Primärradar auch noch auf Gebiet östlich der innerdeutschen Grenze und der Grenze zur ČSSR ausgegangen. Vgl. Pointner, TM-Abteilungen (wie Anm. 16), S. 3.

[21] Vgl. Wolfdieter Sommerfeldt, Die integrierte Luftverteidigung des Abschnitts „Europa-Mitte". In: Wehrkunde: Zeitschrift für alle Wehrfragen, Jg. 19, H. 10, 1970, S. 519-523, hier S. 521. Das gesamte NADGE umfasste nach der Fertigstellung 47 Radargeräte und 37 CRC/CRP, insgesamt also 84 Stellungen, die sich halbmondförmig vom Nordkap bis zur Ost-Türkei zogen. Vgl. John Marriot, Air Defence - Updating NADGE. In: Military Technology, Jg. 7, H. 6, 1983, S. 60-66, hier S. 60.

ist daher das Problem Nummer eins des Radarführungsdienstes", resümierte 1969 Karl Sessler in einem Aufsatz zu den Führungsdiensten[22].

Bis endlich mobile Kleinradargeräte zur Überwachung des untersten Höhenbandes in ausreichender Zahl zur Verfügung standen, mussten die Experten der Luftraumüberwachung eingestehen, dass der Luftraumbeobachtungsdienst nach wie vor unverzichtbar war: „So unzulänglich die menschliche Beobachtung auch sein mag, sie hat unbestreitbare Vorzüge. Der Luftraumbeobachtungsdienst ist (...) zur Zeit noch die einzige sichere Möglichkeit, die Tieffliegerlücke zu schließen. Hochleistungsflugzeuge können auch in absehbarer Zukunft nur unter Sichtbedingungen in Bodennähe fliegen. Bei solchen Wetterlagen werden sie aber auch durch ‚Auge-Ohr-Beobachtungen' vom Boden aus erfasst und identifiziert. Die Luftraumbeobachtungstruppe ist in hohem Maße an jede Lageentwicklung anpassungsfähig. Ihre Posten sind keine lohnenden Objekte für Luftangriffe; sie sind vom Flugzeug aus kaum zu entdecken und können daher auch nicht wirksam bekämpft werden. Solange es keinen entsprechend leistungsfähigen Ersatz für diesen Dienst gibt, muss nach dem Grundsatz verfahren werden: Wenig ist viel mehr als nichts[23]."

Vom Luftraumbeobachtungsdienst zum Tieffliegermelde und -leitdienst

Es war nicht zuletzt auch der eingangs geschilderte MiG-17-Zwischenfall von 1967, der die Entwicklung eines Systems beschleunigte, welches die Auffassungslücke des NADGE im unteren Luftraum entschärfen oder gar schließen sollte[24]. Mehr als eine Teillösung schien jedoch schon bald nicht mehr realisierbar, denn ein flächendeckendes Tieffliegererfassungssystem hätte die Aufstellung von zahlreichen Tieffliegermelderadargeräten mit bauartbedingt kurzer Reichweite nach sich gezogen, was enorm kosten- und personalintensiv gewesen wäre. Zudem hätte eine leistungsfähige Datenverarbeitung und ein hochkomplexes Kommunikationssystem entwickelt und installiert werden müssen, um Mehrfacherfassungen durch die verschiedenen

---

[22] Vgl. Sessler, Fernmeldewesen (wie Anm. 18), S. 92.

[23] Vgl. Sessler, Fernmeldewesen (wie Anm. 18), S. 92.

[24] Vgl. Bernd Genath, Die Frühwarnlücken schließen sich. Nadge wacht bis Mach 3. Luftverteidigungsnetz vom Nordkap bis zur Türkei. In: VDI Nachrichten, Jg. 25, H. 43, 1971, S. 14-15, hier S. 14.

Radargeräte herauszufiltern sowie den Datentransfer und die Kommunikation innerhalb des Stellungsnetzes und zu den deutschen CRC des NADGE zu ermöglichen. Nur wenige Hoffnungen setzte die Luftwaffe Ende der 1960er und zu Anfang der 1970er Jahre in luftgestützte Frühwarnflugzeuge. Zwar standen in den USA bereits mehrere Systeme im Dienst, befriedigende Ergebnisse wurden jedoch nur bei Aufklärungseinsätzen über offener See geliefert. Bei Einsätzen über Land galt es noch etliche Probleme hinsichtlich der Festzeichenunterdrückung, des Datenaustauschs Luft-Boden, der Diskriminierfähigkeit dieser Linkverbindungen sowie von Erfassungslücken und Zielverlusten aufgrund der Eigenbewegung des Sensors zu lösen. Nutzbare Ergebnisse wurden erst in den 1980er Jahren erwartet[25].

Kurzfristig realisierbar schien nur die Ausrüstung des LRB mit einem mobilen Tieffliegerradar. Nach vergleichenden Erprobungen und Truppenversuchen von mehreren Entwürfen, fiel die Wahl schließlich auf ein Gerät der Firma Siemens, das Mobile Puls-Doppler-Radar 30 km Reichweite/1. Baureihe (MPDR 30/1). Es war speziell für den mobilen Einsatz im Gelände konzipiert und auf einen LKW aufgebaut. Das zum Betrieb notwendige Stromaggregat wurde auf einem Anhänger mitgeführt. Der Kofferaufbau auf dem Geräte- und Betriebsfahrzeug war zweigeteilt; im rückwärtigen Teil befanden sich die elektronischen Anlagen, im vorderen Teil der Arbeitsraum mit dem Darstellungsgerät samt Steuerungs- und Eingabegeräten, dem Freund/Feind-Kenngerät sowie den Fernmeldegeräten. Der hydraulisch betriebene Gelenkmast mit der Radarantenne war auf einem eigenen LKW aufgebaut. Das Radar selbst konnte nicht nur in der Maximalhöhe des ausgefahrenen Gelenkmastes von 13 Metern, sondern auch in jeder Zwischenhöhe betrieben werden. Somit konnte die Antenne einerseits über die umgebenden Hindernisse „sehen", aus Gründen der Tarnung aber auch dem Umfeld angepasst werden. Der Aufbau und die Inbetriebnahme der Komponenten konnte von wenigen ausgebildeten Soldaten innerhalb kurzer Zeit bewerkstelligt werden[26].

Die Radarkeule der schnell rotierenden Antenne reichte vom Boden bis zur kritischen Höhe von etwa 3000 Metern, ein Unterfliegen war damit nicht möglich. Das Dopplerradar stellte Bewegtziele frei von jedweden Festzielen

---

[25] Vgl. Karl Sasse, Luftverteidigung – morgen. Ein Planungsproblem. In: Jahrbuch der Luftwaffe, Folge 7, Darmstadt 1970, S. 34-41, hier S. 38. Die E-3 Sentry auf der Basis der Boeing 707 befand sich zu diesem Zeitpunkt noch ganz am Anfang der Entwicklung.
[26] Brand, Tieffliegermeldedienst (wie Anm. 15), S. 85.

und mit einer hohen Update-Rate dar, wobei auch langsamere Objekte wie Hubschrauber sicher erfasst wurden. Auf dem Bildschirm mit Polarkoordinaten erschienen die Flugziele als Leuchtpunkt, elektronisch eingeblendete Entfernungsringe (je Ring 3km), UTM-Gitterlinien sowie ein drehbarer Azimuthanzeiger und eine 360°-Skala um den Bildschirm herum ermöglichten eine relativ exakte Positionsbestimmung[27]. Da es sich beim MPDR 30/1 um ein 2D-Radar handelte, konnte die Flughöhe der aufgefassten Objekte nicht ermittelt werden, was einen bedeutenden Nachteil darstellte! Jedoch war ein IFF/SIF-Kenngerät in die Antenne integriert, mit welchem erfasste Flugziele klassifiziert bzw. identifiziert werden konnten. Eine einfache Anti-Störeinrichtung ermöglichte den Wechsel auf eine andere Sendefrequenz[28].

Die vom Radargerät gelieferten Zielinformationen (Entfernung und Azimuth) wurden mithilfe eines Codierers zu einem codierten Zielwort für die Datenübertragung per Draht oder Richtfunk aufbereitet. Dies sollte die Anbindung von bis acht MPDR 30/1 an eine sog. Zentrale ermöglichen. Diese, ebenfalls auf einem geländegängigen LKW aufgebauten Radarzentralen sammelten die Daten der angebundenen Geräte aus den zugewiesenen Tieffliegermeldeabschnitten in einem Speicher, von welchem auch die Datenweitergabe an übergeordnete Truppenteile erfolgen sollte, also das jeweils zugewiesene CRC, BOC, Heeresflugabwehr, den Zivilschutz usw. Der Operationsraum der Zentralen verfügte über zwei Sichtgeräte zur Anzeige der durch die angebundenen Sensoren gesammelten Flugziele, außerdem auch eine Fernsprechvermittlung sowie Boden-Boden- und Boden-Bordfunkgeräte[29].

Das MPDR 30/1 war die erste truppenreife Entwicklung eines brauchbaren, mobilen Tieffliegerradars in Europa[30]. Die Einführung der Radargeräte erfolgte ab 1971. Zeitgleich wurde das Personal am neuen Gerät ausgebildet, der LRB umstrukturiert und in „Tieffliegermeldedienst der Luftwaffe" (TMD) umbenannt[31]. Im Gegensatz zu den CRC, die der NATO

---

[27] Vgl. Brand, Tieffliegermeldedienst (wie Anm. 15), S. 86-87.

[28] Vgl. Pointner, TM-Abteilungen (wie Anm. 16), S. 8.

[29] Vgl. Brand, Tieffliegermeldedienst (wie Anm. 15), S. 86-87.

[30] Luftverteidigung ist Aufgabe Nummer eins – Schutz der Bundesrepublik mit Jägern und Raketen, Bonn. In: Wehrpolitische Information, 19.4.1973, S. 6.

[31] Vgl. Brand, Tieffliegermeldedienst (wie Anm. 15), S. 85.

als Command-Forces bereits im Frieden unterstanden, wurden die Verbände des TMD lediglich NATO-assigniert.

Im Bereich der 4. ATAF erhielt das Fernmelderegiment 32 eine IV. Abteilung (Bataillonsäquivalent) mit jeweils drei Kompanien. Jede dieser Kompanien verfügte im Frieden über vier Radartrupps, die je ein MPDR 30/1 samt zugehörigem Material und Gerät autonom betreiben konnten. Analog dazu verfügte im Norden der Republik, also im Bereich der 2. ATAF, das Fernmelderegiment 33 über eine IV. Abteilung, die gleichartig aufgebaut war. Mit den insgesamt 24 Radargeräten und Trupps der Fernmelderegimenter 32 und 33 konnte so bereits in Friedenszeiten an der innerdeutschen Grenze sowie an der Grenze zur ČSSR ein einfacher „Tieffliegerriegel" aufgebaut und im Schichtdienst betrieben werden, der entsprechend der Reichweite des MPDR 30/1 zwischen 40 und 60 km tief war. Im Spannungs- und Kriegsfall sollte durch den zusätzlichen Einsatz von je vier Radargeräten pro TMD-Kompanie insgesamt 48 Stellungen von der Ostsee bis zum bayrischen Wald besetzt werden, um so einen „Doppelriegel" von dann etwa 80 km durchschnittlicher Breite aufzubauen. Da das Stammpersonal dann keinen Einsatzbeschränkungen hinsichtlich der Arbeitszeit mehr unterlegen hätte, wäre der Aufbau des Doppelriegels auch personaltechnisch jederzeit möglich gewesen[32].

Die grenznahe Positionierung des TMD erlaubte die Auffassung von tieffliegenden Flugzeugen und Hubschraubern, welche in der Air Defence Identification Zone (ADIZ) flogen bzw. von Osten in diese einflogen. Bei der ADIZ handelte es sich um eine Flugüberwachungszone auf westdeutschem Gebiet, die entlang der innerdeutschen Grenze und der Grenze zur ČSSR seit 1951 durch die NATO eingerichtet worden war, um Grenzverletzungen zu vermeiden. Jedes Flugobjekt in der ca. 40 km breiten ADIZ musste Funkkontakt zu der jeweils zuständigen Bodenstelle haben und durch die CRC zweifelsfrei identifiziert werden können. Zivilflugzeuge mussten hierzu vorher einen Flugplan aufgeben und ihren Transponder während des Fluges eingeschaltet lassen. Militärische Luftfahrzeuge durften nur nach gesonderter Genehmigung in die ADIZ einfliegen und mussten unter kontinuierlicher Radarkontrolle stehen[33].

---

[32] Vgl. Pointner, TM-Abteilungen (wie Anm. 16), S. 17.

[33] Vor der ADIZ lag auf westdeutscher Seite noch die Central European Buffer Zone (auf dem Gebiet der BRD nur German Buffer Zone), die eine Breite von ca. 60 km (30 NM)

Da sich die Serienreife und damit auch Lieferung der TMD-Zentralen deutlich verzögerte, konnte der Tieffliegermeldedienst die Vorzüge der Ausstattung mit den MPDR 30/1 in den ersten Jahren nicht voll nutzen. Bis zum Eintreffen der Zentralen mussten die Flugziele an den TMD-Kompaniegefechtsstand mittels Funk oder Telefon „durchgesprochen" werden, wie es auch vor der Ausrüstung mit dem Radar notwendig gewesen war. In den improvisierten Zentralen wurde wiederum händisch eine Tieffliegerluftlagekarte geführt. Die Übertragung dieser Teilluftlagen und Tieffliegerwarnungen an die übergeordneten CRCs, BOCs und weitere Bedarfsträger erfolgte zunächst immer noch mündlich über Telefon oder Funk[34]. Fliegende Verbände konnten mittels Boden-Bord-Funkgeräten informiert werden. Mit der 1975 beginnenden Auslieferung der Zentralen konnte in den Kompaniegefechtsständen (je ausgerüstet mit zwei identischen Zentralen) nun auch endlich eine Tieffliegerluftlage in Echtzeit erstellt und angezeigt werden. Die Zentralen erlaubten dabei die Anbindung und Verarbeitung der Daten von bis zu acht MPDR 30/1. Problematisch war jedoch noch immer die die Datenverbindung der Zentralen mit den jeweils für ihren Sektor zuständigen CRC und damit an das Gesamtsystem der integrierten NATO-Luftverteidigung. Ursprüngliche Planungen hatten vorgesehen, die CRC mit je einer Konsole der TMD-Zentralen auszurüsten und diese an die Zentrale des nachgeordneten TMD-Gefechtsstandes anzuschließen[35]. Somit wäre die Tieffliegerluftlage zwar in den CRC verfügbar gewesen, jedoch hätten die abgelesenen Flugziele erst wieder manuell in das Gefechtsführungssystem des CRC eingegeben werden müssen, um mittels Link 1 zu Nachbar-CRC und den vorgesetzten SOC gesendet zu werden. Dies hätte zu zeitlichen Verzögerungen und damit zur Weitergabe einer veralteten Tieffliegerluftlage geführt.

---

aufwies. Auf Seiten der DDR gab es ähnliche Flugüberwachungszonen mit gleichem Zweck. Vgl. Frank W. Fischer, German Air Traffic Control During The Cold War. The Story of Rhein Control; The Operation of ATC in Southgermany's Upper Airspace 1957-1977. Die Entwicklung der Flugsicherung in Deutschland, Teil III, Lüterkofen 2015, S. 345 u. 406.

[34] Eingesetzt wurde auch Rundstrahlfunk, mit welchem alle Stellen in Reichweite gleichzeitig informiert werden konnten.

[35] Vgl. Pointner, TM-Abteilungen (wie Anm. 16), S. 22; Sudhoff, Einsatzführungsdienst (wie Anm. 14), S. 20. Ob tatsächlich jemals TMLD-Konsolen in den anzuschließenden CRC aufgestellt und betrieben wurden oder es nur bei diesbezüglichen Planungen blieb, konnte nicht zweifelsfrei festgestellt werden.

Nach mehreren Zwischenschritten konnte jedoch eine direkte Anbindung zwischen den TMD-Zentralen und den Gefechtsführungssystemen NADGE- und GfN-CRC (2. ATAF) und GEADGE-CRC (German Air Defence Ground Environment, 4. ATAF, erst seit Mitte der 1980er Jahre im operationellen Betrieb) erreicht werden. Die von den TMD-Zentralen gesendeten Flugziele wurden auf den Datensichtgeräten der CRC jedoch nur auf Plotbasis dargestellt[36]. Ein Operateur musste auf Grundlage des Plots weiterhin händisch einen Track[37] eingeben und diesen auf dem Plot halten, da nur Tracks die Fähigkeit haben, im Rahmen des Datenaustauschs über Link 1 an andere CRC sowie das vorgesetzte SOC versendet zu werden.

---

[36] Auf Grundlage von verfügbaren Quellen konnte im Rahmen dieser Arbeit nur die Anbindung von TMD-Zentralen in das Gefechtsführungssystem GEADGE zweifelsfrei nachgewiesen wurden. Vgl. Klaus Norgall, Integration mobiler Radargeräte in das Luftraumüberwachungssystem. Häusliche Prüfungsarbeit zur Großen Staatsprüfung des Baureferendars Dipl.-Ing. Klaus Norgall. Prüfungsabteilung Wehrtechnik. Frankfurt a. M., 05.01.1987, S. 7. Die Information, dass die Integration, also die Anzeige von Plots, auch für NADGE und GfN funktioniert hat, stammt von mehreren Zeitzeugen, die vor der Erstellung der Arbeit befragt wurden. Ob eine Anbindung an das 412L-System möglich war, dass bis Anfang der 1980er Jahre von den CRC der 4. ATAF genutzt wurde, konnte leider nicht ermittelt werden.

[37] Die Positionsdarstellung der vom Radar erfassten Flugziele erfolgt zunächst mittels dargestellter Punkte oder Symbole (Plots). Bei einer höheren Zieldichte (auch Falschziele wie z. B. Wettererscheinungen werden als Plots angezeigt) ist es nötig, tatsächliche Flugziele zu tracken, d. h. mit einem Zusatzsymbol und einer Flugspur zu versehen. Dies kann entweder manuell durch das Aufmalen entsprechender Symbole auf den Plot passieren, oder aber durch ein Computersystem, dass diese Funktion automatisch oder nach einmaliger manueller Initiierung übernimmt. Vorteil eines Software-basierten Trackers ist es, dass dieser den Track kontinuierlich auf dem Plot hält und keine manuellen Updates nötig sind. Tracks bieten den Vorteil, dass in Ihnen zusätzlichen Flugdaten (Höhe, Richtung, Geschwindigkeit, IFF/SIF, Flugplandaten) gespeichert bzw. verknüpft werden können. Verschiedene Tracksymbole werden auch genutzt, um eine schnelle Unterscheidung in freundliche, feindliche oder neutrale Flugziele zu gewährleisten. Außerdem kann durch Tracks meist auch eine „History" eingeblendet werden, d. h. die Flugbewegung der letzten Minuten. Da Tracks elektronisch erzeugt werden, sind sie im Gegensatz zu Plots auch datenaustauschfähig (Cross Tell bzw. X-Tell) und können mittels verschiedener Datenlinks an andere Nutzer (z. B. CRC, SOC) gesendet und dort dargestellt werden. Erst der Datenaustausch von Tracks erlaubte es den CRC im Kalten Krieg, eine Luftlage darzustellen, die weit über die Reichweite der eigenen Radarsensoren hinausging. Die SOC arbeiteten gar nur mit Tracks, gleichwohl sie durch die Kolozierung mit einem CRC auch nach Ausfall des X-Tell immer noch die Möglichkeiten hatten, dessen örtliches Luftlagebild zu nutzen.

Trotzdem entfiel damit endlich die zeitraubende und fehleranfällige Übermittlung von Positionsmeldungen per Telefon oder Funk, gleichwohl auch diese Möglichkeit weiterhin genutzt wurde, um auf identifizierte Flugziele und mögliche Feindflieger hinzuweisen. Die Technik der TMD-Zentralen erlaubte es nämlich nicht, ein gefiltertes Luftlagebild an die CRC zu übermitteln. Dies bedeutet, dass immer alle aufgefassten Radarkontakte verschickt wurden, was auch Falschziele, Zivilflugzeuge, eigene Flugzeuge usw. beinhaltete. Die Beurteilung der tatsächlichen Situation im Luftraum und die abschließende Identifikation der Flugziele wurden für das CRC-Personal somit komplizierter und verzögerte sich unter Umständen.

Da die TMD-Zentralen trotzdem die Möglichkeiten einer kleinräumigen Tieffliegerluftlageerstellung in Echtzeit boten, sollte das hier arbeitende Lizenzpersonal neben der reinen Meldetätigkeit fortan auch einfache Radarleitverfahren einsetzen können. Diese bestanden etwa in der Radarbegleitung von grenznah operierenden Flugzeugen und Hubschraubern, um diese vor Hindernissen oder einer ungewollten Grenzverletzung warnen zu können. Weiterhin konnten die entsprechend ausgebildeten Offiziere und Feldwebel auch eigene Kampfflugzeuge aus einem nahe gelegenen Bereitstellungsraum per Funk zu eindringenden Tieffliegern führen[38]. Um diesem erweiterten Auftrag Rechnung zu tragen, wurde der TMD im Jahre 1978 in „Tieffliegermelde- und Leitdienst" umbenannt[39].

Dies waren jedoch nicht die einzigen Veränderungen am Einsatzkonzept, die den insgesamt ca. 2.000 Soldaten (Friedensstärke) der beiden Tieffliegermeldeabteilungen bevorstanden. Mitte 1976 begann die Erprobung der MPDR 30/1 für den Dauereinsatz. Die positiven Ergebnisse führten zu dem Entschluss, für alle 24 friedensmäßig eingesetzten Geräte Dauereinsatzstellungen (DEST) in unmittelbarer Grenznähe zu errichten, um so die Durchhaltefähigkeit des nun rund um die Uhr eingesetzten Personals und Materials zu erhöhen. Bis dahin hatten die Soldaten mit primitiven Feldstellungen und einer Unterbringung in Zelten vorliebnehmen müssen. Im Zuge des Programms wurden zwischen 1977 und 1983 alle Stellungen durch die Schaffung fester Unterkunfts- und Aufenthaltsräume sowie Abstellboxen für Geräte und Fahrzeuge infrastrukturell deutlich

---

[38] Vgl. Brand, Tieffliegermeldedienst (wie Anm. 15), S. 86-87.
[39] Vgl. Manfred Tegge (Hg.), Die TMLD-Dauereinsatzstellung Pöhlde. Online verfügbar unter http://www.relikte.com/poehlde/index.htm (4.10.2016).

aufgewertet. Im Spannungs- und Kriegsfall wären die DEST geräumt und
dafür vorher ausgekundschaftete Feldstellungen bezogen worden[40].

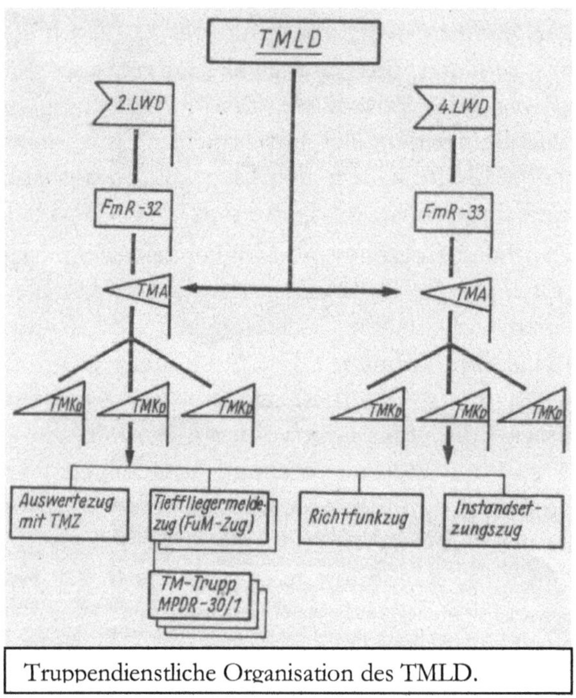

Truppendienstliche Organisation des TMLD.

Tiefflieger von oben? AWACS

Durch die Einführung neuentwickelter Jagdbomber sowie von Kampfhub-
schraubern konnten die Luftstreitkräfte der Warschauer-Pakt-Staaten im
Verlauf der 1970er Jahre nicht nur ihre ohnehin schon erdrückende
quantitative Überlegenheit, sondern auch ihre Qualität deutlich steigern. Die
neuen Muster erlaubten allesamt höhere Waffenzuladungen, und gesteigerte
Reich-weiten bei optimierten Tief- und Tiefstflugeigenschaften – nun auch
bei schlechteren Wetterbedingungen[41]. Anfang der 1980er Jahre wurde

---

[40] Vgl. Tegge, TMLD-Dauereinsatzstellung (wie Anm. 39). Damit einher ging eine
eindeutige Nummerierung der sechs TMLD-Zentralen von A bis F, wobei die jeweils vier
angeschlossen DEST den Nummernzusatz 1 bis 4 führten
[41] Dies waren z. B. MiG-23 „Flogger" (Indienststellung 1970) und deren weitermodifizierte
Jagdbombervariante MiG 27 (Indienststellung 1975), Jagdbomber vom Typ Su-17 „Fitter"

122

zudem der Trend zum verstärkten Einsatz ballistischer Raketen und Marschflugkörpern immer offensichtlicher. Diese Waffen stellten mit ihrer hohen Geschwindigkeit (Raketen), den ausgeprägten Niedrigflugeigenschaften (Marschflugkörper) und kleineren Radarquerschnitten eine noch erheblich größere Herausforderung für die NATO-Luftverteidigung dar[42].

Die Verteidigungsplanungen der NATO orientierten sich seit dieser Zeit an der Vorstellung, dass bei einem Erstangriff eine hohe Zahl an tieffliegenden Flugzeugen und eventuell auch Flugkörpern zum Einsatz kommen würde, um so die NATO-Luftverteidigung zu überrumpeln und ihre Kapazitäten durch Sättigung der Systeme zu schwächen. Mit Angriffen bis zu 400 km tief ins Hinterland sollte das nukleare Abschreckungspotenzial sowie die Kampfkraft der Flugabwehrraketenkräfte, Jagdfliegereinheiten, Radarsysteme und Gefechtsstände geschwächt oder ganz ausgeschaltet werden. Erst für die Folgeangriffe, also nach dem Niederkämpfen der Luftverteidigungskapazitäten, rechneten die NATO-Experten mit einem massierten Einsatz von hochfliegenden, schweren Einheiten unter intensivem Einsatz elektronischer Gegenmaßnahmen[43].

Hatte noch Anfang der 1970er Jahre die Annahme geherrscht, dass das modernisierte NADGE nach Aufstellung des TMD/TMLD einen zumindest zufriedenstellenden Schutz gegen diese Tieffliegerbedrohung bieten würde, so herrschte gegen Ende des Jahrzehnts bei den meisten Fachleuten die Meinung, dass auch die aktuelle Konfiguration der weiter gestiegenen Gefahr nicht mehr gerecht werde. Als Hauptschwächen galten nach wie vor die immer noch sehr kurzen Vorwarnzeiten bei Tieffliegerangriffen und die schwierige Erfassbarkeit von tieffliegenden Kampfjets und Hubschraubern nach Durchstoßen des schmalen Tieffliegerriegels. Auch die fehlende Flexibilität und die sich daraus ergebende hohe Verwundbarkeit der ortsfesten

---

(Indienststellung 1970), Su-22 „Fitter" (Indienststellung 1976) und Frontbomber wie die Su-24 „Fencer" (Indienststellung 1974). Für die Kampfhubschrauber muss v. a. die Mil Mi-24 „Hind" genannt werden.

[42] Vgl. Karl Sasse, Die Luftbedrohung und sich daraus ergebende Forderungen an Objektschutz-Systeme (einschließlich ihrer Einbindung in die Luftverteidigung) aus Sicht von Luftwaffe und Marine. in: LFK-Systeme für den Objektschutz (Land). Veranstaltung vom 28.05.-30.05.1984, aus der Reihe „Wehrtechnisches Symposium Lenkflugkörpertechnik XVI", Mannheim.

[43] Vgl. Sasse, Luftbedrohung (wie Anm. 42).

und vollvernetzten Radar- und Luftverteidigungsstellungen gab Anlass zur Sorge. Gesteigerte Reichweiten und Kapazitäten zur Luftbetankung ermöglichten es sowjetischen Bomberstreitkräften bereits seit geraumer Zeit, Norwegen zu um- oder überfliegen. Hierbei wurden sie zwar von den NATO-Radargeräten meist noch aufgefasst, die Kontakte gingen aber verloren, sobald die Flugzeuge eine Flughöhe nur wenige Meter über dem Meeresspiegel einnahmen. Wenn Radarstellungen auf dem britischen Festland die Flugziele schließlich wiederentdeckten, waren sie nur noch wenige Meilen von der Küste entfernt. Ähnliches konnte auch passieren, wenn die Türkei in ausreichend großem Abstand umflogen und anschließend eine Route über Nordafrika und das Mittelmeer gewählt wurde, um südeuropäische NATO-Staaten zu bedrohen[44]. Der Bedarf nach einer luftgestützten Lösung zur ergänzenden, weiträumigen Luftraumüberwachung wurde daher immer dringlicher.

Zwischen 1968 und 1974 hatte die NATO mehrere Studien durchführen lassen, die sich mit der Realisation und Beschaffung eines Airborne Early Warning and Control-Systems (AEW&C bzw. AWACS) beschäftigten. Folgende Anforderungen sollten dabei erfüllt werden:

- Erfassung, Identifizierung und Verfolgung von Flugzielen in allen Höhenbereichen, insbesondere auch tieffliegender Ziele.

- Erfassung, Identifizierung und Verfolgung von Seezielen.

- Datenaustausch mit den LV-Stellungen des NADGE sowie mit Marinekräften.

- Radarleitung und -unterstützung von NATO-Luftfahrzeugen.

Auf Grundlage dieser Forderungen testete die NATO zwischen 1972 und 1974 drei Systeme: die E-3A („Sentry") der USAF, die E2-C („Hawkeye") der US-NAVY sowie die NIMROD MK III der RAF. Die Wahl fiel dabei auf die E-3A, da dieses – auf der zivilen Boeing 707 aufbauende – System den Forderungen am umfänglichsten entsprach.

1975 folgte die Einrichtung eines Planungsbüros in Brüssel, um einen detaillierten Programmvorschlag zu erarbeiten. In enger Absprache mit den beteiligten Nationen wurden vor allem Fragen zur technischen Beschaffenheit, erforderlichen Zahl der Systeme, Integration ins bestehende LV-

---

[44] Vgl. Marriot, NADGE (wie Anm. 21), S. 60.

System, Stationierung und nicht zuletzt auch zu den erwartbaren Gesamtkosten erörtert. Ein erster Vorschlag wurde 1976 aufgrund der zu hohen Kosten vom NATO-Ministerrat abgelehnt. Erschwerend kam hinzu, dass sich Großbritannien 1977 aus wirtschaftlichen Erwägungen aus dem Gemeinschaftsprogramm zurückzog und dafür Systeme vom Typ NIMROD MK III beschaffte. Eine gewisse Anzahl dieser Systeme wollte Großbritannien allerdings trotzdem unter das Kommando der NATO stellen.

In Folge mussten die verbleibenden NATO-Nationen das Programm überarbeiten, da nun weniger Flugzeuge beschafft werden konnten und mussten, die zudem mit der NIMROD kompatibel sein sollten. Während dieser Arbeiten konnten sich NATO und die USAF jedoch auf eine gemeinsame Konfiguration der E-3A einigen, die nun von allen Beteiligten genutzt werden sollte. Da durch die höhere Zahl der nun zu fertigenden Einheiten auch deren Stückpreis sank, konnten die NATO-Verteidigungsminister am 7. Dezember 1978 den Vertrag zur Beschaffung und Nutzung von 18 E-3A unterzeichnen[45]. Großbritannien wollte als Kompromiss 11 NIMROD zur Nutzung durch die NATO bereitstellen. Beide Flotten sollten so fortan die NATO AEW-Mixed Force bilden[46]. Tatsächlich blieben die britischen wie auch die französischen AWACS unter nationalem Vorbehalt. Gleiches gilt für die seit 1977 in Betrieb befindlichen US-amerikanischen E-3A.

Das Beschaffungsprogramm umfasste neben den 18 Maschinen auch die erforderliche Bodenausrüstung, eine Ersatzteilausstattung sowie Flug- und Einsatzsimulatoren. Zudem beinhaltete es die Ertüchtigung und Einrichtung der Haupteinsatzbasis (MOB – Main Operation Base) Geilenkirchen sowie der vier Außenlandeplätze (FOB/FOL – Forward Operation Base/ Location) in Norwegen (FOL Orland), Italien (FOB Trapani), Griechenland (FOL AKTION) und der Türkei (FOB Konya). Von den 18 E-3A sollten 12 ständig von der Haupteinsatzbasis der NATO-AWACS-Flotte in Geilen-

---

[45] Vgl. Klaus W. Rimmek/Helmut Brandt, NAEW - NATO Airborne Early Warning. Die NATO Frühwarnflotte und der NATO E3A Verband: Entstehung und Einsatz. In: Truppenpraxis. Zeitschrift für Taktik, Technik und Ausbildung, Jg. 28, H. 10, 1984, S. 764-772, hier S. 764-765.
[46] Vgl. Edward von Kospoth, Das luftgestützte Frühwarn- und Leitsystem NATO E-3A ("AWACS"). In: Soldat und Technik: Strategie und Technik, Sicherheit, Jg. 22, H. 10, 1979, S. 542-545, hier S. 542.

kirchen aus operieren, während sechs auf den FOB/FOL bereitgehalten wurden[47].

Im Jahre 1980 begann die Ausbildung des Kaderpersonals in den USA, im darauffolgenden Jahr wurden erste Interoperabilitätstests zwischen der AWACS und ausgewählten LV-Stellungen durchgeführt. Bereits 1982 startete die weitere Ausbildung im verbandseigenen Trainingszentrum in Geilenkirchen, kurze Zeit später konnte mit der Auslieferung der ersten Maschinen auch der Einsatzbetrieb beginnen[48].

Als Einsatzräume der E-3A definierte die NATO sowohl Gebiete mit schwacher Radarabdeckung (z. B. Nordnorwegen, das Seegebiet östlich Islands und nördlich Großbritanniens sowie die Schwarzmeerküste) oder geografisch schwierige Gebiete und solche mit einer hohen Ausfallwahrscheinlichkeit der stationären Luftverteidigungsstellungen (die Alpenregion und die Ostgrenzen der Bundesrepublik)[49]. Erste praktische Tests zeigten, dass die E-3A mit ihrem leistungsfähigen Westinghouse-Radar und dank der modernen Datenverarbeitung bis tief in den gegnerischen Raum „hineinblicken" konnte. Die Höchstleistung wurde in einer Höhe von ca. 30.000 Fuß erzielt. Hier konnten tieffliegende Ziele und Seeziele bis zu einer Entfernung von 400 km erfasst und verfolgt werden, bei Zielen in mittleren und großen Höhen waren sogar Reichweiten bis 600 km möglich[50]. Flogen zwei AWACS entlang der innerdeutschen Grenze in ihren zugewiesenen Lufträumen, konnte die Vorwarnzeit für Tiefflieger bei optimalen Bedingungen um 30 Minuten gesteigert werden. Angesichts der wenigen Minuten Vorwarnzeit, die der TMLD und die CRC mit ihren Radargeräten bei guten

---

[47] Vgl. Wolfdieter Hoeveler, Komplett! In: Luftwaffe, Jg. 26, H. 5, 1985, S. 2.

[48] Vgl. Kospoth, NATO E-3A (wie Anm. 46), S. 543.

[49] Obwohl diesbezüglich nur wenige Tests durchgeführt worden waren, versprach die AWACS auch die Möglichkeit, eigene Tiefflieger bei etwaigen Angriffsoperationen führen zu können. Als Vorbild dienten Operationen im Dritten Indisch-Pakistanischen Krieg im Dezember 1971, in welchem sowjetische „Moss"-AEW&C-Flugzeuge indische Kampfflugzeuge im Tiefflug erfolgreich gegen pakistanische Bodenziele im rückwärtigen Raum geführt hatten. Die NATO schätzte den positiven Effekt der E-3A bei der Rückführung eigener Angriffsverbände aus Feindesland als hoch ein, ebenso wie die positiven Folgen für den Schutz der Nachschubwege über den Atlantik im Falle einer kriegerischen Eskalation, vgl. Kospoth, NATO E-3A (wie Anm. 46), S. 544-545.

[50] Vgl. Kospoth, NATO E-3A (wie Anm. 46), S. 542.

Bedingungen bisher sicherstellen konnten, bedeutete dies eine enorme Steigerung[51].

Im Verteidigungsfall sollten die Flugzeuge aus ihren grenznahen Operationsbereichen weiter zurückverlegt werden, was einen Kompromiss zwischen Aufklärung und Reduzierung der eigenen Verwundbarkeit durch gegnerische Jäger und Flugabwehrraketen darstellte. Allerdings rechneten die Experten der NATO mit einer hohen Überlebenswahrscheinlichkeit der AWACS, sofern sie voll in das über das in Mitteleuropa bestehende Luft-verteidigungssystem integriert werden könnten. Studien hatten zuvor er-geben, dass die AWACS während ihrer Patrouillentätigkeit in Reichweite des Raketengürtels, durch ihre Fähigkeit der frühen Aufklärung möglicher Gegner, die hohe Electronic Counter Measure (ECM)-Festigkeit und die eigene horizontale und vertikale Mobilität nur schwer zu bekämpfen sein sollte[52].

Von Einzellösungen zum Gesamtsystem

Die Notwendigkeit, die E-3A in das bestehende Netzwerk der NATO-CRC zu integrieren, um so einen unbeschränkten Datenaustausch in Echtzeit und damit erst eine wirklich effektive Nutzung aller verfügbaren Luftlagedaten zu ermöglichen, erforderte einen neuartigen, besonders leistungsfähigen Datenlink. Das Mittel der Wahl war das seit Ende der 1960er Jahre von mehreren US-Firmen entwickelte Joint Tactical Information Distribution System (JTIDS). JTIDS stellt ein standardisiertes System dar, welches alle kompatiblen Benutzungsstellen in ein stör- und abhörsicheres Funknetzwerk zusammenschließt, den Datenaustausch ermöglicht und darüber hinaus auch verschiedene Navigations-, Identifizierungs- und Überwachungsfunktionen bietet. Den Pool der im JTIDS verfügbaren Daten können die Benutzer mittels Zeitmultiplex-Zugriffstechnik erreichen. Grundlage ist ein digitales Mikrowellensystem, in dem jedem Teilnehmer entsprechend seiner Wichtigkeit für das Gesamtsystem eine gewisse Anzahl von sehr kurzen Zeitfenstern eingeräumt wird, um Daten einzuspeisen und abzurufen.

Die Nutzung von JTIDS erforderte neben Sende- und Empfangs-einrichtungen auch spezielle Hard- und Software, die in sog. Terminals

---

[51] Vgl. James Kitfield, NATO AWACS: All the pieces fit. In: Military logistics forum, Vol. 3, Westport 1986, S. 40-44, hier S. 40-42.
[52] Vgl. Kospoth, NATO E-3A (wie Anm. 46), S. 544.

vereint wurden. JTIDS-Terminals wurden in verschiedenen Varianten für unterschiedliche Anforderungen und Zwecke entwickelt. Die leistungsfähigsten Class 1-Terminals gelangten in AWACS-Flugzeugen wie der E-3A und der E-2C sowie bei den Bodenstationen des US-amerikanischen AEGIS-Kampfsystems und den LV-Stellungen der NATO zum Einsatz. Kompaktere Class 2-Terminals sollten in taktischen Flugzeugen sowie Gefechtsfahrzeugen genutzt werden[53]. Die NATO-AWACS konnte neben JTIDS auch Daten via Link 4, 11 und 14 übertragen. Zudem verfügte sie über UHF-, HF- und VHF-Sende- und Empfangsgeräte, um den Kontakt zu Boden- und Seefunkstellen zu halten und Flugzieldaten wenn nötig auch per Sprechfunk zu übermitteln. Per Funk wurde auch die Verbindung zu eigenen Kampfflugzeugen aufgebaut, um diese im Bedarfsfall zu warnen und zu führen. Dank dieser vielfältigen Kompatibilitäten hatte die E-3A auch eine Schlüsselposition im bestehenden FM-Verbundsystem inne und konnte als Relais- oder Schnittstellenstation dienen[54].

Während das Beschaffungsprogramm der NATO für die gemeinsam zu betreibenden AWACS-Flugzeuge vergleichsweise reibungsfrei lief und sich im Zeit- und Kostenplan bewegte, verursachte die zur Vernetzung mit den Maschinen notwendige Umrüstung der 41 betroffenen CRC im Rahmen des eigens aufgelegten NAEGIS-Programms (NATO Airborne Early Warning Ground Integration Segment) deutlich größere Probleme und erhebliche Kosten[55].

---

[53] Vgl. Chris Bulloch, JTIDS im Vormarsch…auch in Europa? In: Interavia, Jg. 37, H. 6, 1982, S. 573.

[54] Vgl. Rimmek, NAEW (wie Anm. 45), S. 770-771. Die britische NIMROD MK III sollte erst in einem späteren Schritt eine JTIDS-Ausrüstung erhalten, konnte aber vorerst den etwas älteren, aber noch zeitgemäß erscheinenden Link 11 zum Datenaustausch nutzen. Vgl. Marriot, NADGE (wie Anm. 21), S. 66.

[55] Vgl. Kitfield, AWACS (wie Anm. 51), S. 44.

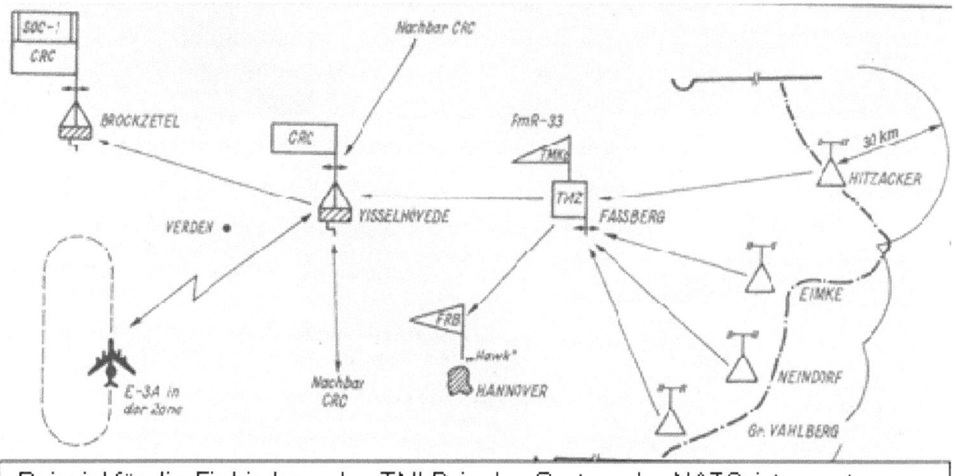

Beispiel für die Einbindung des TMLD in das System der NATO-integrerten Luftverteidigung

Die Modifikation eines CRC zu einer sog. Full-NAEGIS-Site erforderte die Installation von zusätzlichen Sende- und Empfangseinrichtungen, deutlich leistungsstärkeren Computern zur Verarbeitung der zusätzlichen Zieldaten der E-3A und dem notwendigen JTIDS-Terminal. Aus finanziellen Gründen sollten sechs europäische NATO-CRC keine eigenen JTIDS-Terminals erhalten. In Deutschland waren davon die CRC Visselhövede, Auenhausen und Meßstetten betroffen. Genannte Stellungen konnten allerdings von den Nachbar-CRC via Link 1 mit den zusätzlichen Luftlagedaten der E-3A versorgt werden, weswegen auch sie zur Verarbeitung der höheren Datenmenge mit zusätzlichen und moderneren Zentralcomputern ausgerüstet wurden.

Das NAEGIS-Programm wurde in drei Phasen aufgeteilt: Phase I des Programms umfasste die die Einrichtung von zwei NAEGIS-Erprobungsstellen im dänischen CRC Skrydstrup und dem deutschen CRC Brekendorf. Phase II sollte sechs strategisch außergewöhnlich wichtige CRC ertüchtigen, in Phase III sollten schließlich die verbleibenden 36 Stellungen modifiziert werden[56]. Während der Umrüstung, welche durch deutsche, italienische,

---

[56] Vgl. Brian Wanstall, Integration der NATO-Frühwarnflotte. In: Interavia, Jg. 39, H. 1, 1984, S. 33.

niederländische, dänische und norwegische Fachfirmen durchgeführt wurde, konnten die betreffenden CRCs für mehrere Monate nicht oder nur sehr eingeschränkt genutzt werden[57]. Ursprünglich sollte die Umrüst- und Ertüchtigungsphase bis 1985 abgeschlossen sein, 1986 konnten aber erst 30 CRC der NATO eine direkte Datenverbindung mit den E-3A AWACS herstellen.

In Deutschland lag eine zusätzliche Herausforderung bei der Integration der AWACS in den unterschiedlichen FüWES der beiden alliierten Luftflotten. Während die CRC in der britisch dominierten 2. ATAF mit den FüWES vom Typ MfS/GFN II[58] und dem nach dem Gesamtprogramm benannten NADGE[59] (beide maßgeblich von der Fa. Hughes entwickelt) arbeiteten, wurden die Stellungen im Süden zwischen 1983 und 1986 von dem veralteten 412L-System (Fa. General Electric) auf das fortschrittliche GEADGE (Fa. Hughes) umgerüstet[60]. Waren die bisherigen LV-Stellungen der NATO im sog. Single-Site-Konzept ausgelegt gewesen (d. h. pro CRC konnte nur eine ortsfeste Großraumradarstellung angebunden werden), so ermöglichte GEADGE erstmals die Nutzung von mehreren militärischen und zivilen Radargeräten unterschiedlichen Typs und war von vorneherein für die Einspeisung von Luftlagedaten der E-3A ausgelegt. Neu war auch ein Multi-Sensor-Tracker, mit welchem die naturgemäß leicht voneinander abweichenden Positions- und Höheninformationen der angebundenen Radargeräte zu jeweils einem einzelnen Track umgerechnet und zur Darstellung gebracht wurden. Dies ermöglichte ein genaues Tracking und ersparte den Operateuren Arbeit[61].

Schlussbetrachtung

In den ersten beiden Jahrzehnten ihres Bestehens konzentrierte sich die NATO in Mitteleuropa im Bereich der Luftraumüberwachung zunächst auf einen Auf- und Ausbau eines zusammenhängenden und leistungsfähigen

---

[57] Nato signs for AEW ground segment. In: FLIGHT International, 16. Oktober 1982, S. 1103.

[58] Vgl. Matt, Gefechtsstandelektronik (wie Anm. 19), S. 76.

[59] Das FüWES NADGE wurde seit 1969 in die CRC Auenhausen, Erndtebrück und dass erst etwas später erbaute, oberirdische CRC Visselhövede eingerüstet.

[60] GEADGE erhielten die CRC Börfink, Lauda, Meßstetten und Freising, der CRP Wasserkuppe sowie die RP Döbraberg und Großer Arber.

[61] Vgl. Werner Gerlitzki, Informationsgewinnung und -verarbeitung in der Luftverteidigung. In: Wehrtechnik, Jg. 17, H. 10, 1985, S. 82-85, hier S. 84.

Systems aus ortsfesten Radaranlagen sowie CRC. Der Bedrohung durch Tiefflieger konnte die junge Luftwaffe im Bereich Europa Mitte nicht viel mehr als den LRB entgegensetzen. Dessen Möglichkeiten waren durch die reine Luftraumbeobachtung mittels Auge/Ohr stark begrenzt und sanken angesichts der immer höheren Geschwindigkeiten der Kampfjets stetig weiter. Selbst wenn eingedrungene gegnerische Tiefflieger erkannt, zweifelsfrei identifiziert und zügig weitergemeldet werden konnten, betrug die Vorwarnzeit für eigene Standorte und Verbände nur wenige Minuten.

Das allmähliche Zusammenwachsen und die Modernisierung der Luftraumüberwachungskapazitäten im Zuge des NADGE-Programms änderten zu wenig an dieser kritischen Situation, da auch die neuen Systeme weitgehend „tieffliegerblind" waren. Große Hoffnungen wurden daher in die schon seit der ersten Hälfte der 1960er Jahre vorangetriebene Ausrüstung des LRB mit mobilen Kleinradargeräten gelegt. Als diese in Form der MPDR 30/1 ab 1971 der nun in TMD umbenannten Truppe zuliefen, blieben die erzielbaren Ergebnisse hinter den Erwartungen zurück. Dies lag vor allem an der mangelnden Integrierbarkeit der Geräte in das bestehende und bereits teilautomatisierte Luftverteidigungssystem der NATO. Waren alle MPDR 30/1 an den Ostgrenzen wie geplant in Betrieb, konnten Tiefflieger zwar einige wenige Minuten früher als bisher aufgefasst und dank IFF/SIF auch besser identifiziert werden, jedoch mussten die Zieldaten weiterhin mündlich weitergegeben und stetig aktualisiert werden. Dies dauerte vergleichsweise lange und war fehleranfällig. Größeren Angriffsformationen hätten zudem die Kapazitäten der Radartiefflugmelder schnell saturiert und keine genauen Zielansprachen mehr ermöglicht. Das Problem entschärfte sich etwas, nachdem endlich die Zentralen eingetroffen waren. Diese konnten nun an das zuständige CRC angeschlossen werden, wobei die empfangene Tieffliegerluftlage hier nochmals bewertet, identifiziert und datenaustauschfähig gemacht werden musste, was immer noch suboptimal war, da dies zusätzliche Zeit und Aufmerksamkeit kostete. In den TMD-Zentralen konnte das Lizenzpersonal aufgrund der zusammengefassten Tieffliegerluftlage nun aber zumindest eine örtlich stark begrenzte Kapazität zur Radarleitung eigener Fliegerkräfte bereitstellen, solange die sich im Höhenband zwischen 0 und 3.000 Metern aufhielten. Da aber selbst der in Krise und Krieg aufzubauende „Doppelriegel" nur eine durchschnittliche

Erfassungsbreite von ca. 80 km aufwies[62], hätten sich eigene Abfangjäger schon sehr nahe an dem Eindringpunkt des Gegners befinden müssen, um die taktischen Vorteile einer Radarleitung durch den zwischenzeitlich in TMLD umbenannten Dienst zu nutzen. Sobald feindliche Tiefflieger den vergleichsweise schmalen Überwachungsbereich des TMD/TMLD durchstoßen hätten, wären sie höchstens noch von den Radargeräten im HAWK-Raketengürtel aufzufassen gewesen. Dies beraubte die Kommandierenden in den SOC und CRC der Möglichkeit, noch proaktiv gegen eingedrungene Tiefflieger vorgehen zu können. Angreifende Tiefflieger konnten dann nur noch mit den Mitteln des Objektschutzes und der Truppenluftabwehr bekämpft werden.

Eine angemessene Bewertung der Leistungsfähigkeit des TMD/TMLD kann nur unter Betrachtung der Rahmenbedingungen erfolgen, unter welchen der Dienst seit Anfang der 1960er Jahre konzipiert wurde. Im Zuge der damals gültigen Doktrin der „Massive Retaliation" sollte es nämlich zunächst nur ermöglicht werden, die Erfassungslücke an den Ostgrenzen der Bundesrepublik soweit zu schließen, als dass ein überraschender Tieffliegerangriff zuverlässig erkannt und gemeldet werden könnte. Da auf dieser Grundlage gegebenenfalls bereits schwerwiegende nukleare Gegenmaßnahmen getroffen worden wären, reichte eine reine „Stolperdrahtfunktion" vollkommen aus. Diese Idee stand schließlich auch Pate bei der Entwicklung der technischen Ausrüstung. Auch weil die längerfristige Verfügbarkeit der frontnah eingesetzten Systeme nach Ausbruch der Kampfhandlungen ausgeschlossen werden konnten, wurde eine volle Integrationsfähigkeit ins NADGE von vorneherein nicht eingeplant. Dass der TMD/TMDL nach endlich erfolgter Ausrüstung mit Radargeräten und Zentralen den veränderten Einsatzgrundsätzen der Strategie der „Flexible Response" (seit 1967/68) nur eingeschränkt genügen konnte, darf daher nicht verwundern.

Die lange gewünschte Schließung der „Tieffliegerlücke" konnte erst mit der Einführung der AWACS und nach erfolgter Ertüchtigung der CRC im Rahmen des NAEGIS-Programms erreicht werden, also in der zweiten Hälfte der 1980er Jahre. Die Möglichkeiten der NATO-E-3A stellten nicht nur im Bereich der flexiblen und weiträumigen Luftraumüberwachung einen Quantensprung dar, sondern auch in puncto Führungsfähigkeit. Die AWACS-Besatzungen konnten angreifende Feindflugzeuge nicht nur weit

---

[62] Vgl. Pointner, TM-Abteilungen (wie Anm. 16), S. 17.

132

vor dem Überschreiten der Grenzen auffassen, sondern auch Abfangjäger punktgenau zu den Zielen führen. Dies ermöglichte erstmals eine koordinierte und proaktive Tieffliegerjagd.

Zu dieser Zeit galten die MPDR 30/1 des TMLD als technisch veraltet, eine Modernisierung wurde daher nicht in Betracht gezogen. Die mangelhafte Störfestigkeit und unzureichende Falschalarmraten sowie das absehbare Ende der wirtschaftlichen Versorgung mit Ersatzteilen führten daher schon vor der Wiedervereinigung zu dem Entschluss, die Geräte bald auszumustern[63]. Dass das Ende des MPDR 30/1 nicht automatisch auch das Ende des TMLD hätte sein müssen, deuten u. a. Studien aus dem Jahre 1986/87 an[64]. Grundlage war das Bewusstsein darüber, dass auch die AWACS aufgrund der zeitlich begrenzten Einsatzzeiten keine ununterbrochene Überwachung des unteren Luftraumes garantieren konnte. Daher wurden Fragen zur Ausrüstung und Integration einer zukünftigen Luftraumüberwachungstruppe im Rahmen des einzuführenden ACCS-Systems ernsthaft untersucht. Die NATO plante, ACCS (Air Command and Control System) als Ersatz für die alternde Gefechtsstandelektronik der NADGE-Ära im Laufe der 1990er Jahre in allen europäischen CRC einzurüsten. Die Gedanken zu einer neuen Tieffliegerüberwachungskomponente wurden durch die fundamental veränderte Sicherheitslage nach Ende des Kalten Krieges allerdings nicht mehr weiterverfolgt. Angesichts der neuen außenpolitischen Situation nach der Wiedervereinigung erlebte auch der TMLD ein schnelles Ende. Der Dienst wurde am 14. Dezember 1990 offiziell aufgelöst. Während das Material in den Verkauf gelangte oder verschrottet wurde, konnte ein großer Teil des Stammpersonals in den Radarführungsdienst (seit 2004 Einsatzführungsdienst) überführt werden, wo bis heute einige ehemalige TMLD-Soldaten im Dienst der Luftraumüberwachung arbeiten.

---

[63] Vgl. Norgall, Integration (wie Anm. 36), S. 10-11.
[64] Vgl. hierzu z. B. die Gesamtarbeit Norgall, Integration (wie Anm. 36).

Servatius Maeßen

Die Herausforderung des Flugabwehrraketendienstes im militärischen Alltag im Wandel der Zeit

In memoriam: meinem Freund Oberst a.D. Wilhelm von Spreckelsen (verstorben 2015)

Vorbemerkung

Der Verfasser entstammt dem Flugabwehrraketendienst der Luftwaffe. Er wurde 1967 an der Raketenschule der Luftwaffe/USA zum FlaRakOffizier(HAWK) ausgebildet. Mehr als vier Jahre war er danach im Schichtdienst eingesetzt als Einsatzoffizier in einem Bataillonsgefechtsstand. Weitere FlaRak-spezifische Verwendungen waren 1979-80 Chef einer HAWK-Batterie in Eckernförde und 1990-92 Kommandeur des Flugabwehrraketenkommandos 6 in Lenggries mit unterstellten PATRIOT-, HAWK- und ROLAND-Verbänden sowie zwischenzeitlich die kurzzeitige Übernahme der 41. Flugabwehr-Raketen-Brigade der ehemaligen Nationalen Volksarmee der DDR in Ladeburg, nördlich von Berlin, nach der Wiedervereinigung 1990.

Die nachfolgenden Ausführungen beleuchten schlaglichtartig die vielfältigen Facetten des Dienstes in der Flugabwehrraketentruppe der Luftwaffe im militärischen Alltag über mehr als fünf Jahrzehnte[1].

NATO-Unterstellung und NATO-Verfahren

Die ersten NIKE-Batterien wurden 1961, die ersten HAWK-Batterien 1968 der NATO unterstellt und wurden damit Bestandteil des europaweiten NATO Integrated Air Defence System (NATINAD)[2]. Mit dem Status als NATO Command Forces lag die Einsatzführung bereits im Frieden bei der NATO und ihren Luftverteidigungsgefechtsständen, den Sector Operation

---

[1] Neben eigenen Erfahrungen stützt sich der Verfasser auf Wilhelm von Spreckelsen/Wolf-Jochen Vesper, Blazing Skies. Die Geschichte der Flugabwehrraketentruppe der Luftwaffe, Oldenburg 2004. Vgl. dazu auch Hillrich von der Felsen/Axel B. Kleppien, Die Entwicklung des Selbstverständnisses der Flugabwehrraketentruppe. In: Die Luftwaffe 1950 bis 1970. Konzeption, Aufbau, Integration. Hrsg. von Bernd Lemke u.a. im Auftrag des Militärgeschichtlichen Forschungsamtes, München 2006 (= Sicherheitspolitik und Streitkräfte der Bundesrepublik Deutschland, Bd. 2), S. 695-711.

[2] Dazu auch Dieter Krüger: Nationaler Egoismus und gemeinsamer Bündniszweck. Das ‚NATO Air Defence Ground Environement Programe' (NADGE) 1959-1968. In: Militärgeschichtliche Zeitschrift 64 (2005), S. 333-358.

Centers (SOC). Und daran zweifelte niemand, weder in der Politik noch in der nationalen militärischen Hierarchie. Der Begriff „Parlamentsvorbehalt" stammt erst aus jüngerer Zeit. Im Gegenteil: Generationen von Soldaten der „FlaRak" waren stolz darauf, Repräsentanten von Glaubwürdigkeit, Entschlossenheit und Abschreckungswirkung des Bündnisses zu sein. Uns war auch bewusst, dass wir im Fall eines Krieges – vor allem bei einem Überraschungsangriff – Waffe der ersten Stunde sein würden.

NIKE operierte in der High Missile Engagement Zone (HIMEZ), das Waffensystem HAWK in der Low Missile Engagement Zone (LOMEZ) im NIKE- und HAWK-Gürtel. Und obwohl diese Zonen sich horizontal berührten und vertikal überlappten, wusste man sehr wenig bis nichts voneinander. Das wird an anderer Stelle noch zu bewerten sein.

Getreu dem NATO-Leitmotiv „Wachsamkeit ist der Preis der Freiheit!" war die FlaRak im Kalten Krieg neben der weiträumigen Luftraumüberwachung, der Fernmelde-Elektronischen Aufklärung und den Nachrichtendiensten ein wichtiger Garant zur Aufrechterhaltung der 48 Stunden-Vorwarnzeit vor einem möglichen Angriff, von der wir damals ausgingen.

Ausdruck der Wachsamkeit waren Defence Readiness Postures (DEFREPs), die lageabhängig den Bereitschaftsgrad der Flugabwehrraketen- und anderer Luftverteidigungssysteme anpassten.

Die geforderten Reaktionszeiten bis zur Feuerbereitschaft beliefen sich zwischen 5, später 20 Minuten, über 3 oder 6 Stunden, bis zu 12 Stunden. Anfangs waren im „DEFREP NORMAL" pro Bataillon der Bataillonsgefechtsstand und eine Batterie in 5 Minuten-, 2 in 3 Stunden- und eine in 12 Stunden-Bereitschaft. Diese Quotierung lockerte sich leicht mit Beginn des Ost-West-Entspannungsprozess Mitte der 1970er Jahre.

Aber in jedem Fall bedeutete das Schichtdienst: rund um die Uhr, sieben Tage die Woche, Jahr für Jahr!

Die Stundenbelastung

Der Friedens-Stärke- und Ausrüstungsnachweis der Bundeswehr (früher STAN, heute: SollOrg) einer Stabs- und Flugabwehrraketenbatterie war ausgelegt auf drei Kampfbesatzungen, also auf den Schichtfaktor „3". Zum Vergleich: Der Radarführungsdienst fuhr seinen Einsatz mit Schichtfaktor „4"…

Unter den Rahmenbedingungen „1 Tag in der Woche Anwesenheit der kompletten Batterie" und „Zeitbedarf für Übergabe/Übernahme bei Schichtwechsel" kamen dann durchschnittlich 72 Wochenstunden zusammen. Und in Urlaubsphasen, wenn de facto mit zwei Schichten gefahren wurde, konnten Spitzenzeiten bis zu 90 Wochenstunden erreicht werden. Diesen im Vergleich zur öffentlichen Arbeitszeitentwicklung Anachronismus erduldete das Personal der Flugabwehrraketentruppe mit gemischten Gefühlen: einsichtig, gottergeben oder stoisch, geduldig oder mit sarkastischem Stolz; schließlich war diese Stundenbelastung ein Alleinstellungsmerkmal in der Luftwaffe. Mit Einführung einer 4. Kampfbesatzung Mitte der 1980er Jahre entspannte sich die Stundenbelastung. Die Wiedervereinigung 1990 markierte das Ende der Defence Readiness Postures alter Art und das Ende des regelmäßigen Schichtdienstes.

Die Dislozierung

Von einzelnen Ausnahmen abgesehen waren Kasernen und Einsatzstellungen der FlaRak in der Einöde disloziert. Die Standorte hatten so anheimelnde Namen wie Westertimke, Stegskopf, Wiesmoor, Sanitz, Scheyern oder Adelheide. Und lagen meist fernab jeglicher größeren Stadt. Die Ortswahl erfolgt ausschließlich unter operativen Gesichtspunkten: dem von Nord nach Süd verlaufenden NIKE- und HAWK-Gürtel.

Der Vorteil: günstige Mieten, falls Wohnraum auf dem Markt war; billige Grundstücke für das Eigenheim. Nachteile: Wertzuwachs für die eigene Immobilie war nicht zu erwarten, weiterführende Schulen, Universitäten, Ausbildungsplätze und Arbeitsmöglichkeiten für die Ehefrau waren dünn gesät oder weit entfernt. Das heißt: Attraktivität geht anders. – Generalleutnant a. D. Bernhard Mende brachte es mit folgendem Rat auf den Punkt: „Jungs, wenn Ihr eine Wohnung sucht, achtet darauf, dass die nächste Rolltreppe für die Mädchen höchstens 30 Fahrminuten entfernt ist!"

War die operativ notwendige Dislozierung schon im subjektiven persönlichen Empfinden – von einigen Ausnahmen abgesehen – eine Zumutung, potenzierte sich das bei den Lebensbedingungen in der Stellung.

Die Lebensbedingungen in den Stellungen

In den Anfangsjahren der Flugabwehrraketentruppe waren Provisorien der Regelfall. Provisorium bedeutet: Improvisation perfektionieren! Diese Fähigkeit haben sich Generationen angeeignet, kampfwertgesteigert und bis heute nicht verlernt. Nennen wir es positiv: Phantasie, Kreativität, eigenständiges, lösungsorientiertes Handeln, „no problems, but challenges", „hilf Dir selbst, so hilft Dir Gott" – das ist beste FlaRak-Attitude.

Beim Ausbau der permanenten Einsatzstellungen galt die Devise: Waffensystem hat Priorität vor Unterbringung, also Material vor Mensch. Die Folge: Baracken und Feldhäuser als Unterkunft, unzureichende sanitäre Einrichtungen, Ölöfen als Heizung.

Ich erinnere mich: morgens 6 Uhr im BOC (Battailon Operation Center); ein Raum 2,50 auf 3,50 Meter, fünf Menschen; zwei am Handwaschbecken Zähne putzend, zwei am Pinkelbecken, einer auf der Schüssel; jede Tätigkeit ein eigenes Geräusch, ein eigener Geruch, vier Jahre lang … Oder: *ein* Allzweckraum für Essen, Unterricht, Aufenthalt, Fernsehen, noch kein Rauchverbot.

Offizier-, Unteroffizier- und Mannschaftsheim in der Kaserne, ebenso Sporthalle, Sportplatz, Fitness-Raum, Kfz-Hobbyshop. Aber das alles dort wenig genutzt. In der Stellung, da wo die Musik spielte, wo die Menschen sich überwiegend aufhielten, fehlte es.

Zum Teil lange Fahrstrecken auf der Ladefläche des LKw MAN 5to zwischen Unterkunft und Stellung. Das geht auf die Stundenbelastung und auf's Kreuz.

Der KvD (Kraftfahrer vom Dienst) als Essenfahrer transportierte die Truppenverpflegung anfangs in Essenbehältern, die abgesägten Benzinkanistern glichen. Je nach Fahrweise und Straßenzustand kam es schon einmal vor, dass die Vanillesoße das Gulasch versüßte und die Kartoffeln in der Suppe schwammen. Die Mixtur nahm weder Rücksicht auf Status noch Dienstgrad. Mit Thermobehältern, Austeilküchen und einer Küchenfrau im Tagesdienst verbesserte sich die Lage später spürbar.

Diese Lebensbedingungen, gemeinsam ertragen, schufen Nähe, schweißten zusammen: first class teambuilding!

Mancher wird sich fragen, wie die FlaRak unter den bisher geschilderten Umständen personell überleben konnte. Schließlich galt es zu ihren Hochzeiten eine Soll-Stärke von über 20.000 Mann zu garantieren (heute sind es gerade einmal 2.300).

Die Personallage

Die Dienstpostenstruktur auf Batterie- und Bataillonsebene konnte sich sehen lassen, z.B. der Operator und Maintainance-Mann jeweils auf der Meisterebene, also Feldwebel bis Hauptfeldwebel. Später, als mit der Einführung von PATRIOT das Personal zu straffen war, wurde der Operator/Maintainer in Personalunion kreiert.

Die technik-orientierte Fachausbildung war modern und damit attraktiv. Und natürlich sorgten die Lehrgänge an der Raketenschule der Luftwaffe in Fort Bliss/Texas und bei anderen US-Einrichtungen in den Vereinigten Staaten für einen Attraktivitätsschub, ohne den der FlaRakDst sein personelles Soll nicht erfüllt hätte. Großen Anteil an der personellen Einsatzbereitschaft hatten die Wehrpflichtigen (solange es sie noch gab…): ca. 60 Prozent bei NIKE und 40 bis 50 Prozent bei HAWK waren die Regel. Nicht selten füllten sie vollwertig die Lücken bei den Unteroffizieren ohne Portepee aus. Wegen der hohen Sicherheitsvorgaben und erwünschter Englischkenntnisse erfolgte die Zuschleusung größtenteils aus der oberen Qualitätshälfte der Wehrpflichtigen, Abiturienten waren nicht Zufall, sondern eher die Regel.

Bei deutlich geringeren Personalstärken heute sind Redundanzen kaum noch vorhanden. Vakanzen aufgrund von Ausbildung oder Spezialaufgaben können zudem nicht mehr durch Wehrpflichtige und auch nicht durch Freiwillig Wehrdienstleistende ausgeglichen werden.

Das Innere Gefüge und die Ausbildung

Das Innere Gefüge wurde geprägt von der hohen Identifizierung mit der Kampfgemeinschaft. Das Zitat „Herr Major, ich verpflichte mich als Zeitsoldat, wenn ich nach der Ausbildung wieder in meine Kampfbesatzung zurück komme", war dafür nur ein typisches Beispiel. Das gemeinsame Erleben, das Durchstehen von Höhen und Tiefen, das enge Zusammenleben — das förderte die soziale Kompetenz, war auf Empathie und Kameradschaft angewiesen. Erfolg war nur im Team möglich. Weil die Teamleistung die Summe der Einzelleistungen quer durch Dienstgrade und Funktionen war, genoss jeder im Team individuelle Anerkennung.

Der so gewachsene Teamgeist, der die Jahre und Waffensysteme überdauerte, war phänomenal und prägend für unsere Höchstleistungen und unser Image. Gestärkt haben diesen Teamgeist auch tragische Ereignisse im FlaRak-Alltag: Beim Absturz eines Kampfflugzeugs in die Übungsstellung

Brockzetel kamen fünf FlaRak-Soldaten am 7. August 1963 ums Leben. Im Anflug auf Kreta stürzte am 9. Februar 1975 eine TRANSALL in die „Weißen Berge", keiner überlebte, 42 Tote, davon 35 FlaRak-Soldaten. Und in der Stellung Krempel verunglückten zwei Soldaten tödlich, als eine HAWK-Rakete auf dem Startgerät am 22. September 1976 explodierte.

Begriffe wie Waffensystemausbildung, Crosstraining, Crewtraining, allgemeinmilitärische Ausbildung, Zweitfunktionsausbildung illustrieren Breite und Tiefe der Ausbildungsvorgaben. Ohne im Detail darauf einzugehen, bleibt festzuhalten:

Zu Zeiten des Schichtdienstes stand wegen der Anwesenheit rund um die Uhr, wegen der unbegrenzten Verfügbarkeit der Waffensysteme abends, nachts und an Wochenenden Ausbildungszeit für die Einzel- und Teamausbildung im Überfluss bereit.

Mit Wegfall des Schichtdienstes 1990 endete dieser beneidenswerte Zustand abrupt. Im Tagesdienst mussten sich Technik und Taktik die Waffensysteme für ihre jeweilige Aufgabe teilen. Der Koordinationsaufwand stieg erheblich. Er wurde geringfügig abgefedert durch Kürzungen des Personalumfangs. – Ein Seitenaspekt: Während der Schichtdienstphase hat so Mancher sein Einkommen durch genehmigte Nebentätigkeiten im „Schichtfrei" aufgebessert. Das entfiel nun. Aber wie sagte ein Zeitzeuge: „In FlaRaktypischer Manier nahmen wir die neue Zeit als gegeben hin und machten das Beste daraus!"

Heute ist die Verfügbarkeit von einsatzbereiten Waffensystemen das größte Problem. Improvisation, Verschiebungen, Ausfälle sind nicht sehr motivierend. Im Vergleich zu sehr viel früher sind Erhalt und Steigerung der Leistungsfähigkeit und Teambildung eine deutlich größere Herausforderung. Und auch die Aussetzung der Wehrpflicht hinterlässt bis heute Spuren. Ein Übriges tut die seit Kurzem gültige Soldatenarbeitszeitverordnung dazu.

Die Überprüfungen

Eine Fülle an Überprüfungen, national und NATO-seitig, taktischer, technischer oder sicherheitsrelevanter Natur, war prägend für den Alltag dieser Truppe.

Jede dieser Überprüfungen lief nach strengen Drillprocedures und detaillierten Checklisten ab. Zielgruppe der Prüfung waren in der Regel die Kampfbesatzung oder die Batterie, die später dann Staffel hieß. Dies führte zu einem äußerst verengten Blick auf den Wirkverbund Luftverteidigung. Bei dem simulatorgestützten „Combat Readiness Test" musste die Feuerleitcrew den Eindruck haben, alleine gegen die über 4.000 Kampfflugzeuge des Warschauer Pakts kämpfen zu müssen. Ein „overrun" der Batterie/Staffel war für das Testergebnis tödlich.

Das Jahresschießen „Annual Service Practice (ASP)" zählte zwar zu den Erlebnishöhepunkten des Jahres. Aber die Beachtung von Sicherheitsbestimmungen war ergebniswichtiger als die Fähigkeit zur Lagebeurteilung und taktischen Entschlussfassung.

Und bei den Taktischen Überprüfungen (Tactical Evaluation, TacEvals) der NATO wurde der Höhepunkt von unrealistischer Show und kostspieligem Realitätsverlust erreicht. Ein gefährlicher Trend! Die nuklearspezifischen Überprüfungen „Nuclear Safety Inspection (NSI)" und „Joint Safety Inspection (JSI) bei den entsprechenden NIKE-Batterien waren ein Musterbeispiel an Drillkarten- und Checklistenmanie.

All diesen Tendenzen in die falsche Richtung setzte das System der „Vergleichenden Batteriebewertung" die Krone auf. In sicher guter Absicht Anfang der 1970er Jahre erfunden von einem HAWK-Regimentskommandeur, wurden batterieweise Prüfergebnisse, Personallagen, Sportergebnisse, Sammelergebnisse, unfallfreie Kilometer und Kfz-Unfälle, Disziplinarfälle und Beschwerden gewichtet und mit Punkten bewertet. Dabei spielten Batterieeigentümlichkeiten wie Besonderheiten der Dislozierung, nicht zu verantwortende Personalengpässe u.ä. keine Rolle. Am Ende des Jahres wurden die Bataillons- und Regimentssieger gekürt und in der Person des Batteriechefs präsentiert. Die Auswirkungen auf das Innere Gefüge, die Hilfsbereitschaft untereinander und die Kameradschaft mag sich jeder ausmalen.

Unterm Strich: Natürlich war über die Jahrzehnte das System von Überprüfungen leistungsfördernd und -bestimmend und hat zur hohen Professionalität der FlaRak-Truppe maßgeblich beigetragen. Der Preis aber waren die Prüforientierung auf Kosten der Auftragsorientierung im FlaRak-Alltag und die mentale Fixierung auf das Einzelwaffensystem. Der Gedanke des Wirkverbundes fand lange Zeit keinen genügenden Raum.

Die Übungen

Diesem Gedanken kam man näher durch das Übungsgeschehen. Ich meine nicht die Verlegeübungen im Batterie- und Bataillonsrahmen, die wöchentlichen Synthetic Air Defence Exercises mit dem Sector Operation Center, sondern die NATO- und nationalen Großübungen: Hierzu gehörten und gehören mit Abstrichen immer noch die Live Exercises der NATO-Luftstreitkräfte in Mitteleuropa unter Beteiligung fliegender und bodengebundener Systeme. Zu erwähnen sind europaweite NATO-Stabsrahmenübungen mit ziviler Beteiligung oder nuklearem Schwerpunkt. Bemerkenswert sind die gemischte Stabsrahmen- und Live-Übung JPOW zur Flugkörperabwehr ab 1996 oder die US/D/NL-Live Übung ROVING SANDS im Grenzraum Texas und New Mexico. Nicht vergessen werden darf die Teilnahme an den fordernden Großübungen des Heeres in den jeweiligen Korpsabschnitten in Schleswig-Holstein sowie im Bereich der 2. und 4. Allied Tactical Air Force.

Diese Übungen öffneten den Blick auf bewegliche Operationen, auf die Fähigkeiten des Partners in der Luft und auf dem Gefechtsfeld, sie förderten das Verständnis für den taktischen Dreiklang von Raum, Zeit und Kräften und die Notwendigkeit zur TSK-übergreifenden Koordinierung. Sie minderten das Gefühl der Einsamkeit im Kampf gegen den Warschauer Pakt, waren starke Gemeinschaftserlebnisse und waren Blütezeit der Improvisation beim Leben im Felde.

Als Reminiszenz an die Vielzahl der Regimentskommandeure FlaRak sei das Air Defence Operations Liaison Team (ADOLT) erwähnt. Das war der Verteidigungs-Auftrag von Teilen des Regimentsstabs. Sein Platz war der Korpsgefechtsstand des Heeres, seine Aufgabe die Beratung des Kommandierenden Generals in Luftverteidigungs-Angelegenheiten und die Koordinierung des Flugabwehr-Einsatzes mit dem Heeres-Flugabwehr-Führer des Korps.

Anfang der 1980er Jahre, mit den Waffensystemen PATRIOT und ROLAND am Horizont, wuchs die Erkenntnis, im größeren Luftverteidigungsverbund zu denken.

Der Luftverteidigungsverbund

Mit der Entfernung vom Gürtelprinzip und der Entwicklung von FlaRak-Clustern zum Schutz wichtiger Räume und Objekte wurde der Zwang zu waffensystemübergreifendem Denken und Handeln evident. Der Einsatz der ROLAND-Staffeln zum Objektschutz an Einsatzflugplätzen förderte das Verständnis für Belange aller Arten von Luftstreitkräften. Anfängliche Vorbehalte der Flieger gegen die Bodenständigen verschwanden rasch, als man merkte, dass sich der Luftverteidigungs-Objektschutz nicht nur positiv auf TacEval-Noten auswirkte, sondern auch die Überlebenschancen im Ernstfall deutlich verbesserte. Das Ende von ROLAND aus struktureller Sicht entschied sich 2003 genau zu dem Zeitpunkt, als mit dem luftverlastbaren ROLAND der Luftwaffe – das Heer hatte dieses Waffensystem auf Schützenpanzerfahrgestellen und war nicht luftbeweglich – eine reaktionsschnelle Luftverteidigung-Variante für das erweiterte Aufgabenspektrum der Bundeswehr einführungsreif war.

Der Luftverteidigungs-Verbundgedanke wurde befördert durch „LV-Seminare", Übungsanlagen und Berücksichtigung in der Ausbildung. Besonders augenfällig wurde der Wirkverbund dokumentiert im Wandel des Jahresschießens auf Kreta vom Einzelabschuss auf Batterie-/Staffel-Ebene zum Taktischen Schießen im FlaRak-Verbund.

Fazit

Das heutige, moderne „Leitbild der Fla- und FlaRak-Truppe" ist historisch gewachsen. Es ist die Ableitung der Entwicklungen, Erfahrungen, Erkenntnisse und Erlebnisse aus mehr als 50 Jahren Flugabwehrraketentruppe und Flugabwehr.

NATO-Integration im Alltag, streitkräftegemeinsames und multinationales Denken, Professionalismus als Verpflichtung, gelebte Einsicht in hohe Einsatzbereitschaft, Hingabe zum Auftrag, Offenheit für neue Entwicklungen, Optimismus und Selbstbewusstsein, Empathie und Kameradschaft sind in Jahrzehnten unter unterschiedlichen sicherheitspolitischen Rahmenbedingungen gewachsen und selbstverständlich geworden.

Der Blick für das Machbare, die Fähigkeit, Unmögliches möglich zu machen, die Bereitschaft, veränderte Lagen zu akzeptieren und zu optimieren, Einsichtsfähigkeit und Opferbereitschaft runden das Bild der FlaRak- und Fla-Truppe ab. Sie ist aus 60 Jahren Luftwaffe nicht weg zu denken, hat die Luftwaffe mitgestaltet und mitgeprägt. Das ist Grund, stolz zu sein, und selbstbewusst Teil der Zukunft der Luftwaffe zu sein und zu bleiben.

Leitbild der Fla- und FlaRak-Truppe

Wir…

- sind ein einsatzbereiter und schlagkräftiger Teil der integrierten Luftverteidigung.

- richten unser Denken und Handeln streitkräftegemeinsam, professionell und multinational auf den Einsatz aus.

- stellen uns den Herausforderungen hoher Einsatzbereitschaft.

- tragen mit unseren einzigartigen Fähigkeiten zum Schutz Deutschlands und seiner Verbündeten gegen Angriffe aus der Luft bei

- verstehen Technik, sind lernbereit, innovationsfähig und überzeugt von der Zukunftsfähigkeit unserer Waffe.

- begreifen soziale Kompetenz, Toleranz und Kameradschaft als Grundlage für unseren Erfolg.

- sind uns der Tradition und Geschichte der bodengebundenen Luftverteidigung der Bundeswehr bewusst und bewahren diese für zukünftige Generationen.

Missile Away!

Den Angehörigen des Fla- und FlaRakDst gebe ich das Motto einer PATRIOT-Staffel des Flugabwehrraketen-Geschwaders 22 in Penzing mit auf den Weg:

„Don't worry, be happy!"

Don't worry – gehen Sie mit Hoffnung und Zuversicht in die Zukunft. Luftverteidigung mit bodengebundenen Waffensystemen tut Not – heute, morgen und übermorgen! Und wenn es nicht anders sein soll, werden Sie Ihren Weg auch außerhalb der Fla und FlaRak machen. Das Rüstzeug dazu hat Ihnen Ihre Waffe vermittelt.

Be happy – seien Sie stolz, zur Fla und FlaRak zu gehören, machen Sie das Beste aus dem, was Sie haben, freuen Sie sich an dem halb vollen Glas und ärgern Sie sich nicht über das halb leere – im Dienst und nach Dienst.

„Missile away!" – „Ad multos annos!"

Udo Beitzel

Ein Beitrag zur Geschichte der Heeresflugabwehr

Einführung

In Anbetracht der derzeitigen Lage der mittlerweile aufgelösten Heeresflug-abwehr wird es sich kaum vermeiden lassen, dass dieser Beitrag einige nos-talgische Elemente enthält. Gemeinsames und Trennendes wird an den Be-rührungs- und Wendepunkten der Flugabwehr von Heer und Luftwaffe sichtbar; so zum Beispiel bei dieser Kranzniederlegung am Denkmal für die Gefallenen der Flakartillerie beider Weltkriege in Berlin-Steglitz. Anlass war der Tag der Heeresflugabwehr unserer Gemeinschaft im Herbst 2015 in Berlin.

Es ist bekannt, dass die Flakartillerie der früheren Wehrmacht keine Heeresuniform, sondern die der Luftwaffe trug. Ihr Name deutet jedoch auf die Ursprünge des Kampfes gegen die Luftbedrohung hin. Der dokumen-tierte Einsatz spezieller Waffen gegen Luftfahrzeuge fand wohl erstmals im Deutsch-Französischen Krieg 1870/71 statt. Bei der Belagerung von Paris versuchten französische Truppen Nachrichten mit Ballons nach außerhalb zu befördern. Zur Bekämpfung wurde von der Firma Krupp ein 3,7 cm-Geschütz so modifiziert, dass es auf einem Pferdewagen mobil gemacht werden konnte. Die Erfolge waren mäßig.

Der Name *„Ballonabwehrkanone"* hielt sich bis in den Ersten Weltkrieg und am Ende auch der Name *„Flakartillerie"* beim Heer in den Bataillonsna-men bis 1959. Die Waffen hatten sich längst von denen der Artillerie ent-fernt. Eine Zuordnung im Heer zur Artillerie wurde in dieser Zeit auch nicht mehr ins Auge gefasst. Die Auseinandersetzung über die Zugehörigkeit der Heeresflugabwehr wurde zunächst 1964 gelöst – und bisher wohl abschlie-ßend 2012.

In Berlin-Steglitz betreut eine Gruppe unserer Gemeinschaft mit der dortigen Reservistenkameradschaft dieses Denkmal, von dem wir das Wahr-zeichen unserer Truppengattung, den *Bogenschützen von Professor Felix Kupsch*, entlehnt haben.

Im Wappen der Heeresflugabwehrschule, das aus dem Wappen der Flak-artillerieschule Rerik (wiederum Luftwaffe) entwickelt wurde, finden wir ihn in stilisierter Form wieder, zusammen mit den Initialen FAS und dem Rundbogen (auch als „Fla-Himmel" bezeichnet).

Die Flugabwehrschule

Die Heeresflugabwehrschule in Rendsburg stand für Gemeinsames von Heer und Luftwaffe. Sie unterstand zunächst der Luftwaffe, bis sie im Oktober 1964 mit der Überlassung der *FlaK 40 L70* an das Heer übergeben wurde. Der damalige Kommandeur, Oberst Hans Rochlitz, blieb im Amt. Er wechselte nur die Uniform, so wie eine Reihe anderer Offiziere und Unteroffiziere. Bemerkenswert war, dass die Übergabe der Schule an das Heer mit einer Namensgebung für die „Flak-Kaserne" Rendsburg verbunden war. Sie wurde nach Generaloberst Günther Rüdel, dem ersten Inspekteur der Flakartillerie der Luftwaffe und Gegner einer Heeresflugabwehrtruppe in der Wehrmacht, *„Rüdel-Kaserne"* benannt. Ganz ohne Luftwaffe ging es allerdings in der Folgezeit an der Schule nicht weiter. Auf dem Flugabwehrschießplatz Todendorf wurde die Fliegerabwehrausbildung an der 20mm-Zwilling-Kanone der Luftwaffe betrieben und die Einführung des FlaRakRad ROLAND führte später wieder zu einer Luftwaffen-Inspektion in Rendsburg und dem gemeinsamen ROLAND-Schießen auf Kreta.

Mit der langsamen schrittweisen Aufgabe der Kernbewaffnung der Heeresflugabwehrtruppe nahm das Schicksal zunächst für die Kaserne und dann für die Truppengattung seinen Lauf: Zunächst wurde das Waffensystem ROLAND 2005 aufgegeben und 2009 wurden die „Reste" der Heeresflugabwehrschule in das Ausbildungszentrum Munster eingegliedert. 2012 wurde mit der Aufgabe des GEPARD die Truppengattung aufgelöst und die bodengebundene Luftverteidigung in der Luftwaffe zusammengefasst, allerdings ohne nennenswerte Kräfte zum Schutz der Kampftruppen des Heeres.

Die Gründe waren eine geänderte Auffassung von den Aufgaben des Heeres: man sah anlässlich der Lage in Europa „herkömmliche" Kampfeinsätze und die Vorbereitung darauf als relativ unwahrscheinlich an und die hohen Kosten zur Erhaltung der Waffensysteme taten ein Übriges. Letzteres ist allerding kritisch zu betrachten, wenn man weiß, dass in den vergangenen Jahren einige Milliarden Euro im Rüstungshaushalt nicht ausgegeben werden konnten.

Flugabwehr zum Schutz des Heeres

Vom Schutz der Luftverteidigungskräfte konnten die vorne eingesetzten Heereskräfte regelmäßig nicht profitieren. Geographie, Gelände, Flughöhen und Kampfweise ließen das nicht zu. Die HDV 100/100, *Truppenführung im*

Heer, von 1973 beschreibt daher den Auftrag der im Heer integrierten Flugabwehr wie folgt: „Die Heeresflugabwehrtruppe führt den Kampf gegen Luftfahrzeuge, die in niedrigen und mittleren Flughöhen fliegen und schützt Truppen und ihre Einrichtungen sowie wichtige Anlagen gegen Angriffe und Aufklärung aus der Luft. Sie kann auch ohne Bindung an Objekte oder Truppen Luftfahrzeuge des Feindes bekämpfen. Sie ist mit *Panzerflugabwehrkanonen, Feldflugabwehrkanonen* und mit *Flugabwehrraketen* ausgerüstet. Panzerflugabwehr schützt vornehmlich gepanzerte Truppen, Feldflugabwehr hauptsächlich wichtige Objekte. Aufklärungskräfte der Heeresflugabwehrtruppe überwachen den Luftraum, auch unabhängig von der Sicht. Sie liefern Unterlagen zur ständigen Beurteilung der örtlichen Luftlage. Die Heeresflugabwehrtruppe arbeitet eng mit den Luftstreitkräften zusammen. Bei der *Feuerregelung* ist sie an die Weisungen der zuständigen Luftverteidigungsführung gebunden. Heeresflugabwehrtruppen sollen nur in Krisenlagen im Erdkampf eingesetzt werden.“

Schematisch betrachtet war damit frühzeitig eine Organisation festgelegt, die geeignete Waffen sowie Aufklärung und Führung miteinander verbinden sollte. Für die Waffen kam es darauf an, zwei Ziele zu erreichen: den Luftfeind auf nahe Entfernung reaktionsschnell unter Feuer zu nehmen und auf weitere Entfernung mit höchster Treffsicherheit zu bekämpfen. Das Gesamtsystem wurde allerdings in den kommenden Jahrzehnten bis zur Auflösung der Heeresflugabwehrtruppe nur kurzfristig und nicht im vollen Umfang verwirklicht.

Zunächst, in der Gründungsphase der Bundeswehr, musste sich die Heeresflugabwehr mit quasi ausgemustertem Gerät der US-Streitkräfte begnügen: der Vierlingskanone Cal. 50 (M16) auf Halbkette und später bis in die 1970er Jahre mit *der Zwillingskanone Flak 40mm L60 auf Vollkette (M42)*. Der M42 war dabei bis in die 1970er Jahre das Hauptwaffensystem. Vorhaltewerte für das Schießen basierten auf Schätzung der Flugzielgeschwindigkeit und der Flugrichtung durch den Geschützführer, die in eine „Rechendose“ einzustellen waren. Deren mechanisch ermittelte Vorhaltewerte wurden auf das Reflexvisier übertragen. Der Richtkanonier hatte das Ziel hydraulisch richtend im Fadenkreuz zu halten. Als Notvisier wurde ein Kreisvisier beim Richtkanonier verwendet. Die Waffen konnten auch von Hand durch zwei Kanoniere der Höhe und Seite nach gerichtet werden. Die Feuereinheit war der Zug. Die Treffsicherheit war vor allem bei hohen Winkelgeschwindigkeiten nur mäßig. Selbst mit einer Batterie war in der Regel nur der Schutz in einem Sektor möglich. Gegen Erdziele schoss der M42 bei guter Justierung punktgenau. Schutz und Beweglichkeit im Gelände waren jedoch unzureichend und die Reichweite auf der Straße wie auch im Gelände aufgrund des hohen Benzinverbrauches gering. Zum Begleiten von Kampfpanzern LEOPARD war der M42 zudem nicht geeignet. Der nach oben offene Turm gefährdete die Besatzung insbesondere im Artilleriefeuer. Seine wirksame Kampfentfernung lag bei 1.500 Metern, bei Flugzielen im Anflug und stehenden Erdzielen bei 2.000 Metern.

Für den Erfolg der Flugabwehr ist frühzeitige Aufklärung des Luftfeindes und Vorwarnung der Feuereinheiten von hoher Bedeutung und Voraussetzung für die Feuereröffnung auf maximale Schussweite. Bis in das Jahr 2000 konnten allerdings nur Flugspuren zur Vorwarnung, jedoch nicht zur Feuerleitung, übermittelt werden. Zunächst wurden sie durch Radargeräte TPS 1E und ein Netz von Luftraumbeobachtern gewonnen und durch Funk übertragen.

Auf der Bataillonsebene konnte eine Datensammlung und -auswertung im „Auswertewagen" stattfinden. Hierzu wurden die Flugspuren in Spiegelschrift auf eine Plexiglasscheibe übertragen und nach Auswertung vom davor sitzenden Luftlagesprecher per Sprechfunk auf dem Flugmeldekreis an die Feuerleitenden weitergegeben. Parallel konnten Fliegerwarnungen auch auf dem Divisionsrundstrahldienst an alle Truppen weitergegeben werden. Die Meldungen der Luftraumbeobachtungstrupps wurden in der Regel direkt auf dem Flugmeldekreis übermittelt. Unabhängig vom Flugmeldedienst des Bataillons wurden in den Flak-Zügen eigene Luftraumspäher eingesetzt, die in einem festgelegten Sektor den Luftraum absuchten und bei Entdeckung von Zielen alarmierten. Flugzeugerkennungsdienst war daher in den Flugabwehr-Bataillonen ein wichtiges Ausbildungsgebiet.

Die Übertragung von Flugmeldungen der integrierten Luftverteidigung wurde auf Übungen immer wieder erprobt. Sie scheiterte an den schlechten Übermittlungswegen und der geringen Möglichkeit, tieffliegende Luftfahrzeuge im Wirkungsbereich der vorne eingesetzten Flugabwehr aufzuklären.

Insgesamt war die Fla-Aufklärung lange Zeit der Schwachpunkt der Heeresflugabwehr. Die Radargeräte TPS 1E (1x in der Division) waren unzureichend in der Leistung, leicht störbar und durch ihre exponierten Stellungen ausschaltbar. Auch der Luftraumspähdienst konnte nur ein Behelf sein.

Die Kommunikation in den untersten Führungsebenen erfolgte in der Regel durch Zeichen. Der M42 verfügte bereits über eine Bordsprechanlage, die überwiegend in der Bewegung benutzt wurde. Ansonsten wurde über Zeichen geführt. In den Zugstellungen waren alle Elemente maximal 100 Meter voneinander entfernt. Man konnte sich sehen. Kommandos des Zugführers erfolgten meist nach Ankündigung durch Trillerpfeife und/oder durch optische Zeichen. Für Befehlsausgaben waren die Geschützführer schnell beim Zugführer versammelt. Dem Zugführer fiel die entscheidende Rolle als Adressat von Flugmeldungen und Fla-Kampfführungsbefehlen zu. Die Verbindung zum Schutzobjekt hielt in der Regel die Batterie. Während der Zug die Feuereinheit war, war die Batterie für ein Schutzobjekt zuständig.

Wesentliche Elemente für den Flugabwehrkampf waren Feuerregelungen und *Bereitschaftsgrade*. Bereitschaftsgrade regelten die Feuerbereitschaft des Zuges. Bei *Bereitschaft 0* musste sofort der Feuerkampf aufgenommen werden. Das war nicht ständig aufrecht zu erhalten. Je nach Lage wurden niedrigere Bereitschaftsgrade befohlen.

Feuerregelungen legten fest, unter welchen Voraussetzungen Luftfahrzeuge bekämpft werden durften. Sie waren Entscheidungshilfen für die Bekämpfung und dienten dem Schutz eigener Luftfahrzeuge vor irrtümlicher Bekämpfung. Sie wurden in enger Zusammenarbeit mit der Luftverteidigung festgelegt und mussten jedem Bediener einer Fla-Waffe bekannt sein. Der Schwerpunkt der Zusammenarbeit lag auf der Korpsebene (ADOLT - Flakommando).

Als Feuerregelungsstufen gab es:
- „*Feuererlaubnis*": Schießen, sofern es kein eigenes Flugzeug ist und eigene nicht gefährdet werden,
- „*Bedingte Feuererlaubnis*": Schießen nur, wenn das Flugzeug einwandfrei als Feind erkannt wurde,
- „*Feuerverbot*": Schießen nur zur Selbstverteidigung oder Verteidigung eines angegriffenen eigenen Truppenteils.

Für eigene Luftfahrzeuge gab es je nach Lage Beschränkungen in der Nutzung des Luftraumes; diese waren Voraussetzung für die Festlegung der Feuerregelung.

Das *Waffensystem L 70* wurde Ende der 1950er Jahre in die Luftwaffe eingeführt und vornehmlich zum Schutz von Flugplätzen vorgesehen. 1964 wurde es vom Heer übernommen. Zum Zug gehörten drei Kanonen und das Feuerleitgerät; sie waren zur Datenübertragung miteinander verkabelt; auch die Stromversorgung erfolgte über Kabel. Die Batterie hatte fünf Züge. Mit diesem System war ein Leistungssprung verbunden. Es war allwetter- und nachtkampffähig. Die Kanonen wurden in der Regel per Fernsteuerung betrieben, die Bedienung war dann nur zum Nachladen erforderlich.

Das Radar hatte eine Reichweite von 50 km im Suchbetrieb und im Folgebetrieb von 40 km, bei einem Rückstrahlquerschnitt von 1 qm auf 27 km.

Das System war für den Schutz im mobilen Gefecht ungeeignet, aber zum Schutz stationärer Objekte recht effektiv. Daher wurden sie Anfang der 1970er Jahre aus den Flugabwehrbataillonen der Divisionen herausgelöst, auf der Korpsebene zusammengefasst und nach Einführung von ROLAND bis Anfang der 1990er Jahre in jeweils zwei Gerätebataillonen geführt. Sie waren zum Schutz von Objekten in den rückwärtigen Gebieten vorgesehen. Durch jährliche Mob-Ergänzungsübungen wurde versucht, mit den hier eingeplanten Reservisten einen tragbaren Ausbildungsstand zu halten.

Es ist evident, dass das System Flugabwehr zu Beginn der 1970er Jahre gegenüber dem permanenten Ausbau der Luftbedrohung nicht in der Lage gewesen wäre, seinen Auftrag zu erfüllen. Der angepeilte Weg zum GEPARD und ROLAND als Teil der Fahrzeugfamilien LEOPARD und MARDER war ebenso zwingend notwendig wie die Erneuerung der *Aufkärungskomponente*.

Mit der Einführung der beiden autonomen Waffensysteme GEPARD und ROLAND ab Ende der 1970er Jahre erreichte die deutsche Heeresflugabwehr die höchste Leistungsfähigkeit aller Heeresflugabwehrkräfte in Ost und West. Da sie mit dem Suchradar eine eigene Aufklärungskomponente enthielten, konnte zunächst das Fehlen ergänzender Aufklärung verschmerzt werden. Allerdings kam es immer wieder zu Problemen im Konzept der elektronischen Tarnung, da GEPARD und ROLAND nur bei eingeschaltetem Radar effektiv kampfbereit waren. Truppenführer sahen dadurch oft die Gefahr frühzeitiger Aufklärung ihrer Gefechtsgliederung. Da beide Waffensysteme jeweils ein Ziel des Flugabwehrkampfes, schnelle Reaktion und größere Reichweite, besonders gut erfüllten, konnten sie in geeigneter Kombination den Truppenteilen des Heeres ausreichend Schutz gewähren. Teilweise wurde dies im *gemischten Einsatz* realisiert.

Der GEPARD wurde zunächst mit einem Regiment (6 Batterien zu 6 Fla-Kanonenpanzern) auf der Ebene Division geführt, der ROLAND in gleicher Weise auf der Korpsebene zusammengefasst. Zur Unterstützung der Divisionen wurden Kräfte nach Bedarf unterstellt. Die Unterteilung der Regimenter in Fla-Kampfverbände erleichterte Führung und Einsatz.

Die Ausbildung an beiden Waffensystemen musste komplex sein, damit man mit unterschiedlichen Bekämpfungsarten je nach Lage im Gelände oder bei elektronischer Störung den Kampfauftrag erfüllen konnte. So war es auch beim ROLAND möglich, den Lenkflugkörper optisch ins Ziel zu führen. Für die Ausbildung wurden hierzu Simulatoren entwickelt, die geeignet waren, unabhängig vom Flak-/FlaRakPanzer auszubilden und damit das Hauptgerät zu schonen.

Für die Struktur der Heeresflugabwehr sind folgende Zahlen in Erinnerung zu halten: Die PzFlakRgt auf der Divisionsebene besaßen jeweils 36 FlakPz, die PzFlaRakRgt auf der FlaKdo/Korpsebene ebenfalls 36 Fla-RakPz. Die Gesamtstärke der Heeresflugabwehr in der Heeresstruktur 4 betrug ca. 11.000 Soldaten, nach einer Mobilmachung wäre sie auf 17.000 Soldaten angewachsen.

Damit verfügte das Deutsche Heer über einen Flugabwehrschutz wie kein anderes Heer der NATO. In der Gesamtsicht der Verteidigungsplanung bedeutete dies, dass der untere Luftraum dort, wo das Deutsche Heer eingesetzt war, zunächst einmal über ein erhebliches Schutzpotenzial verfügte, auf das sich die integrierte Luftverteidigung abstützen konnte.

Die ergänzende Luftraumüberwachung blieb dennoch weiterhin mangelhaft. Zunächst wurden weitreichende *LÜR* (Luftraumüberwachungsradare/100 km) beschafft. Wichtiger wäre jedoch zunächst das Nahbereichsradar *TÜR* zur direkten Unterstützung der PzFlakRgt gewesen. Einige wenige konnten erst nach Aufgabe des FlaRakRad ROLAND bei Luftwaffe und Marine nach 2000 gewonnen werden.

Die Kampfwertsteigerung des GEPARD Ende der 1990er Jahre führte zum Einbau einer Rechenanlage, neuer Munition und der Anbindung an das Aufklärungs- und Führungssystem.

So verfügte die Heeresflugabwehr um die Jahrtausendwende erstmalig über ein schlankes echtes *System Heeresflugabwehr*: die Waffensysteme GEPARD und OZELOT waren mit externen Sensoren verknüpft, die untersten Gefechtsstände eingebunden und die Verbindung zur integrierten Luftverteidigung mit Schnittstellen (FAST) möglich.

Das System ROLAND war allerdings zu dieser Zeit nach dem Verzicht bei Luftwaffe und Marine auf dieses Gerät auch beim Heer ohne technische

Nutzungsdauerverlängerung quasi dem Tode geweiht. Mit den Reduzierungsschritten für die Bundeswehr wurden schließlich die „Rest-Fla-Kräfte" in einer Flugabwehrbrigade zusammengefasst und die „Restschule" in das Ausbildungszentrum Munster eingegliedert.

Zwischenzeitlich erhielt die Heeresflugabwehrtruppe als Ergänzungsbewaffnung in den PzFlak-Gruppen Fliegerfäuste, zunächst REDEYE, später STINGER. Zum Schutz leichter Kräfte wurde ab Mitte der 1990er Jahre das leichte Flugabwehr-System als Gesamtsystem (Führung, Aufklärung, Feuer) entwickelt, und in den letzten Jahren kam dann MANTIS (Modular, Automatic and Network capable Targeting and Interception System) als stationäre Flugabwehr auch gegen Mörser und Artillerie dazu.

Diese letztgenannten Systeme sind an die Luftwaffe übergeben worden. Beiden Systemen, MANTIS und dem leichten Flugabwehrsystem, ist wohl eines gemeinsam: sie wurden aus dem kurzfristig eingeschätzten Bedarf – Schutz leichter Kräfte in den 1990er Jahren, später Lagerschutz gegen diverse Waffen – entwickelt, allerdings zu diesem Zweck nicht eingesetzt.

Dies wirft ein gewisses Licht auf die Verteidigungs- und Rüstungsplanung der Bundesrepublik Deutschland. Es gelingt nicht immer, langfristige grundsätzliche Planung mit kurzfristig erkannten oder „geglaubten" Lücken zu harmonisieren. So betrachtet scheint die vorschnell entschiedene Aufgabe der Heeresflugabwehr aus Sicht des Heeres als ein möglicherweise schwerwiegender Fehler. Die Frage, ob man Heeresflugabwehrkräfte nicht bei der Luftwaffe zusammenfassen sollte, ist dabei erst in zweiter Linie von Bedeutung. Entscheidend ist vielmehr, dass man über derartige Mittel verfügt! Derzeit wird bei der aktiven und pensionierten Generalität in Heeresuniform ernsthaft überlegt, wie Teile einer „Schnellen Eingreiftruppe" z.B. im Rahmen des sogenannten Readiness Action Planes mit Fla-Schutz ausgestattet werden können. Offensichtlich sind die militärischen Planer überrascht darüber, dass dies auf Jahre hinaus kaum möglich sein wird.

Tobias Wurstner

Die Entstehung des Air and Missile Defence Committee (AMDC) bzw. seines Vorgängers, des NATO Air Defence Committee (NADC)

Das NADC wurde durch den NATO-Rat im Jahre 1980 als eine der Folgemaßnahmen des *Initiative Long Term Defence Programme* gegründet, um eine bessere Koordinierung der Verteidigungsplanungen der Alliierten in verschiedenen Ressorts zu erreichen. Die Integrierte NATO-Luftverteidigung war einer dieser Bereiche.

Maßgeblich für die Schaffung eines eigenen Rats-Ausschusses für die NATO-Luftverteidigung – und damit einer Sonderstellung für diese Domäne – waren vor allem zwei Gründe:

1. Luftverteidigung war und ist eine Aufgabe und Fähigkeit im Rahmen der Verteidigungsanstrengungen der NATO, in dem die Integration und Internationalisierung am stärksten ausgeprägt war und ist. Die Luftverteidigung des Kommandobereiches Europa ist eine Bündnisaufgabe bereits im Frieden und der SACEUR gleichzeitig auch der Luftverteidigungsbefehlshaber der NATO für Gesamt-Europa (ADC: Air Defence Commander). Die Kräfte der Integrierten Luftverteidigung waren ihm als sogenannte NATO Command Forces[1] unterstellt. Der engen Koordinierung der Planung für diese Kräfte erkannten die NATO-Mitglieder daher einen besonderen Stellenwert zu.

Im Zuge der Re-Nationalisierung nach 1989 sind heute nur noch die Air Policing Kräfte der einzelnen NATO-Staaten dem SACEUR direkt unterstellt – die Kräfte der bodengebundenen Luftverteidigung, reduziert in Einsatzbereitschaftsstufen und vor allen Dingen in ihrer Anzahl, stehen dem SACEUR erst nach nationaler Freigabe in einem Krisen- oder Konfliktfall zur Verfügung.

---

[1] Die durch Einsatzbereitschaftsüberprüfungen der NATO zertifizierten Einheiten waren bereits im Frieden in der Lage, auf entsprechende Einsatzbefehle von NATO-Gefechtsständen zu reagieren. So waren z.B. die bodengebundenen LV-Einheiten im Norden Deutschlands über die jeweiligen Bataillon Operation Center (BOC), die Control & Reporting Center (CRC) sowie Sector Operations Center (SOC) an die Allied Tactical Air Force 2 (2. ATAF) in Mönchengladbach mit ihrem verbunkerten Air Defence Operations Center (ADOC) in Maastricht/Niederlande angebunden und diesem operationell unterstellt.

2. Frankreich trat im Sommer 1966 aufgrund der Entscheidung von Präsident Charles de Gaulle aus der integrierten militärischen Struktur der NATO aus. Dennoch blieb Frankreich Mitglied der politischen Organisation der NATO. Der Austritt aus der militärischen Struktur hatte einerseits mit den Bestrebungen Frankreichs zu tun, eine unabhängige, national fokussierte (insbesondere auch nukleare) Verteidigungspolitik zu etablieren, war aber auch gleichzeitig Protest gegen die – aus de Gaulles Sicht – zu große Vorherrschaft der Vereinigten Staaten im Verteidigungsbündnis[2]. Dieser „Austritt" deutete sich indes bereits im Herbst 1960 an, als Frankreich die entsprechenden NATO-Vereinbarungen über eine gemeinsame europäische Luftverteidigung kündigte. De Gaulle vertrat die Meinung, dass Frankreich durch das integrierte Verteidigungssystem nicht ausreichend geschützt würde.

In den militärischen und militärpolitischen Gremien, die wichtige Entscheidungen trafen, die Strategie der NATO festlegten und militärische Operationen planten, war Frankreich fortan nicht mehr vertreten. Dennoch war die Zusammenarbeit der französischen LV-Kräfte mit denen der NATO auch danach besonders eng. Das NADC sollte daher das Gremium sein, welches eine enge Abstimmung der französischen LV-Planungen mit denen der NATO auf entsprechend herausgehobener Ebene ermöglichte. Auch für Spanien, das im Jahre 1980 noch nicht NATO-Mitglied und somit ebenfalls nicht in die militärischen Strukturen eingebunden war, galt schon vor seinem Beitritt zur NATO (1982) das Gleiche.

Die Gründe für das zeitweilige Ausscheren Frankreichs aus der militärischen Integration der NATO sind in der Zwischenzeit überholt: Um nationale Positionen prominent einfließen lassen und entsprechende militärische Schlüsselpositionen im Bündnis besetzen zu können sowie um auch die europäische Säule innerhalb der NATO zu stärken, wurde die Entscheidung des ehemaligen französischen Staatspräsidenten Nicolas Sarkozy, vollständig in die militärische Strukturen der NATO zurückzukehren, ab 2009 umgesetzt. Seit Frühjahr 2015 ist Frankreich, nach zum Teil sehr sensitiven politischen Verhandlungen, auch wieder Partner in der Integrierten NATO-Luftverteidigung.

---

[2] Vgl. Burkhard Schmitt, Frankreich und die Nukleardebatte der Atlantischen Allianz 1956 bis 1966, München 1998.

Mit der Entscheidung der Staats- und Regierungschefs beim NATO-Gipfel in Lissabon 2010, gemeinsam eine territoriale Flugkörperabwehr (NATO BMD) zum Schutz von „European populations, territory and forces" aufzubauen, ist *Missile Defence* Teil der kollektiven Verteidigung und damit ein Kernauftrag des Verteidigungsbündnisses. Um diesem neuen Teilaspekt Rechnung zu tragen, wurde das NADC Ende 2011 in AMDC umbenannt.

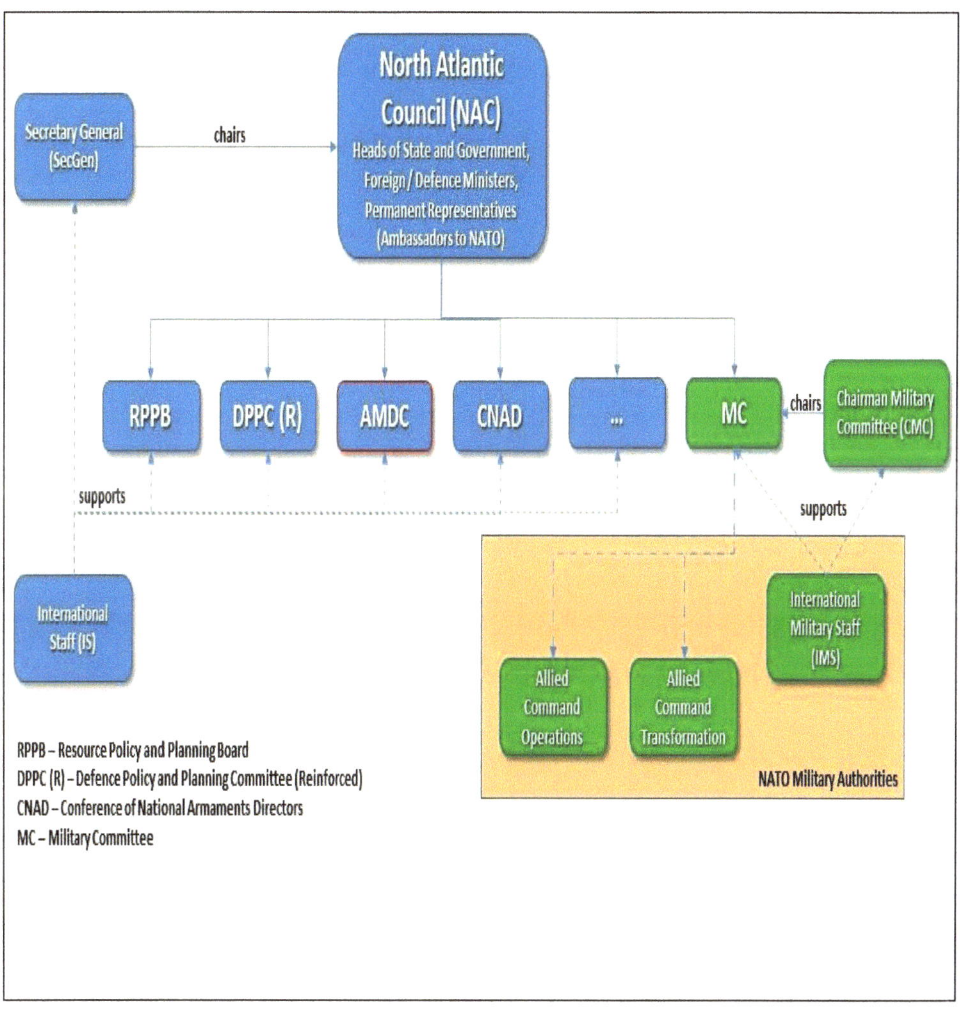

Da die (Ballistic) Missile Defence einen evolutionären Aufwuchs der Integrierten Luftverteidigung darstellt, wurde zugleich NATINADS um den Begriff „Missile" erweitert, woraus der heutige Begriff entstand: NATO Integrated Air and Missile Defence System (NATINAMDS).

Organisation

Das AMDC ist ein dem NATO-Rat direkt unterstelltes Gremium (Senior Policy Committee – SPC), welches diesen in allen Fragen der Luftverteidigung aller Teilstreitkräfte berät. Gleichzeitig ist es das ‚Lead Coordinating SPC', welches für das NATO Air Command & Control Programme verantwortlich zeichnet.

Regional erstreckt sich seine Zuständigkeit auf ‚NATO-Europa' und die angrenzenden Seegebiete. Das AMDC hat in seiner Arbeit die Bedrohungs- und Risikoanalysen und die Militärisch-Operationellen Forderungen der militärischen Kommandobehörden und anderer Gremien der NATO ebenso zu berücksichtigen wie politische, wirtschaftliche, industrielle und technologische Rahmenbedingungen.

Neben den 28 Mitgliedsstaaten sind im AMDC vertreten:

- der Internationale Stab (IS),
- der Internationale Militärstab als Vertreter des Militärausschusses (IMS),
- die Alliierten Kommandos Operationen (ACO in Mons, Belgien) sowie Transformation (ACT in Norfolk, USA) als die beiden obersten Kommandobehörden der NATO und
- die Vertreter anderer NATO-Gremien und Agenturen sowie multinationale Einrichtungen, deren Arbeiten sich auf die Luftverteidigung auswirken oder auswirken könnten.

Das AMDC ist seinerseits durch seinen stellvertretenden Vorsitzenden oder durch den Internationalen Stab (Defence Investment – Armament & Aerospace Capabilities Directorate – IAMD Section) in NATO-Gremien vertreten, mit denen eine enge Zusammenarbeit bzw. Koordination erforderlich ist.

Vorsitzender des AMDC ist der Stellvertretende Generalsekretär der NATO. Da dieser für die tägliche Arbeit zwischen den Sitzungen und für die Arbeit in anderen Gremien aus zeitlichen Gründen nicht regelmäßig verfügbar ist, hat das AMDC einen ständigen Stellvertretenden Vorsitzenden – im NATO-Sprachgebrauch Vice-Chairman genannt – im Rang eines 2-Sterne-Generals mit Dienstsitz in Brüssel. Dieser Vice-Chairman wird durch eine Mitgliedsnation als freiwillig nationale Gestellung (VNC: Voluntary National Contribution) übernommen und von allen 28 Nationen durch eine Wahl bestätigt. Aufgrund der Wichtigkeit dieser Position, auch aus nationaler Bewertung, hat bisher (bis auf eine Ausnahme von 2006-2009) stets die deutsche Luftwaffe den Dienstposten des Vice-Chairman besetzt[3]:

1978-1980	Generalmajor Joachim Birkholz
1980-1982	Generalmajor Günter Raulf
1982-1984	Generalmajor Karl-Heinz Feldhoff
1984-1989	Generalmajor Jörg Bahnemann
1989-1993	Generalmajor Siegfried Poschwatta
1993-1997	Generalmajor Josef Engelhardt
1997-2000	Generalmajor Michael Vollstedt
2000-2003	Generalmajor Erich Kiesenbauer
2003-2006	Generalmajor Manfred Lange
2006-2009	Generalmajor Jaap Willemse (Niederlande)
2009-2013	Generalmajor Michael Bille
2013-2016	Generalmajor Bernhard Fürst
ab 2016	Generalmajor Bernhardt Schlaak

Das höchste Gremium im AMDC-Format ist das halbjährliche Treffen der sog. Heads of Delegation (HoD). Diese Delegierten, überwiegend hochrangiges Führungspersonal der einzelnen Nationen[4], kommen im Frühjahr sowie im Herbst in Brüssel zusammen. Im Tagesgeschäft werden sie vertreten von Air Defence Representatives (ADREPs), einer Gruppe von Luftverteidigungsspezialisten aus den 28 nationalen Vertretungen im NATO-Hauptquartier. Diese treten mindestens einmal pro Monat unter Vorsitz des Vice-Chairman AMDC zu ihrer Permanent Session (PS) zusammen und agieren dort im Auftrag ihrer jeweiligen Nation. Für besondere Fragestellun-

---

[3] Auch im Vorgänger-Gremium, dem NATO Air Defence Ground Environment (NADGE) Policy Board, das in den 1960er Jahren begründet wurde, hatte 1969-1971 mit Generalleutnant Herbert Wehnelt ein Offizier der Luftwaffe den Vorsitz.

[4] Deutschland ist regelmäßig vertreten durch den Stellvertreter des Inspekteurs der Luftwaffe.

gen, welche im Rahmen der regulären Sitzungen nicht erschöpfend behandelt werden können, werden temporäre Arbeitsgruppen, ‚Ad-Hoc Working Groups‘ oder ‚Tiger Teams‘, eingesetzt, welche von den thematisch interessierten Nationen beschickt werden. So gab es in der Vergangenheit unter anderem Arbeitsgruppen, welche die Rolle des AMDC im NATO-Verteidigungsplanungsprozess (NDPP) erarbeiteten. Gegenwärtig werden die Satzungen des AMDC und Teile seiner Untergruppen sowie die zukünftige Rolle bzw. mögliche Arbeitsschwerpunkte des AMDC innerhalb dieser Gremien diskutiert.

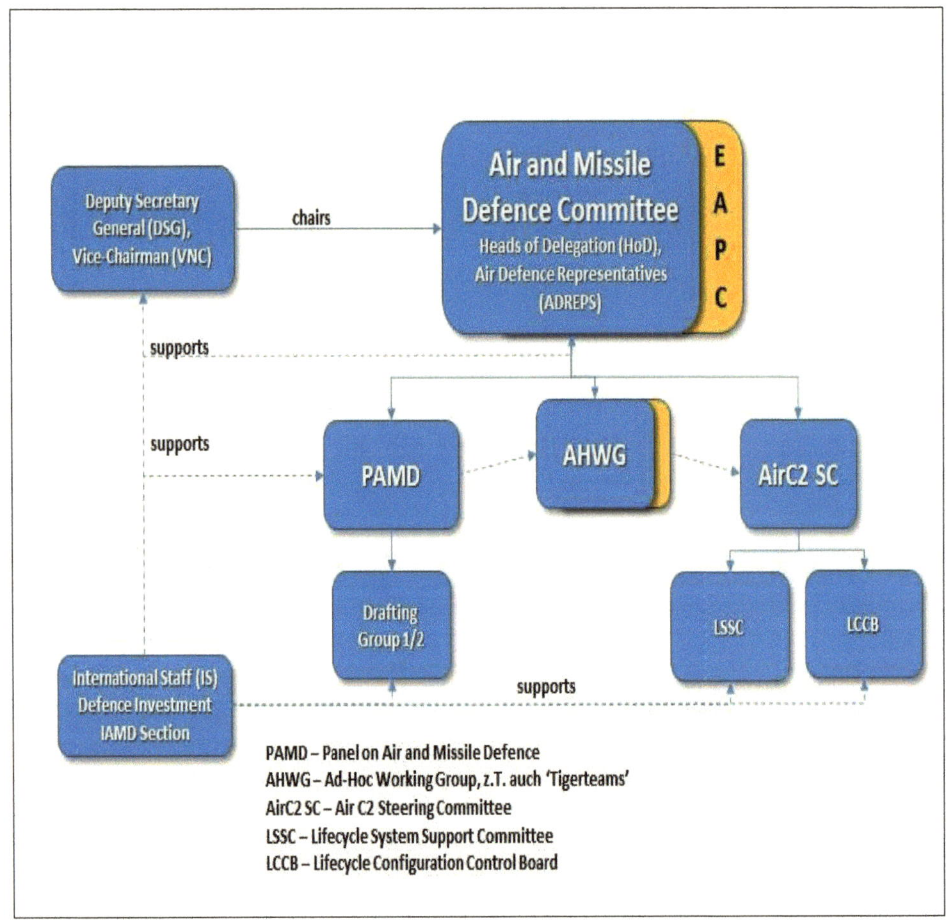

Regelmäßig sind auch Treffen im Partnerschaftsrahmen (Euro-Atlantic Partnership Council, EAPC) terminiert. Dieser Euro-Atlantische Partnerschaftsrat wurde 1997 als umfassendes, multilaterales Dialogforum für politische und sicherheitsbezogene Themen geschaffen. Besonders auf den letzten NATO-Gipfeln in Chicago 2012 sowie in Wales 2014 und Warschau 2016 wurde die besondere Bedeutung der Zusammenarbeit mit Partnernationen unterstrichen. Die verschiedenen Initiativen der NATO basieren auf gemeinsamen Werten und Prinzipien und sind Grundlage für mannigfaltige Kooperationen im Bereich der Sicherheitsvorsorge. 2014 wurde in Wales die „Partnership Interoperability Initiative" gestartet, welche darauf abzielt, die technische sowie prozedurale Interoperabilität und Kompatibilität zwischen den Mitgliedsstaaten der Allianz und den entsprechenden Partnernationen voranzutreiben. Eine herausragende Stellung nehmen dabei Australien, Finnland, Georgien, Jordanien sowie Schweden als ‚Enhanced Opportunity Partners' ein, welche sich in der Vergangenheit besonders an NATO-Operationen beteiligt und sich in ihren Bestreben hervorgetan haben, eng mit dem Bündnis zusammenzuarbeiten. Des Weiteren ist Japan im Januar 2016 an die Allianz mit der Bitte herangetreten, einen möglichen Informationsaustausch und weitere gegenseitig dienliche Kooperationen, unter anderem im Bereich der Integrierten Luftverteidigung (Integrated Air and Missile Defence – IAMD), zu prüfen.

Das AMDC kommt einmal pro Halbjahr für eine Permanent Session im EAPC-Format sowie im Herbst im Anschluss an das HoD-Treffen der NATO Mitgliedsstaaten zum Treffen im EAPC-Format, ebenfalls auf Ebene HoD zusammen. Zusätzlich finden bei Bedarf auch Sitzungen im sog. Format @28+x[5] statt, um insbesondere Themenfelder wie z.B. ein möglicher Luftlagebildaustausch (Air Situation Data Exchange, ASDE) zu besprechen.

Im Zuge der NATO-Beitrittsverhandlungen im Frühjahr 2016 beschloss der Nordatlantikrat, dass Montenegro bis zur Vollmitgliedschaft[6] ab sofort als Beobachter ohne Stimmrecht an NATO-Veranstaltungen teilnehmen kann. Seit diesem Zeitpunkt ist ein entsprechender Repräsentant der monte-

---

[5] @28+x bedeutet hier, dass neben den 28 NATO Mitgliedsstaaten (@28), der jeweiligen Thematik entsprechend, x-Nationen zu Besprechungen bzw. Konferenzen eingeladen sind.
[6] Die Ratifizierung der Vollmitgliedschaft Montenegros im Verteidigungsbündnis findet derzeit bei den Alliierten statt.

negrinischen Delegation auch in den Sitzungen des AMDC und seiner Untergruppen vertreten.

Dem AMDC nachgeordnet ist zum einen das „Panel on Air and Missile Defence" (PAMD), das aus den ehemals bestehenden „Panel on Air Defence Weapons" sowie „Panel on Air Defence Philosophy" hervorging. Diese Experten, angesiedelt auf mehr operationeller Ebene und bestehend aus Repräsentanten der Nationen aber auch aus Vertretern der militärischen Kommandostruktur (inkl. den Component Commands), den NATO-Agenturen und Kompetenzzentren sowie aus weiteren Expertengremien beraten das AMDC in allen Fragen der Integrierten Luftverteidigung. Für die Erstellung entsprechender Dokumentenentwürfe, wie z.B. die Integrierte Luftverteidigungsstrategie, hat das PAMD noch zwei ständige Arbeitsgruppen (Drafting Groups) als „Arbeitsmuskel", welche im monatlichen Zyklus zusammenkommen.

Auf gleicher Ebene wie das PAMD ist der Lenkungsausschuss für die Führungssysteme der Luftstreitkräfte, das „Air Command and Control Steering Committe" (AirC2 SC), etabliert. Als Folge der Reform der NATO-Agenturen wurde dieser Ausschuss 2012 vom NATO-Rat als Nachfolger des „NATO Air Command and Control System Management Organsiation Board of Directors" (NACMO BoD) interimsmäßig eingesetzt und 2015 final bestätigt.

Das AirC2 SC ist in seinen Grenzen verantwortlich für die praktische Umsetzung und Verwaltung des NATO AirC2-Programms und berät dahingehend das AMDC in allen Angelegenheiten inklusive politischen, technischen, wirtschaftlichen und militärischen Aspekten. Zusätzlich ist es Weisungsgeber gegenüber der NATO Communications and Information Agency (NCIA) in allen Belangen, die das Programm betreffen.

Auch dieser Lenkungsausschuss hat nachgeordnete Expertengruppen (Lifecycle Configuration Control Board [LCCB]; Lifecycle System Support Committee [LSSC]), die in unterschiedlichen Zusammensetzungen bzw. Formaten verschiedenste Themenbereiche (z.B. Command & Control, Aquisition oder Ground Sensors) abdecken.

Aufgabenschwerpunkte

Im Fokus der derzeitigen Arbeit (Sommer 2016) des AMDC sind die per Ratsbeschluss angewiesenen Nacharbeiten zum neuen stehenden Verteidigungsplan der NATO (IAMD Standing Defence Plan [SDP] „Persistent Effort"). Daneben werden zurzeit verschiedenste AMDC-Dokumente er- bzw. überarbeitet. So befindet sich die „Joint AirC2 Policy" in der finalen Koordinierung mit dem NATO-Militärausschuss; dieses Schriftstück wird die Grundlage bilden für die dringend benötigte Aktualisierung der entsprechenden operationellen Papiere. Ebenfalls als Basis für die Erstellung weiterer Strategiedokumente wurde das „Vision Paper on Joint Integrated Air and Missile Defence" verfasst, welches mögliche Entwicklungen im Bereich der NATO Luft- und Flugkörperabwehr bis ins Jahr 2030 beleuchtet. Im Frühjahr 2016 wurde durch den Nordatlantikrat die vom AMDC erstellte „Integrated Air and Missile Defence Policy" gebilligt; die Weitergabe an die Partnerstaaten Finnland und Schweden hat der Rat in der Zwischenzeit ebenfalls genehmigt.

Bereits angesprochen im Rahmen der Zusammenarbeit mit Partnernationen wurde das ASDE-Programm. Zu dieser Thematik wurde im Juli 2016 erstmals ein Workshop, veranstaltet durch Österreich, durchgeführt. Hierbei standen die Statusberichte der einzelnen ASDE-Nationen, die Aktualisierung der ASDE Policy sowie die zukünftige Ausgestaltung des Luftlagebildaustausches im Mittelpunkt der Diskussionen. Aufgrund der äußerst positiven Ergebnisse, haben die teilnehmenden Nationen entscheiden, 2017 erneut einen ASDE-Workshop durchzuführen. Ebenfalls auf der Arbeitsagenda mit Partnernationen steht das schrittweise Heranführen von möglichen Beitrittskandidaten an NATO-Standards, um eine frühzeitige Integration in NATINAMDS zu ermöglichen.

Für den Bereich Air C2 liegt das Hauptaugenmerk auf die weitere erfolgreiche Einrüstung des Air Command & Control Systems (ACCS) in weiteren NATO-Nationen, nachdem dieses Anfang 2015 operationell in den ersten Gefechtsständen eingeführt wurde. In diesem Zusammenhang ist die Erarbeitung des sog. ACCS In-Service-Support zu sehen, einem 5-Jahresprogramm, welches den graduellen Aufwuchs der NATO inhärenten Wartungsfertig- bzw. -fähigkeiten sicherstellen soll. Hier ist aufgrund der zu erwartenden hohen Kosten vor allem eine enge Koordination mit den Resource Committees notwendig. Daneben ist die Überleitung von den derzeit eingesetzten Systemen, den „Interim/Legacy Systems" (wie z.B. ICC) hin zu ACCS einer der mittelfristigen Schwerpunkte.

Herausforderungen

Aktuelle sicherheitspolitische Entwicklungen auch und besonders im Zusammenhang mit der Annexion der Krim durch Russland im März 2014 und des Konfliktes in der Ostukraine haben auf dem NATO-Gipfel 2014 in Wales zu weitreichenden Maßnahmen geführt: Die Regierungschefs beschlossen den Readiness Action Plan (RAP), welcher Reaktionsmöglichkeiten gegen mögliche Bedrohungen (z.B. Pressionen, Hybride Kriegführung oder gar offene militärische Aggression) an der Nordost- und Ostflanke thematisiert. Mit ihm will die Allianz sicherstellen, rasch und entschieden auf neue Herausforderungen reagieren zu können. Seit dem Ende der Blockkonfrontation im Jahr 1990/91 gilt dies als die bedeutendste Anpassung der kollektiven Verteidigung des Bündnisses.

Diese veränderte Situation hat auch Auswirkungen auf die Integrierte NATO-Luftverteidigung. Im Fall eines klassischen symmetrischen Konflikts geht die Allianz von einem möglichen Gegner aus, der quantitativ und qualitativ mit der NATO auf Augenhöhe agiert und über Fähigkeiten verfügt, in relativ kurzer Zeit das gesamte Spektrum an Luftbedrohungen abzurufen. Eine ungehinderte Nutzung des Luftraumes durch die NATO-Luftverteidigung wäre dann nicht mehr selbstverständlich. Vielmehr muss erst die Voraussetzung dazu geschaffen werden, dass die Operationsfreiheit sowohl in der Luft wie auch auf dem Boden gegeben ist. Eine teilstreitkraftübergreifende Zusammenarbeit zwischen Land-, Luft- und Seestreitkräften gewinnt daher wieder erheblich an Bedeutung.

Die Anforderungen an eine schnelle Verlegbarkeit und die Durchsetzungsfähigkeit eigener Luftstreitkräfte sind daher unverkennbar gestiegen. Sowohl im nationalen Bereich als auch im Bündnis sind deutlich mehr Anstrengungen notwendig, um den veränderten sicherheitspolitischen Anforderungen begegnen zu können. Besonders die in den letzten 25 Jahren signifikant geringere Übungstätigkeit und Frequenz der taktischen Überprüfungen durch die NATO (TACEVAL[7] o.ä.) hat in den Bereichen Interoperabilität

---

[7] Im Rahmen einer Taktischen Überprüfung durch die NATO wird ein entsprechender Verband hinsichtlich seiner Einsatzbereitschaft in den Bereichen Einsatz, Einsatzunterstützung (Logistik)

und Integration von Luftstreitkräften in multinationalen Einsätzen der Allianz insbesondere im Rahmen der Bündnisverteidigung zu qualitativen und quantitativen Fähigkeitseinbußen geführt.

Neben den oben genannten geo-strategischen Überlegungen wird die Administration und Steuerung des AirC2-Programms eine der Herausforderungen der NATO an die gemeinsame Luftverteidigung der kommenden Jahre sein: das in der Vergangenheit oft belächelte und schon mehrmals totgesagte ACCS-Programm ist im Lichte der monetären Einschränkungen der Mitgliedsstaaten und von damit einhergehenden, teils immensen Kostensteigerungen und Zeitverzügen in Umsetzung und Auslieferung von Soft- und Hardwareanteilen an einem kritischen Punkt angelangt.

Die nächsten Monate werden zeigen müssen, ob die Kohäsion der Allianz und vor allem ihre Finanzmittel stark genug sind, das Ziel eines gemeinsamen Führungssystems der Luftstreitkräfte weiter zu verfolgen.

Zusammenfassung

Der NATO-Luftverteidigungsausschuss wurde gegründet, um die außergewöhnliche Situation der Luftverteidigung (Einheitlichkeit bereits im Frieden) in der NATO zu unterstreichen und die Mitwirkung aller NATO-Staaten zu ermöglichen. Er ist das übergeordnete multinationale Organ, das in beratender und koordinierender Funktion für den Nordatlantikrat tätig ist und dabei alle Aspekte der Luftverteidigung im weitesten Sinne abdeckt.

Aufgrund der oben geschilderten aktuellen sicherheitspolitischen Entwicklungen der letzten beiden Jahre ist der Schutz des NATO-Luftraumes und somit die Integrierte NATO-Luftverteidigung wieder deutlich mehr in den Fokus der Politiker aber auch der Öffentlichkeit gerückt. Einhergehend damit hat das AMDC und auch die unterstützenden Anteile des Internationalen Stabes eine spürbare Aufwertung in der Wahrnehmung im NATO-Hauptquartier erfahren. Es ist nun an den Nationen dafür zu sorgen, dass, nach Jahren der reinen Fokussierung auf die Abwehr von weitreichenden Flugkörpern, das Pendel wieder in die Mitte gerückt wird und alle Teilaspekte von Luftverteidigung gleichbedeutend betrachtet werden.

---

und Überlebensfähigkeit bewertet. In früheren Jahren mussten sich entsprechend vorgemerkte Verbände regelmäßig alle 2-3 Jahre den kritischen Augen der Bewerter unterziehen.

Thorsten Ilg

Die FlaRak-Waffe im Einsatz – Zwei Einsätze in der Türkei

1. Der Einsatz im Rahmen *ACTIVE FENCE TURKEY*

Die beiden Einsätze in der Türkei 1991 und 2013 bis 2015 erfüllen die Flugabwehrraketentruppe der Luftwaffe zweifellos noch heute mit großem Stolz. Bei aller Unterschiedlichkeit der Rahmenbedingungen beider Einsätze lohnt es im wahrsten Sinne des Wortes auf die jeweiligen Ereignisse und Umstände dieses unstreitig prominenten Teils der FlaRak-Geschichte ein wenig ausführlicher zurückzublicken.

Im zweigeteilten Beitrag „Die FlaRak-Waffe im Einsatz – Zwei Einsätze in der Türkei" werden lediglich diejenigen Einsätze betrachtet, in denen der Flugabwehrraketendienst der Luftwaffe (FlaRakDstLw) mit seinen originären Waffensystemen im Kernauftrag gefordert war. In Wahrheit ist der FlaRakDstLw beständig im Einsatz, und zwar in der Regel in Form von Einzelabstellungen. So war u.a. auch an der laufenden Operation COUNTER DAESH ein Kommandeur einer Flugabwehrraketengruppe PATRIOT gleich im ersten Kontingent im Bereich der Kontingentführung beteiligt. An dieser Stelle muss auch an die Gestellung eines Operational Mentoring and Liaison Team im Rahmen des ISAF-Einsatzes in Afghanistan erinnert werden. Es wäre außerordentlich bedauerlich, wenn dieser zwar ungewöhnliche, jedoch zweifellos überaus erfolgreiche Teil der Einsatzgeschichte der FlaRak in Vergessenheit geraten würde.

Im nun folgenden, ersten Beitragsteil wird zu ausgewählten Leitfragen zunächst der Einsatz der Flugabwehrraketentruppe im Rahmen ACTICVE FENCE TURKEY (AFTUR) beleuchtet. Im zweiten Beitragsteil erfolgt auf Basis der grundsätzlich gleichen Gliederungssysthematik die Betrachtung der Geschehnisse um die TASK FORCE 91. Mithilfe der direkten Gegenüberstellung beider Einsätze in zwei aufeinanderfolgenden Beiträgen sollen Gemeinsamkeiten und Unterschiede für den Leser anschaulich und (selbst-)erklärlich werden. Allgemein gültige Erkenntnisse für die zukünftigen Einsätze und die Ausrichtung der FlaRak-Waffe werden am Ende des ersten Beitragsteils als gemeinsame Klammer der jeweiligen Erfahrungen abgeleitet.

Ausgangslage

Wie kam es zu dem jeweiligen Einsatz? Wie waren die sicherheitspolitischen Rahmenbedingungen?

Die Entstehungsgeschichte des syrischen Bürgerkrieges ist uns allen noch gegenwärtig. Der Konflikt hat über die Zeit immer wieder an Schärfe und auch Komplexität zugenommen. Vordringlich gilt es heute humanitäre Katastrophen zu verhindern und ein weiteres Übergreifen der innersyrischen Auseinandersetzungen auf benachbarte Länder zu verhindern. Eine dauerhafte Rückkehr zu Frieden und Stabilität in der Region scheint unverändert nicht in Sicht.

Im Zuge des seit 2011 andauernden Bürgerkrieges in Syrien sind Millionen Einwohner des Landes auf der Flucht; Deutschland hat dies im vergangenen Jahr auf dramatische Weise zu spüren bekommen. Viele von ihnen suchten bereits ab Juni 2011 im Nachbarland Türkei – dem, mit seiner rund 900 Kilometer langen Grenze zu Syrien, am stärksten vom Konflikt betroffenen NATO-Partner – Schutz[1]

Im April 2012 kam es auf der syrischen Seite unmittelbar an der Grenze zur Türkei zu Kämpfen zwischen syrischen Regierungstruppen und der oppositionellen Freien Syrischen Armee. Bewohner eines in der türkischen Provinz Kilis gelegenen Flüchtlingslagers hätten den Rebellen am Morgen zur Hilfe kommen wollen, hieß es, als diese unter Feuer gerieten; mehrere Menschen wurden dabei verletzt.

Nahe der Küstenstadt Latakia schoss Syrien im Juni 2012 einen türkischen Militärjet ab – beide Piloten starben. Das Flugzeug sei nach syrischen Angaben in den Luftraum des Landes eingedrungen; der NATO-Rat verurteilte den Abschuss scharf.

Mindestens drei aus Syrien abgefeuerte Granaten schlugen am 3. Oktober 2012 im türkischen Grenzort Akçakale ein – eine Frau und ihre vier Kinder kamen dabei ums Leben.

Am 21. November 2012 ersuchte die türkische Regierung die NATO-Partner, sie im verbundenen Einsatz an der syrischen Grenze zu unterstützen. Diesem Antrag kam die NATO mit ihrem Ratsbeschluss vom 4. Dezember 2012 nach. Ein militärischer Schutzschild für drei grenznahe Städte

---

[1] Nach Angaben des UNHCR hatten Mitte Dezember 2015 mehr als 2,29 Millionen syrische Flüchtlinge in der Türkei Zuflucht gefunden.

sollte installiert werden. Der Deutsche Bundestag mandatierte daraufhin am 14. Dezember 2012 die Entsendung deutscher bewaffneter Streitkräfte zur Verstärkung der integrierten Luftverteidigung der NATO auf Ersuchen der Türkei und auf Grundlage des Rechts auf kollektive Selbstverteidigung[2].

Zeitlicher Ablauf

Wie war der grobe Verlauf des Einsatzes?

Nach dem Beschluss der Bundesregierung am 6. Dezember 2012, dem Ersuchen der Türkei zu entsprechen und zwei PATRIOT-Flugabwehrraketensysteme nach Kahramanmaraş zu entsenden, sollte alles ganz schnell gehen. Und tatsächlich erfolgte die Einsatzvorbereitung und Verlegung dann auch in Rekordzeit!

Innerhalb von nur sechs Wochen wurde in einer enormen Kraftanstrengung ein Einsatzkontingent zusammengestellt, ausgebildet, auf den Einsatz vorbereitet, Material und Waffensysteme per Schiff transportiert, Personal per Lufttransport in die Türkei verlegt, Material entladen, nach Kahramanmaraş verbracht und einsatzbereit aufgebaut. Im Ergebnis konnte der erste Kontingentführer bereits am 28. Januar 2013 die volle Einsatzbereitschaft des deutschen Kontingentes melden.

Der Einsatz des Deutschen Einsatzkontingentes Active Fence Turkey (DEU EinsKtgt AF TUR) dauerte letztendlich deutlich länger als erwartet und ursprünglich vorgesehen. Mit Beschluss des Deutschen Bundestages vom 30. Januar 2015 wurde das Mandat zum dritten und letzten Mal verlängert.

Bereits im Jahr 2014 standen die politischen Zeichen klar auf Abzug. Der Abtransport des deklarierten Chemiewaffenpotenzials aus Syrien hätte gewiss Anlass und Begründung genug geboten, den Einsatz erfolgreich zu beenden. Auch die „Steilvorlage" der Niederlande, die ressourcengetrieben zwingend den Einsatz ihrer Flugabwehrkräfte einseitig beenden mussten, verstrich ungenutzt. Insofern ist es umso bemerkenswerter, dass ausgerechnet unter dem Eindruck der voranschreitenden Eskalation des Konfliktes in Syrien und Irak in 2015 sowie des zunehmenden Flüchtlingsdrucks auf Europa die Bundesregierung nach der Entscheidung der US-Amerikaner eben-

---

[2] Artikel 51 der Charta der Vereinten Nationen betont das Selbstverteidigungsrecht eines Staates zur Wahrung seiner territorialen Integrität.

166

falls ankündigte, den Einsatz nicht über das laufende Mandat, d.h. zum 31.01.2016, erneut verlängern zu wollen.

Mit dem Abschalten der Waffensysteme am 15. Oktober 2015 endete der operationelle Auftrag des DEU EinsKtgt AF TUR und die Vorbereitungen für die abschließende Rückverlegung wurden nun mit Hochdruck vorangetrieben.

Im Auftrag des Befehlshabers des Einsatzführungskommandos der Bundeswehr (EinsFüKdoBw) nahm am 17. November 2015 sein Stellvertreter, Generalmajor Thorsten Poschwatta, den „End of Mission"-Appell in der GAZI-Kaserne in Kahramanmaraş ab. Nach Abschluss der Verladung am Hafen in Iskenderun kehrte schließlich der überwiegende Teil der Soldatinnen und Soldaten noch vor Weihnachten in die Heimat zurück. Mit Oberst Josef Ipfelkofer – dem letzten Kommandeur des DEU EinsKtgt AF TUR – verließ am 30. Dezember 2015 der letzte deutsche Soldat des Kontingentes die Türkei.

Am 25. Februar 2016 erfuhr der zweite Einsatz der FlaRak-Waffe in der Türkei unter Leitung des Inspekteurs der Luftwaffe, Generalleutnant Karl Müllner, und im Beisein der beiden Ministerpräsidenten der Länder Schleswig-Holstein und Mecklenburg-Vorpommern, Torsten Albig und Erwin Sellering, sowie des Wehrbeauftragten des Deutschen Bundestages, Dr. Hans-Peter Bartes, in Form eines feierlichen Appells in Sanitz seinen würdigen Abschluss.

Auftrag

Wie war der Auftrag?

Das DEU EinsKtgt AF TUR hatte den Auftrag, im Rahmen der integrierten Luftverteidigung die Stadt Kahramanmaraş und ihre Bevölkerung gegen ballistische Flugkörper mit dem Waffensystem PATRIOT zu schützen. Das Schutzobjekt umfasste dabei eine Fläche von mehr als 150 Quadratkilometern, dies entspricht einer Größe von mehr als 21.000 (!) Fußballfeldern.

Lufthoheitliche Aufgaben verblieben unverändert in der Zuständigkeit der Türkei; der Einsatz der deutschen und alliierten Waffensysteme PATRIOT zu anderen als zu oben genannten Zwecken war ausdrücklich nicht zulässig. Die strikte Abgrenzung des Einsatzauftrages von der Bearbeitung der Luftlage entsprach damit nicht den bisherigen Einsatzgrundsätzen des Flugabwehrraketendienstes und war insofern ein Novum.

Eigene Lage

Welche Kräfte und Mittel standen dem jeweiligen Kontingent zur Verfügung? Wo war das FlaRak-Kontingent stationiert und welche verbündeten Kräfte waren vor Ort?

Das DEU EinsKtgt AF TUR war in der Stadt Kahramanmaraş stationiert. Die Stadt liegt im Süden der Türkei, ist rund 100 Kilometer von der türkisch/syrischen-Grenze entfernt und umfasst ca. 575.000 Einwohner (Stand 2014). Sie ist konservativ geprägt, mehrheitlich der AKP-Regierung von Staatspräsident Recep Tayyip Erdoğan zugewandt und hat in den letzten 10 bis 15 Jahren einen enormen wirtschaftlichen Aufschwung erfahren.

Neben den deutschen Kräften war ein niederländisches, später spanisches Kontingent in Adana/İnçirlik und ein US-amerikanisches in Gaziantep stationiert. Sowohl das niederländische als auch das US-amerikanische Kontingent setzten jeweils zwei PAC[3]-3 fähige PATRIOT-Waffensysteme zum Schutz ihrer Objekte ein. Die spanischen Kräfte verfügten lediglich über eine Feuereinheit des Waffensystems PATRIOT mit älterem Konfigurationszustand.

Die Verhältnisse an den jeweiligen Stationierungsorten unterschieden sich erheblich. Während die niederländischen Kontingente von Beginn an sämtliche Annehmlichkeiten und Unterstützungsmöglichkeiten des Luftwaffenstützpunktes İnçirlik nutzen konnten, gab es für die deutschen Soldaten zu Beginn weder angemessene Unterbringungs- noch Betreuungsmöglichkeiten. Durch viel Eigeninitiative und beharrliches Engagement konnten jedoch im Laufe der Zeit die Verhältnisse geradezu umgekehrt werden. Das US-amerikanische Kontingent war im Grunde nie an einer echten Verbesserung der Lebensumstände vor Ort interessiert und behielt so den anfänglichen (schlechten) Status Quo bei. Lediglich einsatzbezogene Aspekte wurden sukzessive optimiert. Am Ende war kein Kontingent insgesamt besser aufgestellt als das deutsche und vor allem keines derartig gut vernetzt und integriert.

Das DEU EinsKtgt AF TUR war überwiegend in einer türkischen Liegenschaft, der GAZI-Kaserne, untergebracht. Ein kleinerer Teil des Personals fand darüber hinaus im ausgelagerten Offizierskasino Unterkunft.

Die GAZI-Kaserne lag im Norden der Stadt, an den westlichen Ausläufern des TAURUS-Gebirges (zum Teil über 2.000m Höhe) und bot dem

---

[3] PATRIOT Advanced Capability.

beheimateten türkischen Artilleriebataillon durch die exponierte Lage gute Wirkmöglichkeiten zum Schutz der Stadt. Ohne die Stationierung der deutschen Soldaten wäre im Zuge der Reform der türkischen Streitkräfte die GAZI-Kaserne aufgegeben worden, entsprechend marode war die Bausubstanz und veraltet das Leitungsnetz. Rund 50 Prozent des gesamten Areals wurden dem deutschen Kontingent zur Nutzung überlassen; zu festgelegten Wohn- und Arbeitsbereichen der Kaserne war den deutschen Soldaten der Zutritt untersagt.

Für den Einsatz wurden zwei Radargeräte sowie fünf Startgeräte PATRIOT (zwei PAC 3, drei PAC 2) eingesetzt. Die Bewachung der Liegenschaft war ausschließlich Aufgabe der Gastgebernation.

Feind- und Bedrohungslage

Welcher Bedrohung war das DEU EinsKtgt AF TUR ausgesetzt?

Zum Zeitpunkt der Endsendeentscheidung verfügte das syrische Regime über zahlreiche ballistische Trägersysteme und ein enormes Chemiewaffenarsenal. Mit einer Reichweite von bis zu 700 Kilometern konnten syrische Flugkörper einen großen Teil des türkischen Territoriums erreichen. Jenseits der öffentlichen Wahrnehmung wurden im Rahmen der Operationsführung seitens des syrischen Regimes während des gesamten Einsatzes AF TUR beständig ballistische Flugkörper gegen feindliche Kräfte und gegen die eigene Bevölkerung eingesetzt. Selbst wenn bis zuletzt kein politischer Wille des syrischen Regimes erkennbar war, diese Waffen gegen die Türkei zu richten, konnten gleichwohl technische Defekte der eingesetzten Flugkörper oder Fehlkalkulationen der syrischen Raketentruppen nicht ausgeschlossen werden.

Im Zuge der Reduzierung der Flugkörperbestände sowie des Abtransports des deklarierten Chemiewaffenpotenzials unter internationaler Kontrolle im Sommer 2014 entspannte sich die diesbezügliche Bedrohungslage zunehmend. Die Tendenz des Einsatzes von ballistischen Flugkörpern war klar rückläufig. Angesichts dieser Entwicklung bewertete das Nordatlantische Bündnis die verbleibende Bedrohung durch den Einsatz von ballistischen Flugkörpern gegen die Türkei nur noch als gering.

Die regionale und lokale Sicherheitslage des Stationierungsraumes wird bis heute durch den enormen Zustrom an Flüchtlingen beeinflusst. Bereits im Oktober 2014 war jeder sechste Anwohner in der Stadt Kahramanmaras syrischer Flüchtling. Dies bedeutete nicht nur eine unglaubliche wirtschaftliche Last, sondern hatte ungeachtet aller Bekundungen zur Hilfsbereitschaft und Gastlichkeit zwangläufig soziale Spannungen zur Folge. Es kam vermehrt zu Demonstrationen, sozialen Unruhen und zum Teil gewalttätigen Ausschreitungen. Entsprechende Verdrängungseffekte auf dem Wohnungs- und Arbeitsmarkt kratzten nachhaltig an der türkischen Willkommenskultur.

Die türkische Regierung hat nie Zweifel darüber aufkommen lassen, dass die syrischen Flüchtlinge nur Gäste des Landes seien und damit deren Aufenthaltsrecht zeitlich befristet sei. Im Vergleich zu Städten wie Adana oder Gaziantep war es in Kahramanmaras jedoch vergleichsweise ruhig und stabil; die türkischen Sicherheitskräfte waren jederzeit Herr der Lage.

Jenseits der türkisch/syrischen-Grenze hat sich mit dem Erstarken des sogenannten Islamischen Staates (IS) die ohnehin schon hochkomplexe Bodenlage noch einmal dramatisch verschärft. Jenseits der Grenze gab es – im Übrigen nicht erst im Zuge der geradezu explosionsartig umgreifenden Raumgewinne des IS – unendliches Leid und unvorstellbare Gräueltaten; die Weltöffentlichkeit hat allzu lange tatenlos die Augen vor den Hunderttausenden Toten und der verzweifelten Lage in der Konfliktregion verschlossen. Dem IS gelang es schließlich bis an die Grenze zur Türkei vorzudringen. Wir alle erinnern uns noch an den symbolträchtigen Kampf um Kobane und an die entlang der Grenze aufgereihten türkischen Panzer. Im Zuge dessen flammten die Auseinandersetzungen mit der Arbeiterpartei Kurdistans (PKK) urplötzlich wieder auf und es kam zu ersten blutigen Straßenschlachten im Osten der Türkei, insbesondere in Diyarbakır.

Die Türkei – anfangs noch zurückhaltend bis duldend gegenüber dem IS – geriet zunehmend in den Fokus der Djihadisten. Nach dem grauenvollen Anschlag von Suruç im Juli 2015 trat die Türkei schließlich doch in die internationale Koalition im Kampf gegen den IS ein. Mit der Gewalteskalation innerhalb der Türkei stieg grundsätzlich auch das Anschlagsrisiko im Stationierungsraum. Das DEU EinsKtgt AF TUR war jedoch zum Glück nie direktes Anschlagsziel.

Unterstellung im Einsatz

Wem war das deutsche Einsatzkontingent unterstellt?

Truppendienstlich war das DEU EinsKtgt dem EinsFüKdoBw in Potsdam unterstellt. Für den Einsatz unterstand es unmittelbar der operativen Führungsebene, dem NATO Hauptquartier in Ramstein (Headquarters Allied Air Command). Zu diesem Zweck war es direkt an das sogenannte Ballistic Missile Defence Operations Centre (BMDOC) angeschlossen und wurde durch dieses auch taktisch geführt.

Über gesonderte Führungs- und Informationssysteme der NATO wurden dem deutschen Einsatzkontingent Frühwarninformationen und Luftlagedaten zur Verfügung gestellt.

Die direkte Unterstellung und Führung durch das BMDOC hat sich letztendlich durchaus bewährt, auch wenn die Aufteilung der Verantwortung sowie die Zusammenarbeit mit unterschiedlichen NATO-Gefechtsständen (türkischer Luftverteidigungsgefechtsstand und BMDOC) anfangs zum Teil noch problembehaftet war.

Einsatzdurchführung

Das DEU EinsKtgt AF TUR hat den Einsatzauftrag an 989 Tagen, bei Tag und Nacht, im 24/7-Dauereinsatz (Schichtdienst), unter überaus herausfordernden klimatischen Bedingungen, mit beeindruckenden 99,89 Prozent im befohlenen Status erfüllt. AF TUR steht damit nicht zuletzt auch für eine logistische Meisterleistung!

Aus operationeller Sicht sind darüber hinaus erwähnenswert:

- Die Auswahl des Schutzobjektes und der Einsatzstellung waren überwiegend politisch motiviert.

- Die räumlichen Ausmaße der Einsatzstellung waren begrenzt, so dass übliche Sicherheitsabstände zum Teil unterschritten werden mussten.

- Die multinationale Mission wurde zentral durch die operative Ebene aus dem bereits oben genannten BMDOC in Ramstein geführt. Die dezentrale Durchführung erfolgte gleichwohl in rein nationaler Verantwortung. Konkret hieß das: Es gab keinen multinationalen Gefechtsstand auf taktischer Ebene (im Bereich Engagement Operations/Force Operations).

- Das deutsche Waffensystem PATRIOT hatte keinen unmittelbaren Zugang zum NATO-Informationssystem, d.h. Frühwarninformationen wurden durch die eigens hierfür notwendige NATO CIS Group auf gesonderten Terminals zur Verfügung gestellt.

- Die selbstgesteckte, militärpolitische Vorgabe in Bezug auf die sogenannte Karenzzeit konnte vielfach nicht eingehalten werden[4], so dass Schlüsselpersonal zum Teil stark einsatzbelastet war. Insgesamt war die individuelle Einsatzbelastung zwar hoch, aber auf dienstlich (noch) vertretbarem Niveau.

- Bedingt durch die Wechselwirkung von Einsatz mit Grundbetrieb wurde zunehmend (Taktik-)Personal im Kontingent eingesetzt, welches nur noch über vergleichsweise geringe Waffensystemerfahrung/-kenntnisse verfügte.

- Mit zunehmender Erfahrung konnte schrittweise der Umfang an Personal und Material zur Steigerung der Durchhaltefähigkeit reduziert werden. Nicht mehr benötigtes Material wurde parallel zur Wahrnehmung des Luftverteidigungsauftrages zurückgeführt. Der Aufwand und die Rahmenbedingungen für diese (Teil-)Rückverlegung waren denen der abschließenden Rückverlegung nach Beendigung des Einsatzes ohne weiteres vergleichbar.

- Das Verhältnis von Personal, welches Führungs- oder Unterstützungsaufgaben wahrnahm, zu denen, die den Kernauftrag im Schichtdienst leisteten, betrug ca. 4:1.

- Trotz priorisierter Zuteilung verlief die Ersatzteilversorgung in Bezug auf Hochwertersatzteile (infolge nicht einsatzorientierter Bevorratung) schleppend.

- Der mitgeführte Umfang des Lenkflugkörperbestandes war bezogen auf den konkreten Auftrag und die konkrete Bedrohungslage angemessen. Für Einsätze im Rahmen der Landes- oder Bündnisverteidigung (high intensity warfare) wäre er jedoch unzureichend gewesen.

- Das Waffensystem wurde im laufenden Einsatz erfolgreich umgerüstet. Darüber hinaus konnte erkanntes Waffensystemfehlverhalten im Einsatz

---

[4] Auszug aus der Statistik des FlaRakG 1: 159.300 Einsatztage, 1.067 Soldaten, ca. 150 Einsatztage im Durchschnitt, 17 silberne, d.h. mehr als 360 Einsatztage, Einsatzmedaillen, Spitzenbelastung: 471 Einsatztage MechtrFw SK SEA.

eingegrenzt und in Zusammenarbeit mit der Herstellerfirma behoben werden.

Außenbeziehungen

Wie waren die Beziehungen des deutschen Einsatzkontingentes in das zivile und militärische Umfeld?

Das DEU EinsKtgt AF TUR unterhielt vielfältige Außenbeziehungen. Neben dem EinsFüKdoBw als unmittelbar vorgesetzter Dienststelle erwies sich insbesondere auch der enge Kontakt mit der deutschen Botschaft in Ankara als vorteilhaft. Darüber hinaus wurden selbstverständlich in die Luftwaffe als dem Haupttruppensteller des Kontingentes diverse formelle wie auch informelle Informations- und Arbeitsbeziehungen gepflegt.

Der Kontakt zu den AF TUR-Partnern war jederzeit konstruktiv bis freundschaftlich. Insbesondere zum niederländischen Kontingent, in dem deutsche Austauschsoldaten im Bereich der Feuerleitung sowie Wartung eingesetzt waren, entwickelten sich erfreulich enge Beziehungen. Die gegenseitige Information über nachrichtendienstliche Belange wie auch operationelle Details rundete zweifellos das Lagebild der deutschen Kräfte ab und setzte wertvolle Impulse zur Optimierung des eigenen Einsatzes.

Über das sogenannte Joint Host Nation Support Coordination Committee wurden anfangs noch regelmäßig, später jedoch nur noch sporadisch die Belange der truppenstellenden Nationen mit der Türkei koordiniert, weil sich vieles zunehmend einspielte.

Die Integration in die türkische Gesellschaft war insgesamt glänzend. Die deutschen Soldaten waren im zivilen Umfeld überaus geschätzt und als Wirtschaftsfaktor selbstverständlich auch herzlich willkommen. Die Kontingentführungen wurden zu allen öffentlichen Veranstaltungen wie selbstverständlich eingeladen und immer prominent wahrgenommen – egal, ob auf dem Basar, bei Heimspielen des Fußballsportclubs der Stadt oder beim Freitagsgebet in der größten Moschee der Stadt, der Abdul Hamid Han Moschee – dem Wahrzeichen der Stadt. Die deutschen Soldaten erfuhren eine Wertschätzung, die nach deutschen Maßstäben beispiellos und in Teilen durchaus als beschämend zu bezeichnen war.

Zu Beginn des Einsatzes gestalteten sich die Beziehungen zum türkischen Militär als herausfordernd. Verbunden mit einschneidenden Personalwechseln auf türkischer Seite (sowohl der Kasernenkommandant in Kahramanmaraş als auch der Kommandeur der 5. Brigade in Gaziantep wechselten im Jahr 2013 und 2014), aber sicher auch mit einem intensiveren Bemühen auf deutscher Seite um ein harmonischeres Verhältnis zur Gastgebernation, verbesserte sich Schritt für Schritt das Verhältnis zum türkischen Militär, im Prinzip dem Einfallstor des deutschen Einsatzkontingentes zur Gastgebernation insgesamt. Am Ende waren die Kontakte von gegenseitigem Vertrauen, großem Respekt und durchaus tiefempfundener Kameradschaft geprägt.

Die gegenseitige Wertschätzung und die vorbildlichen Beziehungen des DEU EinsKtgt AF TUR zum türkischen Militär fanden ihren sichtbaren Ausdruck in der Verleihung des Ehrenkreuzes der Bundeswehr in Silber an den Kasernenkommandanten der GAZI-Kaserne und Stellvertretenden Kommandeur der 5. Brigade, Oberst Kerim Acar, durch den Parlamentarischen Staatssekretär bei der Bundesministerin der Verteidigung, Herrn Dr. Ralf Brauksiepe. Mit dieser Auszeichnung wurden im Rahmen eines feierlichen deutsch/türkischen Appels sicher nicht nur die persönlichen Verdienste dieses türkischen Offiziers um die vorbildlichen Beziehungen der beiden Nationen, sondern auch die Herzlichkeit sowie Gastfreundschaft der türkischen Bevölkerung insgesamt ausgezeichnet.

Am Rande sei erwähnt, dass dieses Ereignis in der türkischen Öffentlichkeit äußerst prominent wahrgenommen wurde und selbst in Berichten nationaler Medien Eingang fand. In Deutschland hingegen fand dieser Appell nicht einmal in Bw-eigenen Medien einen nennenswerten Niederschlag.

Beim Abzug der deutschen Soldaten aus der GAZI-Kaserne stand das türkische Militär Spalier. Eine überaus ehrenvolle Geste, die allen deutschen Soldaten unter die Haut gegangen sein dürfte.

Der Start des DEU EinsKtgt AF TUR mag im Nachhinein etwas holprig erscheinen, am Ende war das DEU EinsKtgt AF TUR in bemerkenswerter Weise in die türkische Gesellschaft integriert. Ein vergleichbar enges Verhältnis zu unseren Gastgebern hatte keine andere AF TUR-Partnernation.

Fürsorge und Betreuung

Wie wurden die Soldaten betreut?

Das Betreuungsangebot beim DEU EinsKtgt AF TUR war überaus vielfältig und abwechslungsreich. Ungeachtet der truppendienstlichen Zuständigkeit von Kommandeur, Chefs und „Spießen" wurde richtigerweise eigens für diese (einsatz-)wichtige Aufgabe hauptamtliches Personal im Kontingent ausgeplant und Betreuungseinrichtungen zentral und dezentral betrieben.

Von kleineren Betreuungsangeboten in der GAZI-Kaserne bis hin zu internationalen Sportwettkämpfen wurden große Anstrengungen unternommen, um das Leben in Kahramanmaraş so erträglich und kurzweilig wie möglich zu gestalten. Letztendlich verdiente jede der einzelnen Maßnahmen eine ausführlichere Beschreibung; allesamt sind sie mit herzerfrischenden Anekdoten und unvergesslichen, ja zum Teil auch ausgesprochen bewegenden Momenten verbunden. So wird gewiss für alle Kontingentangehörigen „unser" Gewinn der Fußballweltmeisterschaft (und erst recht das unvorstellbare Halbfinale gegen Brasilien) in lebendiger Erinnerung verbleiben.

Gerade über Weihnachtsfeiertage und Jahreswechsel wiegt die Trennung von zuhause besonders schwer. Ein ansprechendes Betreuungsangebot kann dies selbstverständlich nicht in Gänze ausgleichen. Gleichwohl half es den mit der Trennung verbundenen Schmerz deutlich abzumildern. Die jeweiligen Maßnahmen richteten sich dabei nicht nur an das eigene Kontingent, sondern wurden stets auch dafür genutzt, die freundschaftlichen Beziehungen zur Gastgebernation sowie den Alliierten zu festigen. Die Mühe hat sich mehr als gelohnt. Für jeden Angehörigen – auch im Schichtdienst – war etwas dabei, um entsprechenden Ausgleich und Zerstreuung zu erfahren. Die insgesamt überaus harmonische und professionell unaufgeregte Atmosphäre der Kontingente bis zu Letzt, sind ohne Zweifel auch Ergebnis eines zweckmäßigen Betreuungsangebotes.

Innere und soziale Lage

Wie war die innere und soziale Lage des DEU Einsatzkontingentes? Nahmen die Soldaten ihren Einsatzauftrag motiviert wahr?

Nicht nur alle truppendienstlichen Vorgesetzten, sondern auch die jeweiligen Truppenpsychologen im Einsatz bewerteten ohne Ausnahme die Motivation bei AF TUR als insgesamt hoch. Insbesondere im Ersteinsatz waren die Soldaten mit Begeisterung dabei, die Grundstimmung war durchweg positiv, die Gesamtlage insgesamt ruhig und stabil.

Bei hoher Einsatzfrequenz bzw. -dauer wirkten sich auf die Motivations- und Stimmungslage zunehmend negativ familiäre Belastungen im Zuge der Trennung aus. Auch das fordernde Schichtsystem bei gleichzeitig ereignisarmer Einsatzlage beeinträchtigte bei einzelnen Personengruppen die Motivation. Allen voran ist hier das Taktikpersonal zu nennen.

In Bezug auf die Motivation der Kontingent-Angehörigen sind folgende Faktoren zu berücksichtigen:

- Die pauschale Entlohnung durch den Auslandsverwendungszuschlag wurde als angemessen empfunden und akzeptiert, wenngleich dieser mit 46 Euro pro Tag deutlich unterhalb dessen lag, was woanders gewährt wird.

- Die Unterbringungssituation hat sich sowohl in Bezug auf Quantität als auch Qualität mit zunehmender Einsatzdauer deutlich entspannt und letztendlich gemessen am Einsatz einen guten Standard erreicht.

- Die Verpflegung war insgesamt glänzend und trug uneingeschränkt den Bedürfnissen des Schichtbetriebes Rechnung.

- Die Betreuungskommunikation war sichergestellt, sowohl durch dienstliche Angebote als auch zivile Provider.

- Das Betreuungsangebot war vielfältig und wurde gerne angenommen. Insbesondere die auf der Zeitachse verbesserten Sportmöglichkeiten sorgten für den nötigen Ausgleich.

- Die schwindende Akzeptanz über die Notwendigkeit und Zweckmäßigkeit des Einsatzes in Deutschland schürten zunehmend Zweifel an der Sinnhaftigkeit des Handelns.

- Das Disziplinar- und Beschwerdeaufkommen war absolut unauffällig, und bezogen auf alle Einsätze der Bundeswehr weit unterdurchschnittlich.

Insgesamt ist festzustellen, dass der Einsatz nicht zu unterschätzende positive Effekte auf die Identifikation mit dem Beruf und das Zusammengehörigkeitsgefühl der Truppe hatte. Das sogenannte „Splitting", d.h. die Aufteilung der regulären Einsatzdauer von rund vier Monaten auf zwei oder sogar mehrere Soldaten, hat erheblich dazu beigetragen, die zum Teil hohe individuelle Einsatzbelastung zu mildern.

Führen im Einsatz

Welche Herausforderung war mit der Führungsverantwortung im Einsatz verbunden?

Im Einsatz ist der militärische Vorgesetzte zweifelsohne ganz besonders gefordert. Gegenüber dem Grundbetrieb sind insbesondere nachfolgende Aufgaben hervorzuheben, die im Prinzip für alle Einsätze der Bundeswehr gleichermaßen gelten:

- Die Einsätze werden regelmäßig durch unterschiedliche Besucher oder Besuchergruppen „heimgesucht". Dabei fordern nicht nur hochrangige, sondern auch fachbezogene Besucher die ungeteilte Aufmerksamkeit des Führungspersonals. In Bezug auf AF TUR sind hier u.a. zu nennen der Besuch des Bundespräsidenten, der Bundesministerin der Verteidigung, des Generalssekretärs der NATO, die Planerreisen des EinsFüKdoBw sowie diverse Fachaufsichtsbesuche durch Veterinäre, Materialprüfer oder Arbeitsschützer. Gerade die hochrangigen Besucher bieten zweifelslos eine gute Gelegenheit die Leistung der Soldaten prominent darzustellen und ggf. die eine oder andere Botschaft zu platzieren, sie binden aber auch erhebliche Kräfte. „Trauriger Höhepunkt" in diesem Zusammenhang war wohl der Besuch eines Mitgliedes des Verteidigungsausschusses des Deutschen Bundestages über die gesamten Weihnachtsfeiertage. Der sehr frühzeitige Besuch des Wehrbeauftragten des Deutschen Bundestages mit der seinerzeitigen Berichterstattung hat nach außen ein Bild über die Rahmenbedingungen des Einsatzes entstehen lassen, welches trotz gewandelter Verhältnisse auch auf der Zeitachse nicht mehr zu korrigieren war.

- Mit hochrangigen Besuchen geht stets ein hohes Medieninteresse einher. Aber immer auch dann, wenn in Deutschland der Einsatz in der Türkei im Rahmen der Parlamentsbefassung thematisiert oder AF TUR als vermeintliches Paradebeispiel für die mangelnde Einsatzbereitschaft der Luftwaffe politisch instrumentalisiert wurde, gab es viel Medienarbeit zu leisten. Nicht zu vergessen ist die Medienberichterstattung, die im Sinne der Eigendarstellung erfolgt, um die Leistung des Einsatzes auch in den Bundeswehr-eigenen Medien angemessen zu würdigen.

- Regelmäßig ist Bericht zu erstatten, und zwar nicht nur gegenüber den eigentlich zuständigen (Fach-)Vorgesetzten im EinsFüKdoBw, sondern auch gegenüber der Luftwaffe.

- Interkulturelle Kompetenz ist zweifellos in allen Einsätzen eine Schlüsselqualifikation. Aufgrund der besonderen Rahmenbedingungen war für den Erfolg des Einsatzes AF TUR ein gefestigtes, freundschaftliches Verhältnis zur Gastgebernation, welches die kulturellen Besonderheiten respektiert und deren Gepflogenheiten achtet, mit entscheidend.

- Die Einsatzkontingente der Bundeswehr werden in der Regel mit Personal aus verschiedenen zivilen und militärischen Organisationsbereichen gestellt, insofern ist das Entwickeln und Befördern einer gemeinsamen Identität immer eine besondere Herausforderung.

- Im Einsatz ist der truppendienstliche Vorgesetzte „24/7" gefordert. Es gibt keine Pausen und wenig bis gar keine Rückzugsmöglichkeiten. Führungsverantwortung im Einsatz wahrzunehmen kostet daher auch viel Kraft. Besonders belastend sind dabei persönliche Härtefalle, Disziplinarmaßnahmen, Repatriierungen, inzwischen aber auch zunehmend die mit der Beurteilungsbefugnis wahrzunehmenden Aufgaben.

- Mehr noch als im Grundbetrieb muss der Vorgesetzte im Einsatz authentisch militärische Tugenden (vor-)leben. Hierzu gehören u.a., Vorbild geben, präsent sein, transparent kommunizieren, Verantwortung übernehmen, Ziele setzen, Vertrauen schenken, Schutz gewähren.

Bei AF TUR ergaben sich für den militärischen Vorgesetzten zudem nachfolgende, spezifische Herausforderungen:

- Wie oben bereits dargestellt, wurde der Einsatz AF TUR in erster Linie durch das Personal des Flugabwehrraketengeschwaders 1 geschultert. Für viele Angehörige des Verbandes bedeutete dies wiederholt mit zum Teil unterschiedlichen Aufgaben bei AF TUR gefordert gewesen zu sein. Das individuelle Belastungsempfinden wurde zudem durch den mit zunehmender Dauer sicher nachzuvollziehenden, schwindenden Rückhalt bei Familien und Angehörigen zusätzlich verstärkt.

- Im Sinne der Reduzierung der individuellen Einsatzbelastung wurde die Möglichkeit des „Splitting", d.h. der Aufteilung der regulären Einsatzdauer von vier Monaten auf zwei oder mehrere Soldaten, intensiv genutzt. Dies erhöht jedoch nicht nur erheblich den organisatorischen und administrativen Aufwand, sondern steht auch der Kontinuität und Qualität der Aufgabenwahrnehmung wie auch dem Teambuilding diametral entgegen. Im Grunde galt es beständig neues Personal aufzunehmen, einzuweisen und zu integrieren.

- Die Herausforderungen und Probleme des Grundbetriebes wurden in den Einsatz getragen und umgekehrt beeinträchtigte der Einsatz erheblich die Aufgabenwahrnehmung im Grundbetrieb. Als Stichworte sind in diesem Zusammenhang u.a. die hohe Auftrags- und Vorhabendichte im Grundbetrieb, die niedrige Klarstandsrate in den PATRIOT-Verbänden, die Erfüllung des Tactical Combat Training Program (TCTP) und der Nachweis der Individuellen Grundfertigkeiten (IGF) zu nennen.

- Mit zunehmender Dauer des Einsatzes lässt sich querschnittlich ein Rückgang der Waffensystemkenntnisse (insbesondere beim Taktikpersonal) konstatieren. Am Ende steht eine „Generation AF TUR", die zwar eine optimierte Einsatzvorbereitung und Ausbildung durchlaufen hat, aber neben dem spezifischen Einsatz in der Türkei kaum bis gar keine Erfahrung im gesamten Wirkungs- und Einsatzspektrum der Fla-Rak sammeln konnte.

- Da unter den besonderen Rahmenbedingungen des Einsatzes in der Türkei in der Wahrnehmung des Einzelnen die Anforderungen im Einsatz mit den Annehmlichkeiten des zivilen Umfeldes zu verschmelzen drohen, bedurfte die Aufrechterhaltung von Disziplin und Ordnung besonderer Aufmerksamkeit.

- Die Legitimation und der operationelle Nutzen des Einsatzes wurden immer wieder in Frage gestellt. Bedauerlicherweise ist auf der Zeitachse auch ein schwindender Rückhalt einzelner Repräsentanten aus Politik und Militär zu konstatieren. Dies hat es für die verantwortlichen militärischen Vorgesetzten vor Ort nicht unbedingt leichter gemacht!

Fazit

Welche wesentlichen Erkenntnisse und Ableitungen lassen sich nun aus den zwei Einsätzen der FlaRak-Waffe in der Türkei ziehen?

Die vergleichende Betrachtung der beiden Einsätze zeigt eindrucksvoll die gewandelten Verhältnisse und Rahmenbedingungen von einer Armee des Kalten Krieges und der Blockkonfrontation hin zu einer Einsatzarmee (mit Schwerpunkt Krisenbewältigung und Konfliktverhütung). Im Sinne der Einsatzfähigkeit der Streitkräfte ist in den vergangenen Jahren erfreulich viel erreicht worden, u.a. (versorgungs-)rechtlich, strukturell, finanziell oder in

Bezug auf das berufliche Selbstverständnis. Für den heutigen Nachwuchs ist die Teilnahme am Einsatz berufliche Selbstverständlichkeit.

Einsätze sind nur noch Bundeswehr-gemeinsam vorstellbar. Nur im Konzert aller zivilen und militärischen Organisationsbereiche ist die Auftragserfüllung sicherzustellen.

Die FlaRak-Waffe muss multinationale Kräfte integrieren können und in multinationale Strukturen integrationsfähig sein. Insbesondere aus Gründen der Wirksamkeit und der Durchhaltefähigkeit gilt es daher die technische und prozedurale Interoperabilität mit multinationalen Partnern zu verbessern. Gestern wie heute – und gewiss auch morgen – werden bodengebundene Luftverteidigungskräfte nur im multinationalen Kontext eingesetzt. So wurde die FlaRak über Jahrzehnte sozialisiert, hier hat sie zweifelsfrei besondere (interkulturelle) Kompetenzen, die es in der zukünftigen Ausrichtung unbedingt zu nutzen gilt.

Es bedarf (wieder mehr) reaktionsfähiger, reaktionsschneller Streitkräfte, d.h. einsatzbereites Personal, hochwertige, einsatzorientierte Ausbildung, einsatzklares Waffensystem-Gerät, einsatzorientierte Bevorratung und ausreichend Munition.

Der konzeptionell geforderte Level of Ambition muss sich stärker am Machbaren orientieren. Die Dauer der Einsätze ist nur bedingt vorhersehbar; weder Einsatzverfügbarkeit noch Einsatztauglichkeit können in letzter Konsequenz befohlen werden.

Gerade bei begrenzten Ressourcen hat der Einsatz erheblichen Einfluss auf den Grundbetrieb. Je länger der Einsatz andauert, desto größer ist der Einfluss. Dies ist zunächst einmal nicht schlimm, bedeutet aber, bei laufenden Einsätzen die nötigen Konsequenzen zu ziehen und den Grundbetrieb klar darauf auszurichten, den Einsatz durchhaltefähig sicherzustellen. So müssen insbesondere Aufgaben und Vorhaben zwingend den geänderten Rahmenbedingungen angepasst werden.

Jeder Einsatz ist anders! Grundlegende Überlegungen können und müssen im Vorfeld angestellt werden, der Handwerkskasten sollte wohl geordnet sein. Der konkrete Einzelfall erfordert jedoch stets ein Höchstmaß an Flexibilität und Improvisation.

Im Einsatz muss die Bereitschaft sich weiter- und fortzuentwickeln gegeben sein. Kein Einsatz endet (grundsätzlich) so, wie er beginnt.

Solange die Einsicht in die Sinnhaftigkeit des Handelns gegeben ist, stimmt auch die Motivation.

Die Herausforderungen an den militärischen Führer werden sich grundsätzlich nicht ändern, die Bedeutung von körperlicher Belastbarkeit und psychischer Robustheit verdienen jedoch mehr Aufmerksamkeit.

Der Einsatz muss – trotz aller Gefahren, die Bestandteil des Soldatenberufes sind – auf Dauer auch erträglich sein! Insbesondere in einer Freiwilligenarmee gewinnen sogenannte „weiche" Faktoren zunehmend eine hohe Relevanz. Wer dies verkennt, gefährdet auf Dauer die Durchhaltefähigkeit. Im Kontext zeitgemäßer Menschenführung ist die Berücksichtigung der „Hygienefaktoren" zudem selbstverständlicher Ausdruck der Fürsorge des Vorgesetzten.

Der Einsatz selbst ist für das Selbstverständnis und die Zusammengehörigkeit der Soldaten von unschätzbarem Wert. Beide Einsätze unterstreichen die hohe Professionalität, den unbedingten Leistungswillen, das Pflichtbewusstsein, die Leidensfähigkeit und die bemerkenswerte Emotionalität der FlaRak-Waffe. Dies sind natürlich alles keine Alleinstellungsmerkmale der FlaRak, aber sie zeichnen diese in besonderer Weise aus, so wie es das Leitbild der Flugabwehr- und Flugabwehrraketentruppe, absolut treffend, wenn auch vielleicht ein wenig nüchtern, beschreibt.

Bernd Walsch

Die FlaRak-Waffe im Einsatz – Zwei Einsätze in der Türkei
2. Task Force 91. Der Einsatz des Flugabwehrraketengeschwaders 36 im Rahmen der NATO Operation ACE GUARD

Ausgangslage für den Einsatz

Im Jahr 1990 bereitete sich Deutschland und damit auch die Bundeswehr auf die anstehende Wiedervereinigung zum 3. Oktober 1990 vor. Viele Menschen im Land interpretierten die friedliche Revolution in der DDR als Entwicklung hin zu einem Ende der Blockkonfrontation und damit zu einer friedlichen Zukunft. Der Überfall des Irak auf Kuweit am 2. August 1990 dämpfte allerdings dieses Gefühl einer positiven und friedlichen Entwicklung der Welt.

Die Vereinten Nationen reagierten mit verschiedenen Resolutionen des Sicherheitsrates auf diesen Überfall und legitimierten und beauftragten den militärischen Aufmarsch einer internationalen Allianz unter der Führung der USA im Rahmen der OPERATION DESERT SHIELD. Trotz zahlreicher Versuche zur diplomatischen Beilegung dieser Krise zeichnete sich im Laufe der Entwicklung ab, dass eine militärische Lösung zur Befreiung Kuweits notwendig sein würde. Im Herbst des Jahres beantragte die Türkei bei der NATO Unterstützung der Bündnispartner für den Fall eines Übergreifens des Konfliktes. Das Bündnis begann daher mit Planungen für diesen Fall unter der Bezeichnung OPERATION ACE GUARD. Bis zum Jahresende 1990 wurde es immer deutlicher, dass eine diplomatische Lösung des Kuweit-Konfliktes kaum zu erreichen sein würde und dass eine militärische Lösung immer wahrscheinlicher wurde. Die Bundesregierung hatte zu dieser Zeit bereits deutlich gemacht, dass es, insbesondere wegen der laufenden Prozesse der Wiedervereinigung, keine deutsche Beteiligung an DESERT SHIELD und im weiteren Verlauf an DESERT STORM geben würde. In den Medien und Teilen der Bevölkerung fand die Entwicklung in der Golf-Region ein großes Echo. Insbesondere die „Friedensbewegung" wurde aktiv und fasste ihre Aktionen gegen eine militärische Lösung des Konflikts unter dem Motto „Kein Blut für Öl" zusammen.

Am 2. Januar 1991 aktivierte die NATO Teile der Allied Command Europe Mobile Force AIR (AMF AIR) für einen Einsatz in der Türkei zur Sicherung der Bündnisgrenzen gegen ein mögliches Übergreifen des Kuweit-Konfliktes. Dazu verlegten eine Staffel des Jagdbombergeschwaders 43 mit Alpha Jets aus Oldenburg sowie eine italienische Staffel mit Lockheed F-104 Starfighter auf die türkische Airbase Erhac sowie eine belgische Staffel mit Mirage auf die Airbase Diyarbakir. Zusätzlich sollten Flugabwehrraketenkräfte der NATO die türkische Luftverteidigung in diesen Bereichen verstärken. Neben den Niederlanden prüfte auch Deutschland einen möglichen Beitrag. Am 29. Januar 1991 informierte der Bundesminister der Verteidigung, Gerhard Stoltenberg, im Rahmen einer Pressekonferenz über den Beschluss der Bundesregierung, Teile der Flugabwehrraketengruppe 42 nach Erhac und des Flugabwehrraketengeschwaders 36 nach Diyarbakir zu entsenden.

Am 17. Januar 1991 begann die Operation DESERT STORM mit einem massiven Luftschlag gegen den Irak, nachdem alle, bereits seit Monaten laufenden diplomatischen Bemühungen zur Beilegung des Konfliktes endgültig gescheitert waren.

Chronologie des Einsatzes der Task Force 91 (TF 91)

28. Januar 1991

Beginn einer geplanten Geschwadereinsatzübung zur Vorbereitung auf die bevorstehende NATO-Einsatzbereitschaftsüberprüfung. Alle Einheiten des Verbandes verlegten dazu in ihre Feldstellungen.

29. Januar 1991

Um die Mittagszeit wurden alle Staffelchefs per Sammelruf in die Ringleitung zum Geschwadergefechtsstand gerufen. Der stellvertretende Kommodore, Oberstleutnant Gentsch, teilte mit, dass das Übungsziel erreicht und die Übung mit sofortiger Wirkung neutralisiert sei. Die Einheiten hatten unverzüglich in die Standorte zurückzuverlegen. Für 1600 Uhr Zulu (17 Uhr Ortszeit) wurde eine Chefbesprechung in Bremervörde befohlen. Weitere Informationen zum Hintergrund dieser ungewöhnlichen Maßnahme wurden zunächst nicht gegeben.

Das zeitgerechte Erreichen der Chefbesprechung wurde vor der Kaserneneinfahrt durch Demonstranten und Kamerateams verschiedener Sender erschwert. In dieser Besprechung gab der Kommodore bekannt, dass der Verband den Auftrag erhalten hätte, im Rahmen einer NATO-Operation, nach Diyarbakir zu verlegen, um den dortigen Flugplatz gegen mögliche irakische Luftangriffe zu verteidigen. Zusätzlich wurde der Auftrag erteilt, innerhalb von 24 Stunden ein Erkundungskommando zu diesem Flugplatz in Marsch zu setzen. Die Führung dieses Einsatzes sollte durch das Luftflottenkommando A3 direkt erfolgen. Die Staffelchefs sollten diese Informationen dann ihren Einheiten mitteilen und weitere Anweisungen abwarten, da die derzeitige Informationslage noch „sehr dürftig“ sei.

Dies erfolgte dann in den Einheiten, wobei bei den Soldaten eine deutliche Betroffenheit über diesen ungewöhnlichen Auftrag festzustellen war. Fragen über Dauer des Einsatzes, Umfang des Personals, Gefährdungslage und Ähnliches konnten die Chefs natürlich nicht beantworten. Dies verstärkte die Unsicherheit der Soldaten doch deutlich.

30. Januar 1991

Abflug des Erkundungskommandos unter Führung des stellvertretenden Kommodore Oberstleutnant Gentsch. Durch mangelnde Informationen vor Ort, es fehlte eine Bestätigung durch den türkischen Generalstab, wurde das Kommando nach Eintreffen in Diyarbakir erst einmal von der Basis verwiesen und konnte seinen Auftrag erst am folgenden Tag aufnehmen.

In den Standorten begannen die Vorbereitungen der Waffensysteme für den Einsatz. Zusätzlich wurden die Voraussetzungen für einen möglichen Lufttransport der Geräte nachgefragt, da dies für einen FlaRak-Verband zur damaligen Zeit eine nicht vorgesehene Verlegeoption war. Der Geschwaderstab arbeitete mit Unterstützung durch das Flugabwehrraketenkommando 2 an einer Informationsbasis über den Einsatzraum (Kartenmaterial, Klimadaten etc.) und den Zeitvorgaben für eine mögliche Verlegung. Insbesondere die Beschaffung notwendiger Karten und Geo-Informationen erwies sich als sehr schwierig – ein privat gekaufter Baedecker-Reiseführer der Türkei aus einer Bremervörder Buchhandlung musste Ersatz leisten. Auf dem Dienstweg erhielten wir bis zum Abmarsch lediglich für den FlaRak-Einsatz wenig brauchbare „Fliegerkarten“ der Türkei im Maßstab 1:500.000 geliefert. Tatsächlich benötigten wir für den taktischen Einsatz Karten im Maßstab 1:50.000 – und die lagen bis zum Ende des Einsatzes nicht vor!

In verschiedenen Einheiten kam es, vermutlich beeinflusst durch Kontakte mit „Friedensaktivisten", zu einer Welle von Anträgen auf Kriegsdienstverweigerung, insbesondere im Bereich der Mannschaften.

Vor der Kaserne in Bremervörde begann eine „Mahnwache" der Friedensbewegung.

31. Januar 1991

Der militärische Appell zur Kommandoübergabe des FlaRakG 36 von Oberstleutnant Hans-Ulrich Finke an Oberstleutnant Wolfgang von Kirschbaum fand wie geplant statt. Aus Diyarbakir gingen die ersten gesicherten Informationen über die Lage vor Ort ein. Dazu zählte in erster Linie, dass ein niederländisches FlaRak-Kontingent mit zwei Feuereinheiten PATRIOT und vier Assault Fire Units (AFU) HAWK der 3. und 5. Group Geleide Wapens (GGW) derzeit am Platz in Stellung gehen würden.

Diese eingehenden Informationen führten dazu, dass erste Überlegungen über den Umfang eines möglichen Kontingents durch das Geschwader vorgenommen wurden.

1. Februar 1991

Der neue Kommodore besuchte alle Einheiten des Verbandes, sprach mit den Soldaten und gab den aktuellen Planungsstand bekannt. Besonders wichtig war dabei, dass durch die Festlegung der betroffenen Einheiten für den Beginn des Einsatzes mit Teilen der Stabs-, Versorgungs-, Sanitäts- sowie der 1. und der 3. Staffel jetzt Planungssicherheit bestand. Wenn auch noch keine Terminierung der Verlegung bekannt war. Insgesamt hatte sich die anfängliche Verunsicherung vieler Soldaten gelegt und war einer routinierten Abarbeitung der eingehenden Aufträge gewichen. Hier zeigte sich, dass insbesondere die älteren Portepeeunteroffiziere als Rückgrat der Auftragserfüllung eine sichere Bank waren.

3. Februar 1991

Im Geschwadergefechtsstand ging am Vormittag die Information ein, dass der Beginn der Verlegung im Lufttransport für den 6. Februar 1991 festgelegt worden sei. Der Transport sollte mit zivilen Großraumflugzeugen Antonov AN 124 erfolgen, die bereits das niederländische Kontingent verlegt hatten.

Auf der Grundlage dieser Informationen wurde dann das Kontingent sowohl materiell wie personell finalisiert, die entsprechenden Listen erstellt und das betroffene Personal informiert.

4. Februar 1991

Die Sanitätsstaffel impfte aufgrund der vorliegenden Informationen das Personal. Zusätzlich erhielten alle Soldaten für den Einsatz aus dem Verteidigungsvorrat ABC-Material: „scharfe Filter" und drei passende ABC-Schutzanzüge. Zusätzlich erfolgten Dichtigkeitsüberprüfungen der persönlichen Schutzausrüstung aufgrund der möglichen Bedrohung durch irakische C-Waffen. Parallel dazu arbeiteten alle an den Waffensystemen und Kraftfahrzeugen, die für den Lufttransport vorgesehen waren, „rund um die Uhr" weiter.

5. Februar 1991

Abschluss aller Vorbereitungsmaßnahmen und Auffahren der Marschbänder zur Verlegung an den für den Lufttransport vorgesehenen Flugplatz Ahlhorn und Meldung der Marschbereitschaft. Für den Beginn des Lufttransports wurde jetzt der 6. Februar festgelegt. Informationen des Staatsschutzes aus Bremen und Niedersachsen wurden bekannt gegeben, wonach mit Behinderungen der Marschbewegungen und Kasernenblockaden durch „Friedensaktivisten" zu rechnen sei und dass in Deutschland Flugblätter aufgefunden wurden, in denen der kurdischen Arbeiterpartei PKK nahestehende Kreise mit Anschlägen auch auf deutsche Soldaten in der Türkei drohten.

6. Februar 1991

Der Abmarsch des ersten Kontingentteils nach Ahlhorn erfolgte ohne Behinderungen. Auf dem Flugplatz befanden sich allerdings keine Transportflugzeuge. Angeblich hatte man erst jetzt festgestellt, dass die Runway in Ahlhorn für die AN 124 nicht zugelassen sei. Es wurde deswegen angewiesen, dass bis zur Festlegung eines neuen Flugplatzes das Waffensystemgerät in Ahlhorn verbleiben sollte. Das Personal sollte wieder in die Standorte zurück verlegen.

7. Februar 1991

Für den Materialtransport wurde jetzt der Flugplatz Köln-Wahn geprüft. Um aber das notwendige Personal für das Instellunggehen vor Ort zu haben sollte ein erster Teil des Kontingents, bestehend aus Teilen der Stabs-, Vers-, San- und der 3. Staffel, im Lufttransport von Ahlhorn aus mit einer TU 154 verlegt werden. Da die Friedensbewegung erneut zu Kasernenblockaden aufrief, flogen CH-53 der Heeresflieger das Personal nach Ahlhorn. Dort verabschiedete der Kommandeur der 4. Luftwaffendivision die Soldaten in den Einsatz. Unter großer Medienpräsenz bestiegen sie die Maschine – um sie dann nach ca. einer Stunde wieder zu verlassen. Eine der Türen schloss nicht mehr druckdicht.

8. Februar 1991

Gegen 02:00 Uhr startete dann die aus Leipzig zugeführte Ersatzmaschine Richtung Diyarbakir. Dort eingetroffen erfolgte noch auf dem Platz eine Übergabe mit dem Erkundungskommando, da dieses mit der gleichen Maschine nach Deutschland zurück flog. Der Rest des Tages war mit Übernahme des Gefechtsstandes in einem Gebäude auf der Airbase, Kontaktaufnahmen zu den auf dem Platz befindlichen türkischen, niederländischen Stellen sowie dem belgischen AMF-Kontingent ausgefüllt. Die Masse des Personals bezog die angemietete Unterkunft, ein vor der Stadt an einer Raststelle liegendes Hotel.

9.-15. Februar 1991

Eingang von Informationen aus Deutschland, dass es Schwierigkeiten mit dem Lufttransport gäbe, da die Besatzung der in Köln-Wahn bereit stehenden AN 124 keine Erlaubnis ihrer russischen Geschäftsführung zur Durchführung des Fluges hätte. Im Verlauf des Tages wurde das Kontingent dann informiert, dass es derzeit keine Möglichkeit für den Lufttransport des Waffensystems gäbe und man intensiv nach einer Alternative suchen würde. Bis dahin sei auch keine weitere Versorgung geplant.

Auf der Basis dieser Informationen plante der Kommodore dann das weitere Vorgehen für das Kontingent. Durchführung der notwendigen Erkundungen für den Stellungsbereich, Planung der benötigten Fernmelde-Anbindungen sowie der Vorbereitung der einzelnen Waffensystemstellplätze in Zusammenarbeit mit den türkischen Luftwaffenpionieren am Platz. Ein

Ausbildungsprogramm im Bereich Sanität und ABC-Se wurde festgelegt und in Folge auch durchgeführt.

Die Verbindung mit Deutschland wurde über fünf von der Türkei zur Verfügung gestellten Postmietleitungen sichergestellt. Per Fax-Gerät konnten auch offene Dokumente und ein täglicher Pressespiegel aus Deutschland empfangen werden. Eingestufte Informationen konnten nur mit Hilfe der mitgeführten Handschlüsselgeräte PACE in begrenztem Umfang und nur mit dem Gefechtsstand in Bremervörde ausgetauscht werden. Für die Verbindung zu den Familien in der Heimat stellte die türkische Post ein gebührenpflichtiges Kartentelefon im Aufenthaltsbereich auf der Airbase bereit.

In Deutschland wurden in dieser Zeit die Waffensystemgeräte des Kontingents wegen der Problematik des nicht gesicherten Lufttransports zuerst von Ahlhorn Richtung Köln-Wahn in Marsch gesetzt, dann aber wieder nach Bremervörde zurückverlegt, um von dort dann nach Schöneck bei Frankfurt geschickt zu werden. Dort wurden diese Teile für den Transport mit Lockheed C-5A Galaxy der US Air Force zur Rhein-Main-Airbase geschickt, während der Rest über Bremervörde nach Bremerhaven fuhr, um von dort im Seetransport in die Türkei gebracht zu werden. Alle Marschbewegungen wurden von Soldaten des Verbandes bei häufig schwierigen Straßenverhältnissen wegen Schneefalls und Glatteis durchgeführt.

14. Februar 1991

Besuch des Bundesministers der Verteidigung Stoltenberg von Erhac her kommend in Diyarbakir. Beim Kontingent in Erhac war es zu einigen Unstimmigkeiten beim Gespräch mit der Truppe bei gleichzeitiger Anwesenheit der knapp 60 Presse- und Medienvertreter gekommen. Bei uns verlief der Besuch problemlos. Besonders wichtig war, dass der Minister die baldige Aufnahme des Lufttransportes ankündigte.

15. Februar 1991

Ankündigung des Luftflottenkommandos: der Lufttransport der Waffensystemteile wird aufgenommen. Es sollten sechs Flüge mit C-5 A GALAXY für die FlaRakGrp 42 und das FlaRakG 36 der TF 91 erfolgen. Zusätzliche Kraftfahrzeuge und Geräte, aber insbesondere die 36 Lenkflugkörper HAWK, würden mit C-160 TRANSALL befördert werden.

Es erfolgte dann die Planung zur Übernahme der Geräte sowie das Beziehen der Stellung in Absprache mit dem türkischen Base Commander und dem niederländischen Kontingent.

16. Februar 1991

Eintreffen der ersten Waffensystemteile und der Lenkflugkörper in Diyarbakir.

17./18. Februar 1991

Eintreffen der Galaxys und der restlichen Waffensystemteile, sofortiges Instellungbringen mit Unterstützung des niederländischen Kontingents. Insgesamt wurden für die Verlegung des Waffensystems der TF 91 drei Flüge mit der C-5A und 24 Flüge mit C-160 benötigt. Zusätzlich flog eine TU-154 das restliche Personal des Kontingents ein.

181610 z feb 91 Meldung „AT BATTLE STATIONS SOE 1" und damit Aufnahme des LV-Einsatzes im Schichtdienst „24/7".

28. Februar 1991

Waffenstillstand zwischen den Alliierten und Irak am Golf und anschließendes Zurückfahren des STATUS „AT BATTLE STATIONS" auf den „STATE OF READINESS 20 min".

1. März 1991

Beginn der Planungen für eine mögliche Rückverlegung in Koordination mit dem niederländischen Kontingent, da Lufttransport nicht mehr zur Verfügung stand. Daher wurde dann eine Rückführung im Seetransport über den türkischen Hafen Iskenderun vorgesehen.

15. März 1991

Auf Anforderung der jeweiligen Kommandeure wurde das niederländisch-deutsche FlaRak-Kontingent in Diyarbakir in den STATUS 12R entlassen, um die notwendigen Vorbereitungen für den geplanten Rückmarsch nach Iskenderun beginnen zu können. Die Stellungen wurden geräumt und der notwendige Technische Dienst für den Marsch über mehr als 650 km durchgeführt.

17. März 1991

Beginn des zweitägigen Landmarsches nach Iskenderun via Gaziantep sowie Rückführung der ersten Soldaten nach Deutschland, die für den Marsch nicht mehr benötigt wurden.

20.-23.03.1991

Verladung der Waffensysteme im Hafen von Iskenderun und anschließend Rückflug des Personals nach Deutschland.

Mitte April 1991

Das Eintreffen der Waffensysteme und des restlichen Materials in Deutschland markierte dann das Ende des Einsatzes.

Der Auftrag für TF 91

Der Auftrag für das Kontingent lautete: „Schutz der Airbase Diyarbakir und des dort eingesetzten AMF-Anteils im Verbund mit den niederländischen FlaRak-Kräften.“

Dies sollte unter Einbindung in das NATO-Command and Control System über das vor Ort befindliche Sector Operation Center (SOC) erfolgen. Ein „deutscher Feuervorbehalt“, wie er in der nationalen Befehlslage aufgeführt war, konnte allerdings wegen der unzureichenden Fernmeldeverbindungen (fehlende Sat-Com-Anbindung) zu keiner Zeit realisiert werden.

Eigene Lage

Die TASK FORCE 91 (FlaRakG 36) war mit dem Gefechtsstand, Versorgungs- und Waffensystembereich auf der Airbase Diyarbakir, die direkt an die Stadt grenzte, stationiert. Die Unterbringung der Soldaten erfolgte in zwei angemieteten Hotels der „landestypischen 1 Sterne Kategorie“. Bessere Unterkünfte waren in der Stadt durch das späte Eintreffen nicht mehr verfügbar. Deutlich besser war es in Diyarbarkir, damals eine Regionalhauptstadt mit offiziell etwas mehr als 500.000 Einwohnern im äußersten Südosten der Türkei, ca. 200 km von der irakischen Grenze entfernt.

Auf der Basis waren neben verschiedenen türkischen Geschwadern noch das Hauptquartier der 2. (türkischen) Taktischen Luftflotte sowie die belgische AMF-Staffel mit Mirage und das niederländische FlaRak-Kontingent stationiert. Im Rahmen von ACE GUARD waren dann noch die Teile der FlaRakGrp 42 auf der Airbase Erhac mit der deutschen und der italienischen AMF-Staffel sowie ein US-PATRIOT-Kontingent auf der Airbase Incirlik stationiert.

Die Unterbringungs- und Betreuungssituation für die Soldaten der TF 91 war während des ganzen Einsatzes schwierig und konnte auch mit viel Eigeninitiative und Improvisationstalent kaum verbessert werden. Eine zentrale Betreuungsorganisation, wie sie in heutigen Einsätzen Standard ist, existierte nicht und war in den Vorschriften damals noch nicht vorgesehen.

Feind- und Bedrohungslage

Noch in Deutschland wurde das Kontingent mit den vorhandenen Informationen über die irakische Luftwaffe, deren technischen Stand sowie vermutete Einsatzverfahren versorgt. Dies ermöglichte eine für den Einsatz notwendige Vorbereitung der Feuerleit-Crews.

Nach Eintreffen im Einsatzgebiet stellte sich die aktuelle Situation doch anders dar. Mit Luftangriffen war kaum zu rechnen, da die irakische Luftwaffe nach den anfänglichen alliierten Luftschlägen kaum noch Einsätze flog. Die Hauptbedrohung ging bis zum Waffenstillstand von einem möglichen Angriff mit taktisch-ballistischen Raketen vom Typ SCUD aus. Ein Beleg dafür war die hohe Anzahl von SCUD-Alarmen, die über das US-Vorwarnsystem auch für die in der Türkei befindlichen NATO-Truppen ausgelöst wurden.

Eine zusätzliche Bedrohung war die Gefahr von Anschlägen durch die kurdische Arbeiterpartei PKK. Tatsächlich gab es aber keine solchen Anschläge in Diyarbakir. In Izmir kamen allerdings bei einem Sprengstoffanschlag der PKK zwei US-Offiziere ums Leben. In kurdischen Kreisen in Deutschland waren Flugblätter mit der Drohung solcher Anschläge gegen NATO-Soldaten und auch explizit gegen das deutsche Kontingent gefunden worden.

Unterstellung im Einsatz

Die TF 91 war für den Waffensystemeinsatz (Engagement Operations) für die damalige Zeit „ganz normal" in die Kommandostruktur der NATO-Luftverteidigung eingebunden. Die Feuereinheit war dem niederländischen PATRIOT Information and Coordination Central (ICC) auf der Basis unterstellt, welches über ein weiteres ICC im SOC die Anbindung sicherstellte. Über dieses SOC waren damit auch die AWACS-Informationen, die ein Lagebild bis in den irakischen Luftraum ermöglichten, verfügbar.

Die Wahrnehmung der nationalen Führung (Force Operations) war mit der Auftragserteilung auf den A3 des Luftflottenkommandos festgelegt worden. Allerdings zeigte sich in der gesamten Einsatzdauer, dass dies aufgrund der fehlenden deutschen Gefechtsstandorganisation und der in der Luftwaffe existierenden Fachkommandostruktur unzureichend für diese Aufgabe war. Die Folge war, dass eine Vielzahl von Stellen in der Heimat Informations- und Meldewege in das Kontingent öffneten und zu keiner Zeit klare Zuständigkeiten erkennbar waren. Als Beispiel sei genannt, dass für eine Anforderung einsatzfähiger Kleinfunkgeräte als Ersatz für das in diesem Einsatz untaugliche Teleport VI sechs verschiedene, teilweise ausführlich begründete Anträge an vier verschiedene Dienststellen geschrieben werden mussten.

Im Verlauf des Einsatzes wurde der Kommandeur des Flugabwehrraketenkommandos 5, Brigadegeneral Ullrich Nickel, als Beauftragter des Inspekteurs der Luftwaffe bei der deutschen Botschaft in Ankara stationiert. Er sollte koordinierende Aufgaben für die deutschen Teile in der Türkei wahrnehmen.

Einsatzdurchführung

Die ersten neun Tage des Einsatzes waren geprägt durch das Herstellen der Einsatzbereitschaft eines stationären Geschwadergefechtsstandes, dem Aufbau der notwendigen Verbindungen nach Deutschland und den verschiedenen Ansprechpartnern, um dort das Problem des ausstehenden Lufttransports des Waffensystems und der notwendigen Versorgung des Kontingents zu lösen. Die Mehrheit des Personals war dagegen mit Vorbereitungsmaßnahmen des Stellungsbereiches, den notwendigen Erkundungen sowie zusätzlichen Ausbildungsmaßnahmen, insbesondere im Bereich ABC-Se und Selbst-und Kameradenhilfe, beschäftigt.

Nach Eintreffen des Gerätes konnte die Einsatzbereitschaft hergestellt und am 18. Februar um 16:10 ZULU „TF 91 AT BATTLE STATIONS" gemeldet werden. Der Einsatz erfolgte dann im Schichtdienst: Im Waffensystem wurde ein Dreier-Schichtrhythmus aufgenommen, wobei zwei Tagschichten zu 6 Stunden und eine Nachtschicht zu 12 Stunden gefahren wurden. Die lange Nachtschicht wurde gewählt, um eine zusätzliche Ablösungsfahrt bei Nacht wegen der möglichen terroristischen Bedrohung zu vermeiden. Die anderen Teile der TF 91 – Gefechtsstand, Versorgung, Waffensysteminstandsetzung und Sanität – arbeiteten in einem Zweier-Schichtrhythmus zu jeweils 12 Stunden. Insgesamt erreichte die TF 91 über 28 Tage eine 100-prozentige Einsatzbereitschaft, trotz zum Teil sehr widriger Witterungsbedingungen (starker Frost, Regen, Schnee). Diese beeindruckend hohe Einsatzbereitschaft konnte durch ein umfangreiches, aus Deutschland mitgeführtes Ersatzteilpaket, die gute Ausbildung des Personals, dessen hohe Motivation und die gute Zusammenarbeit mit dem niederländischen Kontingent gewährleistet werden.

Für den Einsatz von FlaRak-Systemen gab es in der Standing Operation Procedure (SOP) des zuständigen SOC nur rudimentäre Vorgaben, sodass in Zusammenarbeit mit den niederländischen Kameraden erst ein detaillierter Annex (Ergänzungskatalog) für die SOP erstellt werden musste. Bei dieser „Stabsarbeit" erwies es sich von Vorteil, dass die niederländischen Kameraden über mehrere Computer, teilweise mit Internetzugang und Drucker, verfügten, während das deutsche Kontingent nur zwei Schreibmaschinen und einen kleinen Kopierer vor Ort hatten.

Die rein technische Einbindung in das NATO-Führungssystem war problemlos, da die notwendigen Schnittstellen zum niederländischen ICC, was den Sprechverkehr betraf, standardisiert waren. Eine Datenanbindung und damit eine Nutzung aller verfügbaren Daten, einschließlich AWACS-Daten, kam allerdings während des Einsatzes nicht zustande. Hierfür fehlte der TF 91 ein deutscher TSQ-38 MB-Gefechtsstand als Datenschnittstelle. Eine von deutschen und niederländischen Technikern erarbeitete Interimslösung scheiterte an der Weigerung einer deutschen Kommandobehörde, die dafür notwendigen Modems freizugeben und in die Türkei einzufliegen zu lassen.

Zur Sicherstellung der hohen Bereitschaftsforderung wurde das Personal der TF 91 abweichend von den normalen STAN-Gliederungen in Deutschland gegliedert. Besonders wichtig war hier dem Kommodore klare Zuständigkeiten in der Zusammenarbeit eines Kontingents sicherzustellen, das aus fünf verschiedenen Einheiten des Verbandes sowie Personal aus weiteren fünf anderen Verbänden sowie einem ABC-Abwehr-Trupp des Heeres gebildet war.

Außenbeziehungen

Aufgrund der schließlich doch relativ kurzen Dauer des Einsatzes waren die „Außenbeziehungen" der TF 91 begrenzt.

Sehr eng gestaltete sich naturgemäß die Zusammenarbeit mit den niederländischen Kameraden der 3. und 5. GGW. Die in Deutschland enge Zusammenarbeit auf der Basis des gleichen Auftrags in der NATO-Luftverteidigung, der gleichen Ausbildungs- und Waffensystemstandards sowie gegenseitiger Überprüfungen waren die Garantie für eine reibungslose Unterstützung in diesem Einsatz. Dass viele der niederländischen Soldaten zum Patenverband des FlaRakG 36 gehörten und man sich von vielen Veranstaltungen her kannte, trug zu dem guten Verhältnis wesentlich bei.

Zum belgischen AMF-Kontingent bestand ebenfalls ein guter Kontakt und ein ständiger Informationsaustausch. Bemerkenswert war dabei, dass, besetzt durch belgische, niederländische und deutsche ABC-Se-Spezialisten, für den gesamten Bereich des Flugplatzes eine gemeinsame NBC-CELL tätig war, die auch für die Alarmierung der türkischen Verbände und Einheiten auf dem Platz Verantwortung trug. Zusätzlich koordinierte diese Zelle auch die Ausbildung von türkischen Offizieren und Unteroffizieren im Bereich ABC-Se.

Die Beziehungen zu den türkischen Partnern gestalteten sich zu Anfang etwas schwierig. Insbesondere der Base Commander schien vom Eintreffen der vielen NATO-Kameraden auf „seinem" Flugplatz nicht begeistert zu sein, da es eine hohe Mehrbelastung insbesondere für seine Fliegerhostgruppe bedeutete. Teilweise gab es auch Probleme durch Mentalitätsunterschiede und kulturelle Besonderheiten. Diese Anfangsprobleme konnten im gegenseitigen Austausch und Gespräch allerdings – landestypisch bei dem ein oder anderen Glas Tee –rasch überwunden werden und in Folge leistete die türkische Seite die notwendigen Unterstützungsleistungen mit hohem Engagement und teilweise sehr unbürokratisch.

Beziehungen zum zivilen türkischen Umfeld gab es so gut wie nicht, sieht man von gelegentlichem Ausgang in Gruppen und in Uniform nach dem Waffenstillstand am Golf ab. Nur notwendige Kontakte zur Polizei, der Gendarma, fanden im Rahmen notwendiger Absicherungsmaßnahmen oder Marschbewegungen statt. Auch hier war die Zusammenarbeit sehr gut und reibungslos. Zusätzlich gab es Absprachen zwischen unseren Sanitätsoffizieren und der Universitätsklinik Diyarbakir über eine mögliche Unterstützung im Falle eines größeren Anfalls von Verwundeten oder Verletzten. Die Fä-

194

higkeiten und Kapazitäten unseres eigenen Sanitätstrupps mit zwei Ärzten und sieben Sanitätern wären dazu unzureichend gewesen.

Grundsätzlich war das Verhalten der türkischen Bevölkerung gegenüber den deutschen Soldaten insgesamt offen und freundlich.

Fürsorge und Betreuung

Fürsorge und Betreuung für die in der TF 91 eigesetzten Soldaten war ausschließlich durch Eigeninitiative vor Ort, Maßnahmen des Verbandes in der Heimat einschließlich der Patengemeinden organisiert. Zentrale Maßnahmen, wie sie in den heutigen Einsätzen üblich sind, gab es zu keiner Zeit.

Die Postversorgung wurde anfangs unter Nutzung der in Diyarbakir landenden Transportmaschinen sichergestellt, indem Briefe mit deutschen Wertzeichen frankiert in Kartons vom jeweiligen Heimatstandort der Maschine in den deutschen Postverkehr gebracht wurden. Briefe und Päckchen aus Deutschland konnten allerdings auf diesem Weg nur bedingt ins Einsatzgebiet gelangen, da man aus Bremervörde den jeweiligen Fliegerhorst anfahren musste. Nach einigen Tests mit der türkischen Post wurde dann dieser Weg überwiegend genutzt, da auf diesem Weg die kleinen Liebesgaben und Briefe meist innerhalb von einer Woche ihr Ziel erreichen konnten. Trotz Antrag des Verbandes aktivierte die Bundeswehr das Feldpostsystem nicht. Dabei hat eine funktionierende Postverbindung mit der Heimat einen hohen Wert für die Motivation der Soldaten in jedem Kontingent, wie wir heute wissen.

Auch die Möglichkeit eines Telefonats mit der Heimat war nur eingeschränkt möglich. Zwar stellte die türkische Post nach einer Woche ein „Kartentelefon" im „deutschen Bereich" des „tri-nationalen Stabsgebäudes" zur Verfügung. Es war jedoch nicht immer betriebsbereit und konnte auch nur von den auf der Basis befindlichen Soldaten genutzt werden. Als zusätzliche Möglichkeit stellte der Kommodore zwei Postapparate im Gefechtsstand zu Nachtzeiten für Gespräche nach Deutschland zur Verfügung. Diese Maßnahme führte allerdings prompt nach Ende des Einsatzes zu erheblichen, typisch deutschen Schwierigkeiten bei der verwaltungstechnischen Abarbeitung der doch relativ hohen Telefonrechnung. In den beiden Hotels gab es für die Soldaten keine Möglichkeit zum telefonischen Kontakt mit der Heimat.

Um, trotz dieser Schwierigkeiten, eine sichere Verbindung aus der Heimat ins Kontingent sicherzustellen, richtete der Verband ein Familienbetreuungszentrum in Bremervörde ein, das im Schichtdienst rund um die Uhr besetzt war. Hier konnten Angehörige Nachrichten hinterlassen, die dann auf den dienstlichen Leitungen ins Einsatzgebiet gelangten. Zusätzlich konnten hier, zumindest für die im Großraum des Standorts lebenden Angehörigen, Unterstützungsleistungen, wie etwa den Transport der Kinder zur Schule bei Krankheit der Mutter oder ähnliches, nachgefragt und koordiniert werden. Ebenfalls gab es für die Angehörigen regelmäßige Informationsabende zur Lage in Diyarbakir.

Die Versorgung mit Marketenderwaren stellte ebenfalls ausschließlich der eigene Verband sicher. In diesem Bereich waren die niederländischen und belgischen Kameraden deutlich besser gestellt. In ihren Bereichen gab es „kleine Shops", die den in deutschen Feldlagern heute zu findenden Marketenderläden entsprachen. Die Soldaten der TF 91 deckten hier auch in großem Umfang ihren Bedarf an Dingen des täglichen Bedarfs, nicht nur Zahnpasta oder Rasierschaum.

Wegen der Sicherheitslage durften die schichtfreien Soldaten bis zum Waffenstillstand am Golf die jeweiligen Hotels nicht verlassen. Deshalb war die „Freizeitgestaltung" auf die kleinen Hotellobbys sowie die Zimmer beschränkt. Dazu standen in der Lobby befindliche Fernsehgeräte mit türkischem Programm sowie die aus Deutschland mitgeführten Radio-Weltempfänger aus NVA-Beständen zur Verfügung. Ansonsten nutzte man die damals verfügbaren Unterhaltungsmöglichkeiten in Form von Gesellschaftsspielen und Spielkarten. Abwechslung musste also gesucht werden.

Höhepunkte der Betreuung waren die durch die Kameraden organisierten Geburtstagsfeiern, ein „türkischer Abend" mit landesüblichen Speisen und Musikdarbietungen und der Besuch einer durch die niederländische Betreuungsorganisation durchgeführte Show mit Künstlern aus den Niederlanden.

Erst nach dem Waffenstillstand am Golf war der Ausgang in Gruppen und Uniform zu Sehenswürdigkeiten der Stadt bei Tage möglich.

Selbst die Truppenverpflegung war beim Einsatz der TF 91 nicht unproblematisch. Bis zum Eintreffen der ersten Galaxy existierte keine Verpflegungsmöglichkeit im Kontingent, da das Zugfahrzeug nicht in die Transall passte. Als Folge konnten die Soldaten neben dem Frühstück nur ein Abendessen gegen Bezahlung im Hotel erhalten. Der Spieß sicherte durch auf dem Markt gekauftes türkisches Brot und Orangen einen Mittagsimbiss, der teilweise mit „Liebesgaben" aus den Beständen der niederländischen und belgischen Kameraden aufgebessert wurde. Da einigen Soldaten das mitgeführte Bargeld ausging, wurde durch den Kommodore die Abendverpflegung im Hotel zur Truppenverpflegung erklärt und aus der sogenannten „Kriegskasse" vom Spieß zentral bezahlt. Diese Maßnahme führte natürlich zu verwaltungstechnischen Problemen, weil der Preis für dieses Essen deutlich über dem doppelten Verpflegungssatz eines Grundwehrdienstleistenden lag. Nach der Rückkehr wollte die die Wehrverwaltung diese „überzahlten" Beträge von den Soldaten wieder einfordern. Die Hinzuziehung eines Fachanwalts des Deutschen Bundeswehrverbandes verhinderte dies.

Insgesamt stellte sich auch die finanzielle Vergütung als nicht unproblematisch dar: es gab für einen solchen Einsatz keine eindeutigen Verwaltungsgrundlagen. Deshalb deklarierte man diesen Einsatz als „Übung in der Türkei" und rechnete ihn entsprechend ab. Die einzige „Sonderzahlung" für diesen Einsatz erfolgte dann auf der Basis einer Maßnahme des Außenministeriums, die eine Art „Gefahrenzulage" für die Mitarbeiter der deutschen Botschaften im „Krisenbogen" in Höhe von einmalig 350,00 DM vorsah. Dieser Regelung schloss sich das Bundesverteidigungsministerium für die in der Türkei eingesetzten deutschen Soldaten an. Allerdings galt dies nur für Besoldungsempfänger, also Zeit- und Berufssoldaten. Grundwehrdienstleistende waren somit von dieser Zahlung ausgeschlossen. Die Folge war, dass in den einzelnen Staffeln die Zeit- und Berufssoldaten von ihren Beträgen für die GWDL „spendeten", um ihnen in entsprechender Höhe einen Beitrag zukommen zu lassen.

Innere und soziale Lage

Die Innere Lage im FlaRakG 36 war im Einsatzzeitraum deutlichen Schwankungen unterworfen.

Unmittelbar nach der Auftragserteilung, die den Verband ohne Vorbereitung in den Feldstellungen erwischte, war eine generelle Verunsicherung und teilweise Verärgerung spürbar. Die Verunsicherung resultierte aus den fehlenden Informationen über Art und Umfang des Einsatzes. Die Verärgerung wurde durch die Form der Alarmierung hervorgerufen, dass nämlich Presse und Öffentlichkeit noch vor den Betroffenen informiert waren. Viele insbesondere ältere Soldaten sahen hier ein mangelndes Vertrauen des Dienstherren gegenüber den Soldaten. Geheimhaltung und mediales Echo schien wichtiger, als eine saubere Vorbereitung des Einsatzes. Viele konnten sich eben nicht vorstellen, dass das Bundeskabinett erst am Vorabend diesen Einsatz ohne jede Vorbereitung „erfunden" hätte.

Verunsicherung war auch zu spüren, nachdem in den zurückliegenden Tagen und Wochen im Fernsehen eine Sondersendung nach der anderen über den Golf-Konflikt lief und die Zeitungen voll von teilweise sehr reißerisch aufgemachten Artikeln über die Gefahren dieses Konfliktes waren. Sachgerechte Informationen zur Lage waren auf dem Dienstweg kaum geliefert worden. Hinzu kam, dass eine ganze Reihe prominenter Politiker in den Medien die Rechtmäßigkeit eines eigenen Einsatzes anzweifelten und mit Verfassungsklagen gegen die Bundesregierung drohten.

Die Mixtur dieser Medieninformationen und gezielte Aktionen der „Friedensbewegung" gegen einzelne Soldaten führten dann zu einer „KdV-Welle". Über 30 Soldaten, meist Grundwehrdienstleistende, die frisch in den Verband versetzt worden waren, beriefen sich auf Art. 4 Abs. 3 des Grundgesetzes.

Auch dass der „Medienansturm" teilweise bis in die Familien der Soldaten hinreichte, verbesserte die Stimmung nicht unbedingt. Hier wurden Ehefrauen aufgefordert, teilweise in „Live-Telefoninterviews" ihre Betroffenheit darüber zu äußern, dass ihr Mann jetzt „in den Krieg ziehen" sollte.

Nach Eingang der ersten verlässlichen Informationen über die Lage vor Ort durch unser Erkundungskommando und der sich langsam konkretisierenden Befehlslage sowie den ersten anlaufenden Vorbereitungsmaßnahmen wandelte sich dieses Stimmungsbild deutlich. Der Auftrag wurde jetzt angenommen und die notwendigen Vorbereitungen mit hohem Engagement und viel Improvisationstalent aufgenommen. Arbeiten an den Waffensystemen und notwendige Ausbildungsmaßnahmen wurden quasi rund um die Uhr durchgeführt. Auch das Vorziehen des geplanten Abmarschzeitpunktes konnte so kompensiert werden. Die Stimmung der Truppe war nun geprägt vom Motto: *„Jetzt können wir zeigen, wofür wir jahrelang geübt haben!"* Die anfängliche Unsicherheit wich einem extrem ausgeprägten Teamgeist im gesamten Verband. Kennzeichen dafür war, dass sich nach Bekanntgabe der Kontingentpersonallisten viele Soldaten darüber beschwerten, nicht für den Einsatz vorgesehen zu sein. Ein weiteres Anzeichen für die gute Stimmung war, dass eine ganze Reihe von „KdV-Antragstellern" ihre Anträge zurückzogen, weil sie ihre Kameraden nicht „im Stich lassen" wollten.

Im Einsatz selbst zeigten die Soldaten der TF 91, selbst unter den teilweise widrigen Rahmenbedingungen, ohne Ausnahme eine extrem hohe Motivation, sehr gute Kameradschaft und Disziplin sowie fachliches Können und Improvisationstalent. Dadurch konnte die hohe Einsatzbereitschaft der TF über den Einsatzzeitraum sichergestellt werden. Insbesondere die älteren Portepeeunteroffiziere zeichneten sich hier durch unermüdlichen Einsatz, Eigeninitiative, gute Ausbildung sowie Erfahrung im Waffensystem aus und waren dadurch ein Rückgrat des Einsatzes.

Nach dem Einsatz war deutlicher Stolz auf das gemeinsam Geleistete und das eigene Können festzustellen. Allerdings zeigte sich teilweise Unverständnis und Ärger über die fehlende Anerkennung. Eine von vielen Soldaten gewünschte „sichtbare Auszeichnung" wurde nicht umgesetzt. Selbst für den selbstfinanzierten Ärmelaufnäher bekamen wir keine offizielle Trageerlaubnis – er entsprach nicht heraldischen Anforderungen und war im Durchmesser 0,5 cm zu groß!

Ein weiteres Ärgernis war die teilweise sehr bürokratische und schleppende Aufarbeitung des Einsatzes insbesondere im Bereich der Vergütung (erhebliche Verzögerung bei der Auszahlung des „Übungsgeldes Türkei", keine Zahlung der „Gefahrenzulage" an GWDL). Auf völliges Unverständnis stieß aus Sicht der Soldaten die „ministerielle Aufarbeitung" der beim Ministerbesuch in Erhac aufgetretenen „Irritationen": eine später herausgegebene „Besondere Anweisung für die Erziehung in der Luftwaffe" sollte die im „Einsatz in der Türkei aufgetretenen Mängel im soldatischen Selbstverständnis" quasi per Weisung von oben abstellen.

Führen im Einsatz

Grundsätzlich war festzustellen, dass durch den sehr fordernden Schichtdienst und die vielen Übungen die Vorgesetzten aller Ebenen in ihrem allgemeinen Führungsverhalten gut auf eine solch „ungewöhnliche Situation" vorbereitet waren. Allerdings enthielt dieser Einsatz doch eine Reihe von Besonderheiten, die, zumindest in diesem Umfang, im bisherigen „Routinebetrieb" (noch) nicht aufgetreten waren, aber einen deutlichen Einfluss auf die Fähigkeit zur lagegerechten Führung hatten.

Zu nennen ist hier an erster Stelle die *„Informationssicherheit für den Vorgesetzten"*. Dieses Problem trat insbesondere unmittelbar nach Auftragserteilung und in der Zeit bis zum Herstellen der Einsatzbereitschaft besonders stark auf. Fehlende oder sehr oberflächliche und sich in kurzer Zeit ständig ändernde Informationen zu Einsatz, Einsatzumfeld, Bedrohungslage, verwaltungstechnische und rechtliche Rahmenbedingungen erschwerten eine sach- und zeitgerechte Information der unterstellten Soldaten und damit auch ihrer Angehörigen oder machte sie gar unmöglich. Eine Basis für vertrauensvolle Mitarbeit war damit kaum gegeben. Hier war vielfach die Ursache für die am Anfang auftretende Verunsicherung vieler Soldaten zu suchen.

Gleichzeitig machte es die mangelnde Informationssicherheit den Vorgesetzten fast unmöglich, einer durch Medienberichte, Informationen aus dem Bereich der Friedensbewegung und auch medial aufbereiteten Meinungsäußerungen von Landes- und Bundespolitikern zur Rechtmäßigkeit des Einsatzes dauerhaft wabernden „Gerüchteküche" sachlich und überzeugend entgegentreten zu können. Erst mit einem verdichteten Lagebild des eigenen Erkundungskommandos vor Ort und der sich stabilisierenden Informationslage zum eigentlichen Auftrag gelang es das Vertrauen in der Truppe wieder herzustellen. Nur so konnte die Grundlage für das engagierte Herangehen an den Auftrag geschaffen werden.

Der mit Bekanntgabe des Auftrags an den Verband einsetzende „Medienansturm" war eine zusätzliche und nicht zu unterschätzende Belastung. Hier kam der Vorgesetzte nicht mehr mit den grundsätzlich freundlich gesinnten Lokalreportern in Kontakt, sondern teilweise live mit den Vertretern von ARD, ZDF und den großen Printmedien wie SPIEGEL, STERN, ZEIT, FAZ etc. Fast täglich waren Pressekonferenzen, kurzfristig anberaumte Radio- oder Fernsehstatements oder andere Medienanfragen ohne „Beistand" eines erfahrenen Presseoffiziers abzuarbeiten. Dazu kamen eine ganze Reihe von direkten Kontaktaufnahmen von Medienvertretern mit Familienangehörigen mit teilweise sehr unschönen Inhalten, wie etwa: „Wie stehen Sie dazu, dass Ihr Mann in dieses tödliche Abenteuer geschickt wird?" Hier fehlten eine klare Steuerung des Medieninteresses gegenüber dem Verband durch zuständige Stellen, eine spürbare Unterstützung durch fachkompetente Presseoffiziere und sicher auch eine entsprechende Ausbildung im Umgang mit Medien für die Vorgesetzten.

Das Medieninteresse ließ nach Einnahme der Feuerbereitschaft allerdings auch spürbar nach, was dem dann eintreffenden Pressestabsoffizier vom Luftwaffenunterstützungskommando Nord die Arbeit deutlich erleichterte.

Auch die VIP-Besuche in hoher Zahl (Kommandierender General Luftflotte, Bundesminister der Verteidigung, Wehrbeauftragter, SACEUR usw.) stellten eine zusätzliche zeitliche Belastung dar, für die immer wieder auf denselben kleinen Kreis von Personal zurückgegriffen werden musste.

Ein weiterer belastender Faktor für den Vorgesetzten allgemein und den Disziplinarvorgesetzten im Besonderen war die hohe Belastung eines „24 Stunden Tages" mit einer hohen Arbeitsbelastung in der jeweiligen Verwendung und dem notwendigen „ständigen Kümmern" um das eigene Personal unter den herausfordernden Rahmenbedingungen des Einsatzes. Es mussten ja nicht nur die dienstlichen Erfordernisse vor Ort umgesetzt werden, sondern auch Dinge für die eigenen Soldaten, die keine oder nur begrenzte Möglichkeiten des Kontakts mit der Familie hatten, in Deutschland angeschoben werden. Hier musste der Vorgesetzte mit dem Zugriff auf ein Posttelefon über das Familienbetreuungszentrum oder direkt mit Ärzten, Ämtern und Schulen Dinge regeln. Diese Dauerbelastung war mit dem Schichtdienst oder einer Übung nicht zu vergleichen. Hier musste man sich in die Situation erst einmal hineinfinden, was generell auch gelang.

Positiv war festzustellen, dass sich der „FlaRak-typische Führungsstil", der im besonderen Maße das Prinzip „Führen mit Auftrag" umsetzt, bewähren konnte. Das kooperative, teilweise schon fast „familiäre" Führen hat unter diesen teilweise ungünstigen Rahmenbedingungen seine Vorteile gezeigt. Auch der praktizierte Aspekt des „Führens mit Vorbild" zeigte hier seine Wichtigkeit. Der Kommodore legte äußersten Wert darauf, dass insbesondere die Offiziere hier mit wirklich gutem Beispiel in Auftreten und Pflichterfüllung vorangingen. Es muss aber auch erwähnt werden, dass die Möglichkeit, sich auf eine große Gruppe gut ausgebildeter und erfahrener Portepeeunteroffiziere mit der Fähigkeit zum auftragsbezogenen, selbstständigen Handeln abstützen zu können, insbesondere die Disziplinarvorgesetzten deutlich entlastet hat. Das hier gezeigte hohe Maß an Engagement, Improvisationstalent und „auftragsbezogener Schlitzohrigkeit" hat die Umsetzung dieses überraschenden und unvorbereiteten Auftrages in dieser kurzen Zeitspanne erst möglich gemacht.

Fazit

Die Beteiligung an der OPERATION ACE GUARD im Jahr 1991 legte einige Probleme für den Einsatz der Streitkräfte außerhalb von Deutschland offen.

Die nicht geregelte Verantwortlichkeit für die Entsendung von Truppen ins Ausland führte zu einer unnötigen „Geheimniskrämerei" seitens des Ministeriums. Die zeitgleiche Unterrichtung des Verbandes wie auch der Öffentlichkeit im Rahmen einer Pressekonferenz führte zum „Überraschungsschlag" gegen den betroffenen Verband und zu unnötiger Verkürzung der tatsächlichen Vorbereitungszeit.

Eine deutliche nationale Führung „aus einer Hand" war in der damaligen Struktur durch das „Luftflottenkommando A3" nicht sicherzustellen. Dies führte zu einer unübersichtlichen Gemengelage von zuständigen Ansprechstellen für die TF 91 in allen Dingen, die in nationaler Verantwortung lagen. Und dies betraf insbesondere den Bereich des Luft- und Seetransports, die Versorgung und die Fernmeldeanbindung des Kontingents. Eine große Anzahl von Quer- und Parallelmeldewegen erschwerte die Führung der TF 91.

Fehlende Regelungen für den Bereich Fürsorge und Betreuung konnten vor Ort unter den damaligen Bedingungen insbesondere vor dem Hintergrund des relativ kurzen Einsatzes durch Improvisation und die „FlaRaktypische Leidensfähigkeit" der Soldaten ausgeglichen werden. Allerdings gelang dies nur dadurch, dass während des Einsatzes keinem Soldaten „etwas passierte" und der offenkundige Mangel an Vorschriften und Regelungen für solche Einsätze nicht zu massiven Nachteilen führte.

Weiterhin bleibt festzustellen, dass ein solcher „Überraschungseinsatz aus dem Stand" durch einen Verband nur zu stemmen war, weil ein hoher Ausbildungs- und Einsatzbereitschaftsstand durch den noch laufenden Schichtdienst sowie ein hoher Ersatzteilvorrat im Verband und die für den Einsatz notwendige Ausrüstung zu 100 Prozent in den Staffeln verfügbar waren. Das hohe Maß an Standardisierung mit den im Einsatzraum stationierten niederländischen Kameraden hat dies noch mal erleichtert.

Abschließend ist festzustellen, dass der Einsatz der TF 91, wenn auch nicht optimal gelaufen, so doch den politischen Zweck, „Bündnissolidarität in einer Krise" zu zeigen, erfüllt hat. Durch seine Auswertung konnte eine Reihe von Grundlagen für die Planung der späteren „Krisenreaktionskräfte" der FlaRak gelegt werde.

Jens Meyer

Der Lufttransport der Bundeswehr in Afghanistan

Als Reaktion auf die Terroranschläge des 11. September 2001 begann die NATO mit der Planung von Gegenmaßnahmen. Die Herrschaft der afghanischen Taliban, welche die Al-Quaida-Terroristen materiell und infrastrukturell unterstützten, beendete eine vom UN-Sicherheitsrat sanktionierte Militäraktion unter der Führung der US-Streitkräfte. Hierzu wurde in Afghanistan die International Security Assistance Force (ISAF) implementiert. Deren deutscher Anteil war zu Beginn vor allem in Kabul verortet, der Aufgabenbereich weitete sich aber im Laufe der Zeit auf die Region Nord aus[1]. Zu deren Unterstützung und Versorgung sollte ein Lufttransportstützpunkt errichtet werden.

Lufttransportstützpunkt Termez

Den Befehl zur Erkundung eines Lufttransportpunkt im geeignet erscheinenden Termez in Uzbekistan gab das Bundesministerium der Verteidigung im Vorgriff auf den deutschen Einsatzbefehl bereits am 13. Oktober 2001. Nach der Billigung des Auslandseinsatzes durch den Deutschen Bundestag am 22. Dezember[2] konnte das Lufttransportkommando bereits am 18. Februar 2002 die Einsatzbereitschaft des Lufttransportstützpunktes (LTStP) 3 in Termez mit einer Stärke von ca. 180 Soldaten melden[3]. Der Auftrag vor Ort war vorerst die Sicherstellung des nationalen Personal- und Materialtransports wie auch der für die ISAF-Mission im Rahmen „Intra Theatre Airlift System", VIP-Transporte und 24/7 *Tactical Air Medevac* mit Transportluftfahrzeugen vom Typ C-160 TRANSALL.

---

[1] Zum deutschen Einsatz in Afghanistan grundlegend: Philipp Münch, Die Bundeswehr in Afghanistan. Militärische Handlungslogik in internationalen Interventionen (= Neueste Militärgeschichte, Analysen und Studien, Band 4), Freiburg 2015.

[2] Siehe auch die Dokumentation des Deutschen Bundestages zum 10-jährigen Bestehen des Einsatzes:
https://www.bundestag.de/dokumente/textarchiv/2011/37148635_kw51_10_jahre_isaf/20727 0 (8.7.2016).

[3] Das Lufttransportkommando: 40 Jahre im Einsatz; schnell, weltweit, zuverlässig. Chronik, Münster 2008, S. 58-61.

Schnell war der Beitrag der deutschen Lufttransporter eine feste Größe im Einsatzgebiet, vor allem nach Ausweitung des deutschen Auftrages mit dem Betrieb der Provincial Reconstruction Teams (PRT) z.B. in Kundus und Faizabad. Am 19. Juni 2004 erfolgte der Umzug der mittleren Transporthubschrauber CH-53 aus Kabul. Das Einsatzgeschwader (EG) Termez wurde als erstes Joint-Geschwader in der Bundeswehrgeschichte gegründet. Die Zusammenarbeit von Heeresfliegern und Luftwaffensoldaten gestaltete sich für beide Seiten als äußerst gewinnbringend. Zwischenzeitlich waren bis zu 380 Soldaten im EG Termez stationiert[4].

Die dauerhafte Stationierung eines starken Kontingents in Mittelasien mit Medevac-Fähigkeit brachte fliegerische, organisatorische, kulturelle[5] und den Heimatbetrieb prägende, neue Herausforderungen mit sich.

Ab 2006 forcierte der Kommandeur des Lufttransportkommandos, Generalmajor Hans-Werner Ahrens, in seiner Funktion als Deputy Commander ISAF (DCOM ISAF) die Einsätze der deutschen C-160-Flotte deutlich. In der Folge deckten die deutschen Kräfte rund ein Drittel des Flächenlufttransportbedarfs der ISAF-Mission in ganz Afghanistan ab[6].

Mit der Verlegung von C-160 TRANSALL und CH-53 nach Mazar-e Sharif beschränkte sich der Auftrag für den Lufttransportstützpunkt auf den Umschlag des Airbus der Flugbereitschaft. Dieser stellte den Personen- und Materialtransport von Deutschland nach Uzbekistan und zurück sicher. Er wurde in Strategischer Lufttransportstützpunkt Termez umbenannt. Seit der Aufstellung des European Air Transport Command (EATC) im Jahre 2008 wurde der allgemeine Lufttransport auf europäischer Ebene koordiniert. Synergien, z.B. die Nutzung der Versorgungsflüge für die in Dushanbe/ Tadjikistan stationierten französischen Kräfte, mit einem französischen Airbus A-310 waren die Folge.

Die neuen Umstände der Einsatzverpflichtungen Deutschlands führten 2015 zu einer vorrangigen Nutzung des deutschen A-310 MRTT im Rahmen des Einsatzes *Counter Daesh* in Syrien. Schließlich wurde der Stützpunkt

---

[4] LTG 63 - S1 PrÖA: „Handout für Pressevertreter" anl. Rückverlegung der letzten beiden C-160 aus Afghanistan am 17.11.2014.

[5] Bei Beteiligung bayerischer Einsatzverbände wird auch im Ausland die Tradition stets gepflegt. So konnte 2005 ein Maibaum feierlich aufgestellt und in bayerischer Tracht eingeweiht werden. Dieser Maibaum hieß die Besatzungen über mehr als ein Jahrzehnt in Usbekistan willkommen und war aus der Liegenschaft nicht mehr wegzudenken.

[6] Chronik LTKdo (wie Anm. 3), S. 51.

Termez im Dezember 2015 nach der Neuorganisation des Personaltausches und der direkten Versorgung von Mazar-e Sharif, die nunmehr US-amerikanische C-17 gewährleisten, geschlossen.

Einsatzgeschwader Mazar-e Sharif und Operation Resolute Support

Das am 1. Mai 2006 aufgestellte Einsatzgeschwader Mazar-e Sharif (EG MeS) hat im Oktober 2007 zuerst die CH-53 des Heeres und ab August 2008 die C-160 TRANSALL der Luftwaffe aufgenommen. Die Besatzungen haben sich überraschend schnell und gut an die neuen Umstände des Lagerlebens angepasst. Mit erstklassigem Know-How konnten die zugewiesenen Unterkunftsblöcke (nach Besatzungen aufgeteilt) „transportertauglich" gemacht und mit Verbesserungen, wie zum Beispiel dem Anbau „Transalm", und einem „grünen" Außenbereich, ausgestattet werden.

Camp Marmal und Flugplatz Mazar-E-Sharif. Quelle: Bildstelle LTG 61

Das Camp Marmal war über die Ankunft der Transportflieger aufgrund der meist frühen Startzeiten vor allem im Sommer und dem damit verbundenen Lärm weniger froh. Hier wurden zum Teil die Vorfluginspektionen bei den C-160 mit laufendem Hilfsaggregat bereits vor 24 Uhr begonnen.

Damit waren Reibungspunkte vorprogrammiert. Auch das Unverständnis der zum größten Teil im Tagesdienst eingesetzten Mitbewohner des Camps über die fehlende Flexibilität der Besatzungen und Techniker in Bezug auf querschnittliche Aufgaben, wie z.B. Bewachung über den fordernden Schichtbetrieb hinaus, war in allen Kontingenten zu spüren.

Im Einsatzgeschwader waren bereits die Waffensysteme CH-53, C-160, Aufklärungs-TORNADOs, Drohnen vom Typ HERON, Unterstützungshubschrauber TIGER und Transporthubschrauber NH-90 mit ihren verschiedenen Aufgaben im Bereich des Regional Command North stationiert. Die bei diesem gemeinsamen Einsatz mit dem Heer gewonnenen Erfahrungen und Synergien sind bemerkenswert und wären zwischen den Soldaten ohne diesen zentralen Einsatz nicht möglich gewesen.

Der Personalumfang des Einsatzgeschwaders betrug zu Spitzenzeiten ca. 800 Mann[7]. Es bestand aus der Einsatzgruppe mit ihren Besatzungen, der Einsatzunterstützungsgruppe als technisch logistischer Komponente, einer eigenen Objektschutzgruppe sowie dem Lufttransportstützpunkt Termez. Mit der Reduzierung des Auftrages beim Übergang in die Operation *Resolute Support* wurde der Objektschutzauftrag abgegeben. Aus den geschwadereigenen Gruppen wurden Staffeln und schließlich wurde der Stützpunkt in Termez geschlossen. Damit wurde das Geschwader auf einen Personalbestand von ca. 140 Mann reduziert.

Die marode Landebahn des Flugplatzes, noch aus Zeiten der sowjetischen Nutzung vor 1989, wird weiter als Rollweg und Abstellfläche genutzt. Daneben hat die Bundesrepublik Deutschland 2010 eine neue Landebahn gebaut. Leider konnten auch mit dem Neubau die durch die geologischen Umstände gegebenen Herausforderungen nicht bewältigt werden. So haben die Soldaten auch heute noch in der Regenzeit mit großen Schäden an der gesamten Infrastruktur zu kämpfen, die sich vor allem durch Ausspülungen ergeben.

---

[7] Vgl. Bernd Vetter/Frank Vetter, Sikorsky CH-53, Stuttgart 2014, S. 204ff , zum Afghanistan-Einsatz im Rahmen der ISAF.

Eingesetzte Luftfahrzeuge
Sikorsky CH-53

Etwa zeitgleich mit der Aufstellung des Lufttransportstützpunktes Termez wurden Hubschrauber des Heeres vom Typ CH-53GS in Kabul zur direkten Unterstützung der Truppen vor Ort stationiert. Besatzungen und Gerät der Heeresfliegertruppe, insbesondere die CH-53, befanden sich bis dahin bereits seit 1991 ununterbrochen in den verschiedensten Einsätzen von Bagdad[8] bis in den Kosovo.

Der Auftrag der CH 53 ergibt sich aus der Gestellung der „24/7" Medevac-Bereitschaft für den afghanischen Nordbereich mit einer 30-Minuten „notice-to-move", dem Personal und Materialtransport zuerst vorrangig zur Versorgung der PRT im Bereich des Regional Command (RC) North und später für die Truppenteile des Train, Advise, Assist Command (TAAC) North. Darüber hinaus werden Spezialkräfteoperationen unterstützt und zeitweise in Abhängigkeit der Verfügbarkeit notwendiger Mittel eine *Personnel Recovery Fähigkeit* bereitgehalten.

Aufgrund des Einsatzspektrums und der Bedrohungslage erhielt der CH-53 eine bislang nicht übliche und ursprünglich auch nicht vorgesehene Bewaffnung. Mehrere MG 3, später die Maschinenkanone M3M, wurden an den Seitentüren und auf der Rampe eingerüstet. Zu deren Bedienung wurde die Gruppe Bordschützen ins Leben gerufen, die hauptsächlich aus Mannschaftssoldaten besteht und sich aus Infanterieeinheiten rekrutiert.

Die CH 53 ist einer der leistungsfähigsten Hubschrauber der Welt. Die verwendete Ausstattung, aufwändige Verfahren und eine große Besatzung sind beim Einsatz in Afghanistan zielführend und meist auch notwendig, was u.a. der Abschuss einer allein fliegenden, ungeschützten Mi-17 des US-Contractors MAG Aviation während dem Abflug von Meymaneh bei schlechtem Wetter im Jahr 2015 bestätigt. Allerdings wird die Leistung und Reichweite des Hubschraubers durch das zusätzliche Gewicht der Schutzausstattung und Bewaffnung stark eingeschränkt. Das wird oft bei der Bewertung der Leistungsfähigkeit dieses hervorragenden Hubschraubers nicht erwähnt.

---

[8] Vgl. Bernd Schulte, Im Auftrag der Vereinten Nationen – UNSCOM. In: Peter Göbel (Hrsg.), Von Kambodscha bis Kosovo. Auslandseinsätze der Bundeswehr, Frankfurt/Bonn 2000, S. 51-61.

In Kabul kam am 21. Dezember 2002 beim Absturz eines CH-53 des Transporthubschrauberregimentes 25 aus Laupheim die siebenköpfige Besatzung ums Leben.

Nach zwei Jahren in Kabul und ca. 900 durchgeführten Einsätzen mit rund 1.700 erreichten Flugstunden erfolgte der Umzug der CH-53 nach Termez. In den folgenden Jahren konnten sich die Soldaten des *Team CH-53* in einem Joint-Einsatz mit der Luftwaffe auf den später mit dem Fähigkeitstransfer folgende Versetzung in die Luftwaffe einstellen. Dieser Joint-Ansatz konnte mit dem in 2007 folgenden Umzug nach Mazar-e Sharif noch intensiviert werden.

Am 8. Oktober 2005 erschütterte um 8:50 Uhr ein gewaltiges Erdbeben mit der Stärke 7,6 den Norden Pakistans[9]. Aufgrund der räumlichen Nähe zu Termez – es sind knapp 600 Kilometer – wurden ad-hoc zwei Maschinen zur humanitären Hilfe abgeordnet und ein Kommando in der pakistanischen Millionenstadt Islamabad eingerichtet. Dieses konnte durch ISAF-Kräfte unterstützt und versorgt werden.

Zwischenzeitlich wurden aufgrund der zunehmenden und heftigen Kämpfe in der Region Nord bis zu drei Maschinen im PRT Kunduz stationiert. Während des Einsatzes unter teilweise erhöhter Bedrohung kam es zu zahlreichen Beschädigungen der Hubschrauber bis hin zum Triebwerksausfall nach Beschuss im Zuge der Kampfhandlungen vor allem im Bereich des Char-Dareeh.

Um die Einsatzbereitschaft der Hubschrauber sicherzustellen, werden diese alle 200 Flugstunden getauscht, um eine umfängliche industrielle Wartung in Deutschland möglich zu machen. Mit dieser Stundenzahl ist ein Tausch auch bitter nötig, da Maschine wie auch Besatzung im Einsatz auch aus geographischen und vor allem klimatischen Gründen immer wieder bewusst bis an die Grenze gebracht werden müssen. Der Austausch erfolgte im Rahmen des Strategic Airlift Interim Solution (SALIS) Programmes der Luftwaffe mit angemieteten Großraumtransportern vom Typ *Antonov* AN-124; zu Anfang direkt in Kabul, später über Dushanbe in Tadjikistan und mittlerweile direkt in Mazar-e Sharif. Bis Anfang 2012 wurden mit CH-53 ca. 13.000 Flugstunden[10] erflogen, was einem Tausch von ca. 70 Maschinen entspricht.

---

[9] http://www.humanity-care-stiftung.de/wo-wir-helfen/erdbebenhilfe-pakistan.html (8.7.2016).
[10] Vgl. Vetter, Sikorsky CH-53 (wie Anm. 7).

Eurocopter NH-90

Als zweiter Transporthubschraubertyp kam am 18. April 2013 der NH 90[11] vorrangig zum nationalen Personal- und Materialtransport als auch zur Unterstützung der Spezialkräfte nach Afghanistan. Zusätzlich sollte eine Forward Air Medevac Fähigkeit aufgebaut werden. Die volle Einsatzbereitschaft konnte im Juni 2013 erreicht werden.

Im Sommer 2014 trat ein schwerer Zwischenfall auf dem Flug von Termez nach Mazar-e Sharif auf, der anschließend in den Medien heftig diskutiert wurde[12]. Nach einem Triebwerksschaden bzw. Brand im Abflug löschte die Besatzung das betroffene Triebwerk. Bei diesem Vorgang versagte jedoch die Elektronik des Hubschraubers und führte zu einer Standzeit von ca. sechs Monaten in Termez[13]. Dieser Vorfall und seine anfänglich nicht klar erkennbaren Auswirkungen führten zu starker Verunsicherung der Besatzungen. Bereits nach knapp einem Jahr im Einsatz fand am 1. August 2014 der letzte Flug statt. Das Waffensystem wurde anschließend nach Deutschland zurück verlegt.

C-160 Transall

Die TRANSALL[14] wurde bereits im Oktober 2001 zur Erkundung in Termez nach Usbekistan eingesetzt und verblieb vor Ort. Ab Anfang 2002 waren ununterbrochen zwischen vier und acht Maschinen in Termez stationiert. Einhergehend mit der Nutzung dieser Maschinen wurde eine große technische Komponente mit entsendet, die weitestgehend eigenständig alle innerhalb der Vor-Ort-Fristen anfallenden Arbeiten am Luftfahrzeug durchführen konnte. Im August 2008 wurden alle deutschen Luftfahrzeuge von Termez nach Mazar-e Sharif verlegt und dem Einsatzgeschwader unterstellt.

Mit den TRANSALL war in erster Linie das „Intra Theatre Airlift System" für die NATO in Afghanistan sicherzustellen. Dabei wurde Personal und Material aller Nationen im ganzen Land, also von Mazar über Kabul,

---

[11] Ausgewogene Informationen über den NH-90 finden sich vor allem im Blog von Thomas Wiegold, www.augengeradeaus.net.

[12] Siehe auch http://augengeradeaus.net/2015/02/nh90-flotte-wegen-problem-mit-der-feuerloeschanlage-gegroundet/ (8.7.2016).

[13] Marco Seliger, „Flugangst. Mängel bei der Bundeswehr". In: Frankfurter Allgemeine Zeitung vom 29.11.2014, http://www.faz.net/aktuell/politik/inland/bundeswehr-piloten-des-nh90-hubschrau-bers-in-angst-13293548.html (7.7.2016).

[14] Horst Walter/Dietmar Plath, Engel der Lüfte. Transall, Stuttgart 1988.

Herat und Kandahar bis Farah sowie auf neue Flugplätze wie Camp Bastion in einer Art „Schulbussystem" transportiert. Eine Dienstreise z.B. von Mazar-e Sharif nach Herat mit mehrstündiger Besprechung war aufgrund dieses Systems zum Teil an einem Tag möglich. Darüber hinaus wurde der nationale und zum Teil auch der internationale VIP-Transport sichergestellt.

Nationaler Kernauftrag war die durchgehende *Tactical Air Medevac Bereitschaft* zur Evakuierung Verwundeter aus dem ganzen Land zu einer NATO-Sanitätseinrichtung mindestens Role 2 bzw. zum Stützpunkt in Termez mit einer medizinischen Aufnahmeeinrichtung, um die strategische Rückführung nach Deutschland vorzubereiten. Diverse ad-hoc-Einsätze zur Nachführung von Verstärkungskräften bei Kampfhandlungen wie z.B. in Meymaneh 2005 sowie rein nationale Aufträge rundeten das Einsatzspektrum ab.

Die mittlerweile betagten Maschinen wurden grundsätzlich von den Lufttransportverbänden der Luftwaffe in eigener Zuständigkeit zu bestimmten Zeitpunkten ausgetauscht, was regelmäßig zum Besatzungstausch mit eigenem Luftfahrzeug führte. Gerade dieser Maschinentausch war aufgrund der ungewöhnlichen Flugwege sowohl für die Besatzungen als auch die beteiligten Verbände stets eine interessante Herausforderung: Zu Beginn verlief der Flugweg teilweise über Thessaloniki in Griechenland und Baku in Aserbaidschan, zwei Übernachtungen inklusive. Später konnte auch über Rostov am Don bzw. Krasnodar in Russland und alternativ über Istanbul mit jeweils einer Übernachtung geflogen werden. Allerdings führten gerade bei Flügen über Russland die Diplo- und Visaverfahren Russlands zu Verzögerungen in der Flugdurchführung. Für die Besatzungen wurden darüber hinaus die „eigenen" Flüge zur unberechenbaren Größe und haben die Belastung vor allem für die Angehörigen weiter erhöht. Als Extrembeispiel sei hier ein Rückflug für anstehende Reparaturen genannt, die in der Weihnachtszeit 2011 aufgrund einer Kombination aus technischen, organisatorischen und diplomatischen Problemen zu einer Standzeit von über drei Wochen in Russland geführt hat.

Durchschnittlich waren von 2002 bis 2014 ständig 45 Techniker für die C-160 aus den drei Lufttransportgeschwadern im Einsatzland beschäftigt. Dabei fielen 210.000 Einsatztage an. Aus diesen Geschwadern waren ständig zwischen vier und acht Besatzungen mit insgesamt ca. 160.000 Einsatztagen vor Ort. Zusätzlich musste der Flächenlufttransport drei bis fünf Stabsoffizierdienstposten in Mazar-e Sharif, Kabul und Termez besetzen.

Bei 13.485 Einsätzen (= Flüge) produzierten die TRANSALL 40.093 Flugstunden[15], was ca. 3.300 Flugstunden pro Jahr entspricht. Im gleichen Zeitraum hatten die drei Heimatverbände in Deutschland ein Jahresprogramm von je ca. 6.000 Flugstunden pro Jahr.

Diese Last trugen die Lufttransportverbände der Luftwaffe über 12 Jahre hinweg parallel zum Grundbetrieb und verschiedensten ad-hoc-Einsätzen. Trotz großer Risiken und hoher Belastung kann auf eine annähernd schadensfreie Zeit zurückgeblickt werden. Aufwand und Nutzen standen dabei leider nicht immer im richtigen Verhältnis: Man darf bei allem nicht vergessen, dass die TRANSALL als früher so bezeichneter „Kampfzonentransporter" eher eine Konstruktion für den Einsatz in mittleren Höhen bei moderater Temperaturen ist. Die klimatischen und geographischen Besonderheiten Afghanistans zeigten über zum Teil sehr geringe Nutzlasten die dort eingeschränkten Leistungsfähigkeit des Luftfahrzeuges deutlich auf.

Personal-Verbringung in den Einsatz

Die Flugbereitschaft des Bundesministeriums der Verteidigung ist neben den bekannten VIP- und Politiker-Flügen mit den weißen Airbussen ganz gewöhnlicher Teil des Lufttransports. Mit den grauen A-310 hatte sie im Rahmen der strategischen Unterstützung vor allem den Personaltausch zu bewältigen. Ab Januar 2002 leisteten diese Luftfahrzeuge und ihre Besatzungen die Routineversorgungen für ISAF von Köln über den Lufttransportstützpunkt Termez in das Einsatzland. Obwohl sich der Umweg über den „Safe Haven" Termez als aufwändig und zeitraubend gestaltete, wurde die Gefahr eines direkten Anfluges in Afghanistan vermieden und die Einhaltung des Grundsatzes gewahrt, dass ausschließlich geschützter Lufttransport in das Einsatzland führt.

Seit November 2012 hat sich dies allerdings geändert. Nach Anlegen eines strengen Maßstabes sind mit Einzelfallentscheidung durch den Inspekteur Luftwaffe und den Befehlshaber des Einsatzführungskommandos Anflüge mit dem ungeschützten A-310, der über keinen Selbstschutz gegen

---

15 „Ende der ISAF Mission: Rückkehrerappell in Hohn", 8.12.2015, siehe: http://www.luftwaffe.de/portal/a/luftwaffe/!ut/p/c4/NYs7DsIwEAVvtGvzCTIdURqaFAgJ TGccy6zk2NGyJA2HJy54I00zevjAlexmik6oZJfwjtbT8blAWqBwBGGX35AkNltw7F80w0bpP d7qcwjgSw5SLSELrY7spDBMhSXV8mFeC9CAVumuVY36T3_Ntet2ZlDd24vOI3j6QeWODoZ/ (8.7.2016).

Raketen verfügt, in das Einsatzland und von dort heraus, im Rahmen Medevac und Re-Deployment, möglich geworden[16]. Diese Vorgehensweise wurde
2014 noch erweitert. Nach einer Sicherheitsanalyse durch das Einsatzführungskommando konnten im Einvernehmen mit dem Kommando Luftwaffe von nun an grundsätzlich alle Flüge im Rahmen Personaltransport direkt
nach Mazar-e Sharif durchgeführt werden[17].

Ursächlich dafür war auch folgendes: Uzbekistan hat sich vor allem bei
den jährlichen Vertragsverlängerungen für den Lufttransportstützpunkt als
harter und unnachgiebiger Verhandlungspartner gezeigt. Oftmals nutzte die
dortige Regierung Einschränkungen der Überfluggenehmigungen als
Druckmittel, um eine vorteilhafte Verhandlungsposition zu erlangen. So
landete ein Routinetransport mit A-310 am 8. März 2013 aufgrund Wet-
tereinschränkungen am einzig sinnvollen Ausweichflughafen Urgench, dessen Nutzung durch die uzbekischen Behörden aber nicht im Vorfeld explizit
zugesagt war. Das Luftfahrzeug, seine Besatzung und die Passagiere ver-
brachten dort 36 Stunden; die Passagiere durften den Flugplatz nicht verlassen. Der Weiterflug wäre aus Besatzungssicht mit entsprechendem Service
zwar problemlos bereits am nächsten Morgen möglich gewesen. Die uzbeki-
sche Seite verwehrte jedoch den Weiterflug. Sie begründete dies damit, dass
nur für die Landung in Termez eine offizielle Freigabe vorlag, nicht jedoch
für den Ausweichflugplatz Urgench. Letztlich war das nur eine politische
Machtdemonstration, einen tieferen Sinn kann man dahinter nicht entdecken.

Die bei der kleinen A-310-Flotte (fünf Luftfahrzeuge, von denen meist
nur drei verfügbar waren) mit der Erfüllung eines solchen Auftrages einhergehenden Probleme führten häufig zu Verzögerungen in der Verlegeplanung
der Soldaten. Bei technischen Problemen bei einem der Luftfahrzeuge musste der Ersatz oft von weltweiten Aufträgen abgezogen werden. Dabei kam es
schnell zu 24-Stunden-Verzögerungen und mehr. Der sich daraus ergebende
Unmut des Einsatzpersonals ist verständlich. Allerdings hätte niemand damit
gerechnet, dass sich ausgerechnet durch die Beauftragung der US Air Force
mit ihren ungleich größeren Lufttransportkapazitäten diese Unsicherheiten

---

[16] BMVg, Weisung für Anflüge des Flugplatzes Mazar-e Sharif mit ungeschützten Luftfahrzeugen der Bundeswehr, vom 28.11.2012.
[17] BMVg, Weisung für Anflüge des Flugplatzes Mazar-e Sharif mit ungeschützten Luftfahrzeugen der Bundeswehr, vom 17.7.2014.

in der Verlegeplanung in 2015 bereits auf bis zu drei Tagen auf beiden Wegen ausgedehnt haben.

Einsatzspektrum, Herausforderung und Auswirkungen auf den allgemeinen Betrieb

Die Taliban zerstörten nach ihrer Machtergreifung in Afghanistan die staatlichen Strukturen zum größten Teil. Mit Beginn der NATO-Operationen
wurden die Regelungen zum Flugbetrieb den Teilnehmern weitestgehend
selbst überlassen. So war aufgrund der fehlenden Radarabdeckung keine
flächendeckende Flugverkehrskontrolle möglich; Flüge waren nur nach
Sichtflugbedingungen durchzuführen. Eine Koordinierung erfolgte zwar
durch das Afghan Ministry of Defence in Absprache mit NATO-
Dienststellen. Die Veröffentlichungen waren allerdings zu Anfang recht
kurzlebig und nicht umfassend. So blieb den Besatzungen großer Handlungsspielraum, den es sicher und effektiv auszunutzen galt.

Um die Verantwortlichkeiten nun richtig zu definieren, wurde ein Kapitel Einsatzflugbetrieb mit Unterteilung in die Kategorien I aufgrund Infrastruktur oder Wettereinflüssen, II bei Gefährdung der operativen Handlungsfähigkeit sowie III bei Gefahr für Leib und Leben den deutschen nationalen Flugbetriebshandbüchern hinzugefügt. So können geltenden Regelungen und Gesetze mit einem bestimmten Prozedere ausgesetzt werden.
Die Besatzungen haben auf diese Weise klare Vorgaben, welches Risiko sie
für die Auftragserfüllung eingehen dürfen. Diese Regelungen sind bis heute
kontinuierlich angepasst worden und werden auch bei Einzelaufträgen, z.B.
im Irak oder Somalia, rege angewandt. Beispiele hierzu sind die Ausweitung
der möglichen Flugdienstzeit auf bis zu 16 Stunden (Kategorie I), Landung
auf Behelfsplätzen mit Erkundungsdaten Dritter (Kategorie II) oder Landung auf Behelfsplätzen ohne Erkundung (Kategorie III).

Das Fehlen von Anflughilfen, neue klimatische und geographische Bedingungen wie Sandstürme, Hochgebirge und extreme Temperaturen, fehlende Radarabdeckung auch im Flugplatzbereich und hohe Verkehrsdichte
im Flugbetrieb waren Herausforderungen, die einen Beinahe-Zusammenstoß
in der Luft zur größten Gefahr bei den fliegerischen Einsätzen in Afghanistan machten. Hier konnte nur durch Erfahrung und *Airmanship* entgegen
gewirkt werden, was zum Teil in einem Kompromiss bei der Auftragserfüllung endete. Auch in der Flugbetriebsorganisation wurden Defizite durch die
Nutzung der Flughäfen von mehreren Parteien verschiedener Nationen

deutlich, die zu haarsträubenden Situationen im Bodenbetrieb führten und ähnlich wie bei Beinahe-Zusammenstößen in der Luft eine größere Gefahr als der mögliche Beschuss durch Insurgents bedeutete.

Selbstverständlich besteht auch aufgrund der Sicherheitslage eine große Gefährdung des Flugbetriebs durch Waffenwirkung. Hier ist vor allem die Gefahr durch „Small Arms", also Handwaffen, ausschlaggebend. Um hier die Wirkungsmöglichkeiten der Insurgents möglichst gering zu halten, wurde mit einem Gleitweg von bis zu 10 Prozent der „Steilsichtanflug" standardisiert eingeführt.[18] Intensiviert wurde diese Herausforderung durch die Notwendigkeit zur Nachführung von Verstärkungskräften bei Kampfhandlungen an unbefestigte Lande- bzw. Flugplätze auch bei Nacht. Hierzu wurde eine neue Behelfsbefeuerung eingeführt, mit der auch in Deutschland geübt wird. Gerade für Flächenluftfahrzeuge ist im Zuge einer Landung auf Schotter die Materialbelastung aufgrund der hohen Geschwindigkeiten enorm. Zwar kann eine solche Landung auf Gras in Deutschland geübt werden, auf Schotter haben viele Piloten jedoch in Afghanistan ihre erste Landung durchgeführt.

Auch Landungen mit dem Hubschrauber in Wüstenregionen auf unbefestigten Landeplätzen sind extrem anspruchsvoll, da der aufgewirbelte Sand, vielfach so fein wie Mehl beschrieben, auf den letzten Metern vor dem Absetzen des Hubschraubers keinerlei Sicht nach draußen mehr ermöglicht. Bisher kam es bei diesen sogenannten Staublandungen zum Glück nur zu kleineren Zwischenfällen, die zur Entwicklung und Einführung einer „sensorgestützten Landehilfe (SELA)" führte[19]. Diese ermöglicht dem Piloten über die Kombination aus Radarhöhenmesser und einer Außenkamera eine deutlich verbesserte Lageeinschätzung bei schlechter Sicht und minimiert so das Unfallrisiko.

Fazit

Auch für die einsatzerfahrenen Transportflieger war und ist Afghanistan eine Herausforderung. Die Luftfahrzeuge und ihre Ausrüstung wie auch die bisherige Ausbildung des fliegenden und technischen Personals waren bis

---

[18] Darüber hinaus wurde die persönliche Schutzausstattung der Besatzungen mit modularen Schutzwesten sowie Laserblendschutz verbessert.

[19] Eckhard Bass, Das Projekt „Sensorgestützte Landehilfe". In: Europäische Sicherheit und Technik 64 (2005), Heft 6, S. 55-56.

2001 keineswegs auf diesen Einsatz ausgelegt. Die Tatsache, dass bis auf das Hubschrauberunglück in Kabul keine Unfälle auftraten, ist teilweise sicherlich auf großes Glück, nicht zuletzt aber vor allem auf die Professionalität sowie die bemerkenswerte Motivation aller Beteiligten zurückzuführen.

Um diese Tatkraft zu erhalten, ist adäquates Gerät, also leistungsfähige Transportluftfahrzeuge oder -Hubschrauber, sowie geeignetes Personal in ausreichender Anzahl zukünftig noch mehr notwendig als bisher! Nach Auflösung des Lufttransportkommandos fehlt es nicht nur an einer Chronik im Lufttransport, sondern vielmehr an einer Stelle, die die nationalen Erfahrungen sammelt, auswertet und in Anweisungen und Hilfen überführt. Diese Stelle muss von dem operativen und konzeptionellen Tagesgeschäft klar getrennt sein, um mit genügend freier Kapazität agieren zu können. Einhergehend mit der demnächst einsetzenden Auflösung von Lufttransportverbänden verliert die Luftwaffe nach und nach ein gehöriges Stück ihrer eigenen Identität wie auch bereits erlangter Erfahrung. Diese zu erhalten, um auch in Zukunft eine vielseitige und leistungsfähige Lufttransportfähigkeit für den weltweiten Einsatz nutzen zu können, wird die Herausforderung der Zukunft sein.

Gordon Schnitger

Eurofighter im Baltikum: Verstärktes Air Policing Baltikum (VAPB) 2014

Die folgende Darstellung beruht auf meinen persönlichen Erfahrungen und Meinungen als Kontingentführer VAPB 2014 und stellt als solches weder eine wissenschaftliche Arbeit noch die offizielle Position der Luftwaffe dar.

Am 20. August 2014 landeten mit einer C-160 Transall die ersten Soldaten des Taktischen Luftwaffengeschwaders 74 auf der Ämari Airbase in Estland. Auftrag: Die Vorbereitung des Einsatzes deutscher Eurofighter zur Luftraumsicherung und damit dem Schutz der Nordostgrenze der NATO.

Bereits sechsmal zuvor befanden sich deutsche Jagdflugzeuge im Baltikum, um den Luftraum der Allianz zu sichern. Das Jagdgeschwader 71 „Richthofen" hatte bereits in den Jahren 2005, 2008, 2009, 2011 und 2012 mit der McDonnell F-4F Phantom diesen Auftrag ausgeführt. Auch das Jagdgeschwader 74 hatte 2009 mit dem Eurofighter bereits Einsätze im Baltikum geflogen. – Vermeintlich also wieder eine „Routineaufgabe", so wollte man meinen.

Bereits seit dem 30. März 2004 tragen Jagdflugzeuge der NATO zur Sicherung des Luftraumes im Baltikum bei, da die drei Staaten faktisch über keine Luftstreitkräfte verfügen. Stationiert auf der Airbase Šiauliai in Litauen wechseln sich seitdem alle vier Monate Nationen in der Durchführung dieses Auftrages ab.

Warum also erhielt der Einsatz der Eurofighter 2014 in Ämari, der „Routineauftrag" Gestellung einer Alarmrotte und Sicherung des Luftraumes, eine andere Bedeutung als in den Jahren zuvor?

Estland: Politik und Streitkräfte

Die baltischen Staaten[1] erklärten ihre Unabhängigkeit von der Sowjetunion 1991 und verließen damit den Warschauer Pakt, den Beistandspakt des Ostblocks. Sie wurden im März 2004 Mitglieder der NATO und somit Teil des

---

[1] Estland, Lettland und Litauen. Sie wurden 1940 bis zur Unabhängigkeit 1991 von der Sowjetunion annektiert.

westlichen Bündnis zur kollektiven Selbstverteidigung. Ebenfalls 2004 traten alle drei Staaten der EU bei.

Estland, als Teil der Eurozone und der Währungsunion, lebt vorrangig vom Tourismus und Warenverkehr zwischen der EU und Russland. Hier wird die Zukunft zeigen, welche langfristigen Auswirkungen die EU-Sanktionen gegen Russland auf das Land haben werden, insbesondere dann, wenn diese dauerhaft aufrechterhalten werden sollten.

Von den insgesamt 1,3 Millionen Einwohnern ist ein Viertel Teil der russischen Minderheit, die vorrangig im Osten des Landes leben. Matthias Kolb beschreibt das Zusammenleben in einem Artikel wie folgt: „Ein knappes Drittel der 400.000 Tallinner ist russisch-sprachig, doch die beiden Gruppen leben im Alltag eher neben- als miteinander[2]."

Estland hat sich seit der Unabhängigkeit in einen modernen Staat entwickelt. Vom freien WLAN an fast allen öffentlichen Plätzen, der Digitalisierung des Schulwesens, über digitale Signatur bis hin zur Bezahlung mit dem Mobiltelefon[3]. – Über diese Aspekte und Möglichkeiten beginnt Deutschland zum Teil erst jetzt nachzudenken. – Sicherlich ist dagegen zu halten, dass das einfach ist, wenn man die Landesgröße und die Bevölkerungszahl betrachtet. Auf der anderen Seite kann dies als klares Zeichen des Willens zum Wandel und des schon erwähnten Pragmatismus werten.

Politisch orientiert sich Estland häufig an Deutschland, der wirtschaftlich stärksten Nation innerhalb der EU. Dieses beruht vermutlich auch auf der historischen Vergangenheit als Teil der Hanse[4]. Allerdings konnten wir bei den persönlichen Gesprächen durchaus deutschlandkritische Positionen heraushören. Dies betrifft insbesondere die Frage nach Deutschlands Bereitschaft und/oder Willen, Estland im Falle einer möglichen Invasion militärisch (mit) zu verteidigen. Ein zunehmendes Interesse und eine stärkere Anlehnung an die USA wie auch das Vertrauen auf das Schutzversprechen der NATO sind daher nicht verwunderlich.

Estland bildet mit den beiden anderen baltischen Staaten die nordöstliche Flanke der NATO und verfügt über eine direkte Grenze zu Russland. Diese Staaten sind sich dabei ihrem, im Vergleich zu Russland, geringen

---

[2] Siehe: www.sueddeutsche.de/reise/unterwegs-in-tallinn-hanse-und-hightech-1.600803.
[3] Siehe: http://www.huffingtonpost.de/2014/03/24/digitale-zukunft-estland-_n_5021458.html.
[4] Siehe: http://www.visitestonia.com/de/uber-estland/estland-und-die-hanse.

Umfang ihrer Streitkräfte sowie der Größe ihres Landes uneingeschränkt bewusst. Keiner der baltischen Staaten verfügt über die finanziellen und personellen Möglichkeiten größere Waffensysteme zu beschaffen und dauerhaft zu betreiben. Sie richten daher ihre Außen- und Sicherheitspolitik auf eine Integration in die Europäische Union und die NATO aus. Konsequent verbunden ist damit auch das Bestreben zur dauerhaften Stationierung von Truppen der Bündnispartner im eigenen Land.

Im Gegensatz zur Bundesrepublik Deutschland wendet Estland trotz des relativ kleinen Wehretats 2 Prozent seines BIP[5] für den Verteidigungshaushalt auf. Dieses erfolgt in der Regel ohne größere Diskussionen in der Öffentlichkeit oder in den Medien. Grundsätzlich konnten wir 2014 in persönlichen Gesprächen bei Veranstaltungen feststellen, dass „Sicherheit" einen anderen Stellenwert genießt als in Deutschland. Die Jahrzehnte lange Annexion durch die Sowjetunion wie auch die Ereignisse in der Ukraine ließ die Menschen ein anderes Bedürfnis nach Sicherheit entwickeln. Sowohl die eigenen Streitkräfte als auch die der NATO-Partner genießen in Estland eine sehr hohe politische und gesellschaftliche Wahrnehmung.

Generalleutnant Rico Terras, Befehlshaber der estnischen Streitkräfte, beschrieb im Juni 2016 die aktuelle Wahrnehmung der sicherheitspolitischen Herausforderung so: „Für Länder mit Grenze zu Russland gibt es keine Sicherheit". Estland hat gewissermaßen das Erbe Deutschlands als „Frontstaat" angetreten. Es scheint dagegen in Deutschland heute in Vergessenheit geraten zu sein, wie es war, ein „Frontstaat" und für die Landesverteidigung auf Bündnispartner angewiesen zu sein.

Die estnischen Streitkräfte verfügen über einen Personalkörper von 6.000 aktiven Soldaten, von denen circa die Hälfte Wehrpflichtige sind[6]. Im Falle eines Konfliktes sollen diese mit Reservisten auf insgesamt 60.000 Soldaten aufwachsen[7].

Die politischen Vorgaben an den Auftrag der Streitkräfte Estlands und somit auch an dessen Luftwaffe in Frieden, Krise und Kriegsfall sind daher klar und präzise ausgerichtet. Sie umfassen als Kernaufgaben eine größtmögliche Vorbereitung für die Landesverteidigung, eine entsprechende Integrati-

---

[5] Siehe: www.nato.int/cps/en/natohq/official_texts_112964.htm, Punkt 14.
[6] Siehe: http://www.mil.ee/en/defence-forces.
[7] Siehe: http://www.mil.ee/en/defence-forces.

on in die Bündnisse sowie im Konfliktfall die Aufnahme von Truppen befreundeter Länder[8]. Für die Luftstreitkräfte bedeutete dies[9]:

- Aufbau einer Fähigkeit der Luftraumüberwachung, Entwicklung einer Fähigkeit der nationalen Luftverteidigung, Aufbau von Kommandostrukturen zur Luftverteidigung;

- Ausbau ÄMARI Airfield für NATO-Operationen und Bereitstellung von Unterstützungsleistungen als Gastnation;

- Aufbau einer an die NATO Integrated Extended Air Defence System (NATIENADS) angepassten und operablen Kommunikations- und Informationsstruktur sowie

- Betreiben einer Hubschrauber-Abteilung.

Als „Großgerät" verfügt ihre Luftwaffe über zwei Trainer L-39 Albatros, vier leichte Hubschrauber Robinson R-44 sowie zwei Transportflugzeuge Antonov AN-2[10]. – Die AN-2 wurden Ende 2015 außer Dienst gestellt und sollen durch zwei Shorts C-23 Sherpas ersetzt werden[11].

Allwetterfähige Jagdflugzeuge sind derzeitig nicht zur Beschaffung geplant. Der Schwerpunkt der estnischen Verteidigungsbemühungen liegt eindeutig auf der kontinuierlichen Verbesserung der Luftraumüberwachung sowie der Bereitschaft, gute Rahmenbedingungen für den Einsatz anderer Streitkräfte in Estland zu schaffen[12]. Dieses Vorgehen zeugt vom Pragmatismus der Esten, die eine eindeutige Priorisierung ihrer Politik in Relation zu den vorhandenen Mitteln und Möglichkeiten umsetzen.

Estland im Schatten Russlands

Die politischen Unruhen und die sich daraus entwickelnde Krise in der Ukraine bestimmten ab Ende November 2013 die Medienlandschaft weltweit. Gewisse Analogien zwischen der Ukraine und Estland lassen sich nicht von

---

8 Siehe: http://www.mil.ee/en/defence-forces.

9 Siehe: http://www.mil.ee/en/air_force.

10 Siehe: http://www.mil.ee/en/air_force.

11 Siehe: http://www.milavia.net/news/2014/estonia-to-replace-soviet-era-an-2-aircraft-with-us-supplied-sherpas.html.

12 Siehe: http://www.mil.ee/en/defence-forces.

der Hand weisen, insbesondere aus dem Blickwinkel der Menschen dort. Beide Staaten verfügen über ähnliche hohe Minderheiten von Russen, die sich insbesondere in einigen Landesteilen im Osten konzentrieren. Beide Staaten waren Teil der ehemaligen Sowjetunion, sind direkte Grenznachbarn Russlands und liegen somit in dessen Interessengebiet oder Einflusssphäre. Beide haben eine wirtschaftliche Anlehnung an den Westen vollzogen bzw. angestrebt, allerdings mit unterschiedlichem Erfolg. Die Esten haben die ukrainische Krise sehr gut analysiert und entsprechend für sich Konsequenzen gezogen. Zwar ist das Mistrauen gegenüber Russland gestiegen, dennoch gibt es bisher keine bekannten Bestrebungen, die russische Minderheit im Land zu unterdrücken. In Gesprächen mit dem deutschen Botschafter wurde die Nutzung der russischen Sprache durch die Minderheit als Zeichen der Toleranz hervorgehoben.

In Gesprächen äußerte sich die Besorgnis, wie die Ukraine eine Destabilisierung von außerhalb zu erfahren. Die Erhöhung des militärischen Flugverkehrs von und nach Oblast[13] Kaliningrad ab 2013 verstärkt dieses Bedrohungsgefühl ganz offensichtlich. Dieser Landesteil Russlands, das ehemalige nördliche Ostpreußen, ist für Russlands militärische Kräfte nur auf dem Luft- oder Seeweg, u.a. durch den Finnischen Meerbusen, zu erreichen. Sie bewegen sich dabei grundsätzlich rechtmäßig im internationalen Luftraum.

Einer der Hauptkritikpunkte der NATO und der Flugsicherung ist aber, dass militärische Flugbewegungen durch Russland in der Regel nicht angezeigt werden und sich deren Luftfahrzeuge elektronisch nicht identifizieren können oder lassen. Hierdurch besteht eine erhebliche Gefährdung des zivilen Flugverkehrs, da diese Verfahren der beste Weg zur Vermeidung von Kollisionen ist. Auf diversen Webseiten, z.B. Flight24, ist das immense Flugaufkommen in Europa jederzeit einsehbar. Zusätzlich zur Gefährdung wurde jedoch mehrfach die Verletzung des estnischen Luftraumes durch Militärflugzeuge Russlands festgestellt und angezeigt, zuletzt im Juni 2016[14]. Ein „Austesten" des Verteidigungswillens und der Reaktionszeiten der NATO kann dabei grundsätzlich nicht ausgeschlossen werden.

Aufgrund dieser Gesamtsituation ist der Wunsch Estlands nach einer verstärkten Präsenz des Bündnisses auf eigenem Boden nachvollziehbar.

---

[13] Bezeichnung eines Verwaltungsbezirkes.
[14] Siehe: http://www.spiegel.de/politik/ausland/estland-russland-soll-luftraum-ueber-ostsee-verletzt-haben-a-1096362.html.

Als Reaktion auf das Verhalten Russlands in der Ukraine Krise sowie die Annexion der Krim im März 2014 beschloss die NATO bereits im April erste Maßnahmen als sogenannte Immediate Assurance Measures (IAM). Im September auf dem Wales Summit formell beschlossen, wurde als Teil des Readiness Action Plan u.a. den Baltischen Staaten eine verstärkte Präsenz der Allianz durch Übungen bzw. Erhöhung der Kräfte zur See- und Luftüberwachung zugesagt[15]. Deutschland hatte dabei angezeigt sich hierzu mit bis zu sechs Eurofightern zu beteiligen.

Einsatzvorbereitung und -bedingungen

Das Taktische Luftwaffengeschwader 74 hat dazu als Leitverband vier Eurofighter für den Zeitraum September bis Dezember 2014 nach Estland verlegt, um wochenweise im Wechsel Trainingsflüge durchzuführen und eine Alarmrotte[16] zu stellen. Zusätzlich wurden zwei Eurofighter in einer 96-Stunden-Bereitschaft im Heimatverband in Neuburg vorgehalten.

Darüber hinaus befanden sich sechs CF-18 Hornet aus Kanada auf der Siauliai Airbase[17] in Litauen und vier F-16 Falcon der Niederlande auf der Malborg Airbase in Polen. Die Immediate Assurance Measures beschränken sich aber nicht nur auf Luftfahrzeuge, sondern umfassen auch See- und Landstreitkräfte. So war in unserem Zeitraum u.a. in Tartu ein Bataillon der US ARMY mit dem Schützenpanzer M3 Bradley eingesetzt.

Basis aller Einsätze ist eine adäquate theoretische und praktische Vorbereitung. So erfolgten für VAPB 2014 unter anderem Unterrichte über die Waffensysteme aller Anrainerstaaten sowie die Luftraumstruktur. Besondere Aufmerksamkeit galt dabei der geographischen Lage und Hoheitsgebieten, da die russische Landesgrenze nur 100 Kilometer entfernt ist und in zirka fünf Minuten Flugzeit erreicht werden könnte. Nicht weniger relevant war die Einhaltung der Souveränität der neutralen Staaten Finnland und Schweden. Direkt nach dem Start von Ämari Airbase könnte man innerhalb von zwei Minuten den finnischen Luftraum erreichen. – Selbst eine unabsichtli-

---

[15]Siehe: www.shape.nato.int/page349011837.

[16] Bereitschaft von Jagdflugzeugen, um im Alarmfall innhalb von bis zu 15 Minuten gestartet zu sein. Im Englischen wird diese auch Quick Reaction Alert (QRA) genannt.

[17] Portugal stellte in ŠIAULIAI Airbase sechs F-16 im Rahmen "Standard" Air Policing Baltikum.

che Verletzung dieser Grenzen zieht grundsätzlich diplomatische Konsequenzen nach sich.

Im Rahmen der Simulatorausbildung hatte jeder der Piloten zwei Missionen zu erfüllen. Der erste Simulatorflug diente zur Vermittlung eines Gefühls für die Lufträume im Baltikum sowie der oben bereits geschilderten geographischen Besonderheiten. Der zweite Simulatorflug diente dem Training der Abfangeinsätze, auch gegen mögliche russische Flugzeuge. Dabei wurden Vorfälle aus den vorangegangenen Einsätzen im Baltikum analysiert, entsprechende Schlussfolgerungen gezogen und verschiedene Möglichkeiten des Verhaltens der russischen Luftfahrzeugbesatzungen simuliert. Allerdings ersetzt ein Simulator trotz der 360°-Sicht nie den Flug, er kann immer nur ergänzend wirken, da weder die „g-Kräfte" noch die Anspannung eines realen Fluges abgebildet werden können.

Ämari Airbase in Estland

Am 28. August 2014 landeten die deutschen Eurofighter erstmalig auf der Ämari Airbase. Den Flugplatz nutzten die die russische Luftstreitkräfte bis zum ihrem Abzug 1994, zuletzt mit Suchoi SU-24 „Fencer". Wie bei den ehemaligen Standorten der russischen Streitkräfte in Deutschland war der Zustand der Infrastruktur stark veraltet und marode.

Die Neuaufstellung der Estnischen Luftstreitkräfte „Eesti Õhuvägi" fand am 16. Dezember 1991 statt, aber erst am 15. Mai 1997 wurde Ämari Airbase zu einem Luftwaffenstützpunkt[18]. Der Zustand der Infrastruktur hatte sich aufgrund der langen Nichtnutzung weiter verschlimmert und erforderte eine kompletten Neubau, der im Zeitraum 2008 bis 2012 durchgeführt wurde. Unter finanzieller Beteiligung der NATO wurden fast alle Gebäude auf dem Südteil des Flugplatzes komplett neu gebaut oder grundsaniert. Die aktuelle Infrastruktur ist höchst modern und bietet optimale Voraussetzungen für eine Nutzung von Kampfflugzeugen durch die Partnerstaaten. Zu Recht können die Esten stolz sein auf das, was sie dort in wenigen Jahren geschaffen haben.

Im Zeitraum August 2014 bis Januar 2015[19] war Ämari Airbase die Heimat von 150 Soldatinnen und Soldaten sowie zivilen Mitarbeitern aus bis zu 24 Einheiten der gesamten Bundeswehr. Neben den Piloten und Technikern

---

[18] Siehe: http://www.mil.ee/en/air_force.
[19] Zeiten inklusive Vor- und Nachkommando.

waren Liaisons zum Tower, Radarführungsdienst sowie Wetterbeobachtung Teil der Truppe. Das Objektschutzregiment „Friesland" hatte Feuerwehrkräfte beigestellt, die insbesondere für eine Rettung des Piloten aus dem Cockpit am Boden ausgebildet waren. Die Estnische Luftwaffe kann zwar alle diese Bereiche abdecken, verfügte 2014 allerdings noch nicht über die personelle Robustheit für eine „24/7-Abdeckung". Zusätzlich verstärkte IT-Personal der Streitkräftebasis für den Betrieb eines internen Netzwerkes[20] sowie einer Anbindung ins Heimatland über Satellitenkommunikation (SATCOM) das deutsche Kontingent[21]. Eine Abordnung von Feldjägern sowie auch temporär fliegerärztliches Personal der Marine vervollständigten die Besatzung. Innerhalb kürzester Zeit formte sich, auch nach Kontingentwechseln, immer wieder eine schlagkräftige und zuverlässige Truppe.

Am 1. September 2014 übernahmen die deutschen Eurofighter den Auftrag von Dänemark im Rahmen einer feierlichen Zeremonie. Einsätze der Jagdflugzeuge werden grundsätzlich durch das Combined Command Reporting Centre (CRC) in Karmelava in Litauen geführt. Dort befindet sich als Teil des BALTNET ein abgesetzter Bereich des Ämari Command and Reporting Post (CRP), der die Radarabdeckung im Norden des Baltikum verbessert. Regelmäßige Einsätze der NATO-Frühwarnkomponente aus Geilenkirchen mit E-3A Sentry verstärken das Luftlagebild. Gemeinsam konnten so circa 270 Missionen geflogen werden, von denen über 30 Alarmstarts waren. Ziel war, wie in Deutschland, das Auffassen, das Identifizieren und wenn nötig das Begleiten von Luftfahrzeugen, die sich nicht selber identifizieren oder gemäß einem angemeldeten Flugplan im Finnischen Meerbusen operieren. Die politischen und militärischen Vorgaben an die Besatzungen waren de-eskalierend zu agieren und keine unnötigen Risiken einzugehen.

Im Unterschied zu den QRA-Einsätzen in Deutschland waren allerdings stets russische Kampfflugzeuge die unbekannten bzw. nicht angemeldeten

---

[20] Siehe:
http://www.luftwaffe.de/portal/a/luftwaffe/!ut/p/c4/NYq7DsIwDEX_yE4HELBRFfG
YEAuUzW2jylLiRMbQhY8nGbhHOsu5-
MSC0IdnMk5CAR_Yj7wbFggLmKcInuUFlAe81-
_kYUzirdq8GBfPSpYUclILtbxVSwGesHdN17q1-6_5bq_H0-
Wwcpvu3N4wx7j_AQQyUA0!
[21] Zur Sicherstellung der nationalen Führungsfähigkeit wurde diese Fähigkeit als notwendig erachtet. 2007 war die estnische Regierung Ziel mehrtätiger Internetangriffe, wobei der Urheber bis heute nicht festgestellt werden konnte.

Flugobjekte und eben nicht ein Airliner mit Kommunikationsproblemen oder ein Sportflugzeug. Trotz der Spannungen auf politischer Ebene verliefen die Begegnungen zwischen den Kampfflugzeugen auf professioneller Basis, entgegen den „dramatischen" Berichten einiger Medien[22]. Dabei wurden regelmäßig Fotos vom jeweils anderen Jet „geknipst" und kameradschaftliche Grüße ausgetauscht. Es klingt ein wenig nach Top Gun, allerdings waren wir respektvoller miteinander im Umgang und mit dem gebührenden Sicherheitsabstand – anders als im Film.

Weil dies der erste Einsatz von deutschen Kampfflugzeugen in Estland war und wegen der latenten Spannungen der baltischen Staaten mit Russland hatte die Eurofighter-Mission eine sehr hohe Anzahl von Besuchergruppen mit und ohne Medienbegleitung zu ertragen. Die Entscheidung der Luftwaffe, für den gesamten Zeitraum einen Vertreter der Presse- und Öffentlichkeitsarbeit dem Verband beizustellen, hat sich mehr als nur berechtigt erwiesen.

VAPB 2014 endete für Deutschland formell mit der Übergabe des Auftrages am 2. Januar 2015 an Spanien, dessen Kontingent ebenfalls mit dem Eurofighter „angetreten" war. Da die Spannungen zwischen der NATO und Russland weiterhin bestehen, übernahm im Herbst 2015 erneut ein Verband der Luftwaffe, das Taktische Luftwaffengeschwader 31 „Boelcke", die Verantwortung der Luftraumsicherung im Baltikum. Die hohe Anzahl russischer Flugbewegungen in der Region führte zur Entscheidung, eine 24/7-QRA an allen Standorten im Baltikum zu stellen. Das Taktische Luftwaffengeschwader 31 „Boelcke" erlebte dabei über 300 Flüge mit rund 30 Begleitungen durch russische Flugzeuge[23].

Die deutsche Beteiligung am Verstärkten Air Policing Baltikum wird vermutlich zu einer Daueraufgabe werden, zumindest solange es keine ständige Entspannung zwischen der NATO und Russland gibt.

---

[22] Siehe: http://www.bild.de/politik/ausland/wladimir-putin/so-provozieren-russische-kampfjets-unsere-luftwaffe-39080108.bild.html.
[23] Siehe:
http://www.luftwaffe.de/portal/a/luftwaffe/!ut/p/c4/NYsxD4IwEEb_0V1rkBg3CA4mTi6CWy0NnilXcjlg8cfbDn4vecvLh0_MsNtockqJXcQeB0_n1w5xByf-TRuHFQ7G1vBxjI9yGAP4xEGLNbBS9iROk8CSRGMpq0guQCMOxnatqc1_9tsc-9ulMqequ7Z3XOa5-QFOgimZ.

Paul Meiwald / Julian Nicklas

Geteilte Vergangenheit – Gemeinsame Zukunft
Das Geschwader „Steinhoff"

Die Geschichte des Geschwaders „Steinhoff" ist in ihrer Form in der Luftwaffe wie auch der übrigen Bundeswehr einzigartig: Nach der friedlichen Wiedervereinigung Deutschlands von 1990 vereinten sich zwei Fliegende Kampfverbände der ehemaligen NVA und der Bundeswehr an einem Standort in den „neuen Bundesländern". Dabei entstand ein Geschwader, in dem sowohl ein Waffensystem der NATO als auch ein Waffensystem des Warschauer Paktes von Personal aus Ost und West betrieben wurde. Aber die Luftwaffe vereinte nicht nur zwei unterschiedliche Luftfahrzeugtypen aus Ost und West mit ihrer Technik an einem Standort. Auch das Personal, welches vorher in zwei verschiedenen Armeen gedient hatte, arbeitete nun gemeinsam in einer Bundeswehr, in einer Uniform und in einem Geschwader. Wir haben mit den Menschen gesprochen, die Teil dieses Geschwaders und Teil seiner Geschichte sind und haben versucht die Zusammenführung aus deren Perspektive zu analysieren und zu verstehen.

Mit diesem Beitrag sollen zwei Fragen beantwortet werden:

1. Was förderte die Zusammenführung der verschiedenen Teile und die Integration des Personals?
2. Kann man im Fall des Geschwaders „Steinhoff" von einer gelungenen Zusammenführung seiner verschiedenen Wurzeln sprechen?

Die Geschichte

Das Jagdgeschwader 73

Am 1. April 1959 wurde die Aufstellung des Jagdgeschwaders 73 in Ahlhorn nahe Oldenburg formell vom Bundesministerium der Verteidigung beschlossen. Die Aufnahme des Flugbetriebes erfolgte letztlich erst zwei Jahre später nicht etwa am Aufstellungsstandort, sondern im gut vierhundert Kilometer entfernten Pferdsfeld.

Den dort in den 1930er Jahren errichteten Feldflugplatz der Luftwaffe der Wehrmacht hatte die französische Luftwaffe ab 1951 zu einem Militärflugplatz für jetgetriebene Kampfflugzeuge mit einer Start- und Landebahn von rund 2.500 Metern Länge ausgebaut. Ab 1957 nutzte die US Air Force den Platz und übergab ihn 1958 an die Bundeswehr zur weiteren Nutzung. Nach weiteren Umbauten übernahm die Luftwaffe den Platz 1961 und stationierte dort das aus Oldenburg kommende Jagdgeschwader 73 mit Kampfflugzeugen vom Typ Canadair CL-13B Sabre.

In den folgenden Jahren erlebte der Verband ab 1966 die Umrüstung auf den leichten Jagdbomber Fiat G.91 sowie die Umbenennung in Jagdbombergeschwader 42 (1962) bzw. Leichtes Kampfgeschwader 42 (1966).

Ein wesentlicher Meilenstein in der Geschichte des Geschwaders stellte die Einführung des überschallfähigen Kampfflugzeugs McDonnell F-4F Phantom II als Jagdbomber im Jahre 1975 dar. Gleichzeitig erhielt der Verband mit Jagdbombergeschwader 35 einen neuen Namen. Nun hatte er neben Luftangriffsaufgaben auch eine Jagdrolle als Zweitaufgabe (Tactical Fighter) – wie das ebenfalls auf Phantom umgerüstete Jagdbombergeschwader 36 in Rheine-Hopsten.

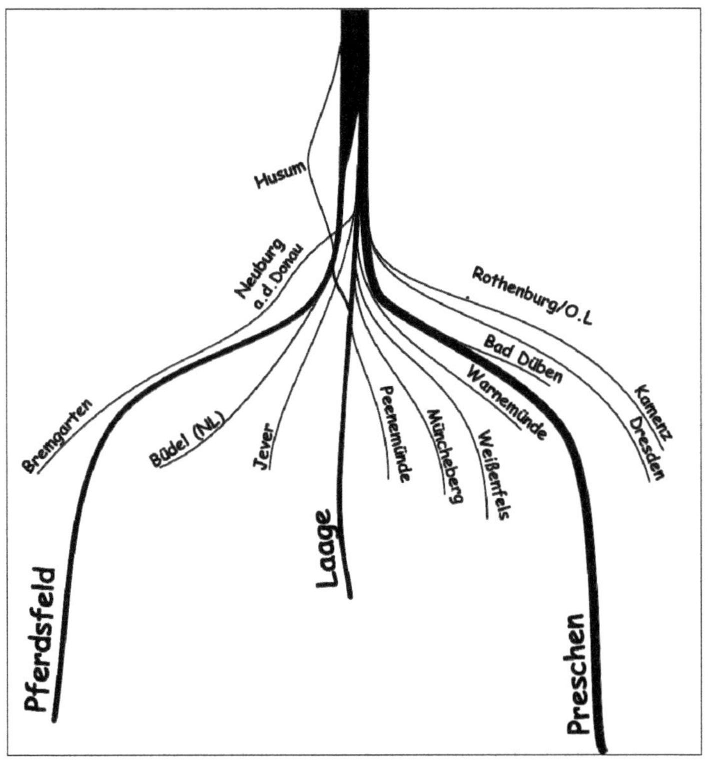

Die folgenden zwanzig Jahre waren geprägt durch internationale Präsenz, wie die Teilnahme an zahlreichen Kommandos – Taktisches Training im Ausland – oder der Empfang von Staatsoberhäuptern und nicht zuletzt die mehrfache Auszeichnung für vorbildliche Umsetzung aller Belange der Flugsicherheit. Diese prägende Zeit bot darüber hinaus auch ausreichend Raum zur Etablierung von Traditionen.

Die Folgen der friedlichen Wiedervereinigung Deutschlands waren auch innerhalb der deutschen Luftwaffe spürbar. Neben zahlreichen Änderungen zeichnete sich auch die Verlegung eines Jagdgeschwaders in die Neuen Bundesländer ab. Anfänglich war dazu das Jagdgeschwader 72 in Rheine (das ehem. JaboG 36) auserkoren. Wenig später deutete sich aber an, dass das Jagdbombergeschwader 35 von einer solchen Verlegung betroffen sein würde. So begann erstmals 1993 die Fassade des bis dato starken Geschwadergeistes zu bröckeln, als Geschwaderangehörige von der Schließung des Flugplatzes in Pferdsfeld und der Verlegung des Geschwaders nach Laage bei Rostock erfuhren.

Die MiG-29 auf dem Weg nach Laage

Der Flugplatz Preschen, in der Nähe der brandenburgischen Stadt Cottbus, wurde bereits seit 1954 durch die Luftstreitkräfte der Nationalen Volksarmee genutzt. Vor allem das Jagdfliegergeschwader 3 „Wladimir Komarow" nutzte das Gelände für den Flugbetrieb mit verschiedenen sowjetischen Flugzeugmustern, wie beispielsweise dem robusten Abfangjäger Mikojan-Gurewitsch MiG-21 „Fishbed". Militärisch enorm interessant wurde das Geschwader ab 1987 mit den Vorbereitungen für die Einführung der MiG-29 „Fulcrum", dem gefürchteten und als hochmodern geltenden Waffensystem der sowjetischen Konstrukteure.

Im Zuge der Übernahme der ehemaligen NVA-Luftstreitkräfte in die Bundeswehr wurde das Fähigkeitsspektrum dieses Waffensystems genauestens studiert und analysiert. Dazu stellte die Luftwaffe in Preschen das „Erprobungsgeschwader Mig-29" auf. 1993 fiel die Entscheidung der Luftwaffenführung zugunsten des operationellen Einsatzes der MiG-29 innerhalb der Luftwaffe – solange der Jäger 90 noch nicht verfügbar wäre[1] –, jedoch nicht am Standort Preschen, sondern in Laage.

---

[1] Vgl. Oliver Bange, Die MiG-29 in der Bundesluftwaffe und das Problem einer Sicherheitspartnerschaft mit Russland 1989-198. In: Luftwaffe und Luftkrieg. Hrsg. von

Der Standort Laage

Ab 1978 bestätigte sich die militärische Relevanz der Region um Laage/Kronskamp. 1984 nahm die Nationale Volksarmee den Flugplatz in Betrieb und stationiert hier einen Jagdbomber- und einen Marinefliegerverband. Bis zur Wiedervereinigung Deutschlands fand der Flugbetrieb unter anderem mit Kampfflugzeugen vom Typ Suchoi Su-22 „Fitter" statt. Nachdem der Flugplatz in der Wendezeit als Basar für ausgemusterte Flugzeuge genutzt und ab 1992 teilweise auch dem zivilen Luftverkehr zugänglich gemacht wurde, diente er seit 1993 der Zusammenziehung zweier Geschwader, zweier Kampfflugzeugtypen aus Pferdsfeld/Sobernheim und Preschen, aus West und Ost, zum „neuen" alten Jagdgeschwader 73.

Die Zeit bis 1997 nutzte das Geschwader intensiv zur gegenseitigen Integration. Die Verleihung des Traditionsnamens „Steinhoff" am 18. September 1997 markierte auch den Abschluss der Zusammenführung aller Geschwaderanteile aus Pferdsfeld/Sobernheim nach Laage und die Aufnahme des gemeinsamen Flugbetriebs.

Das Personal

Nach dem Ende der Blockkonfrontation und infolge der Auflösung der NVA sowie der Übernahme ihres Personals in die Bundeswehr blieben Standortschließungen und Umstrukturierungen, auf beiden Seiten des nunmehr gefallenen Eisernen Vorhangs, nicht aus. So kamen viele Mechaniker aus verschiedenen fliegenden Verbänden der ehemaligen NVA-Luftstreitkräfte nach Laage.

Auf der anderen Seite ließ sich nur ein Teil der Soldaten aus Pferdsfeld beim Umzug des Geschwaders nach Laage auch dorthin versetzen. Die dadurch entstandene personelle Lücke wurde von Soldaten aus den anderen Phantom-Geschwadern der Bundeswehr geschlossen. Letztlich ergeben sich die Wurzeln des Geschwaders „Steinhoff" nicht nur aus Pferdsfeld, Preschen und Laage, sondern sind wesentlich vielseitiger als man zunächst annehmen könnte.

Eberhard Birk und Heiner Möllers, Berlin 2015 (= Schriften zur Geschichte der Deutschen Luftwaffe, Band 3), S. 190-206.

Das Aufeinandertreffen

Wie war die Lage, in der sich Preschener und Pferdsfelder bei der Ankunft an ihrem neuen Dienstort befanden? Die meisten Geschwaderangehörigen sahen sich mit den damals geläufigen Pauschal- und Vorurteilen zwischen den neuen und den alten Bundesländern und den damit verbundenen Berührungsängsten konfrontiert. Hinzu kam der unterschiedliche militärische Hintergrund. Soldaten, die nun die gleiche Uniform trugen und zusammenarbeiteten, waren in zwei unterschiedlichen politischen Systemen ausgebildet und erzogen worden und standen sich noch wenige Jahre zuvor als Feinde gegenüber. Für die ehemaligen Soldaten der NVA kamen zudem soziale Unsicherheiten und Ängste, wie es weitergehen sollte sowie ob und wie sie sich in die Bundeswehr einfügen könnten. Gerade diese Frage und ihre persönliche wirtschaftliche Situation, von denen die Familien in besonderem Maße betroffen waren, waren nicht zu unterschätzen.

Die Pferdsfelder hatten ganz andere Probleme: Nicht nur der Umzug nach Laage über 650 km in das Mecklenburg-Vorpommern der 1990er Jahre bedeutete im Vergleich zum beschaulichen Rheinland-Pfalz für die meisten eine große Umstellung.

Ein weiteres Problem bei der Ankunft des Geschwaders in Laage stellte die Infrastruktur des Platzes dar. Zwischen 1990 und 1994 fand kein Flugdienst in Laage statt und dementsprechend sah der Platz auch aus. Selbst Einrichtungen in „gutem Zustand" waren zum Teil aufgrund Standards und Vorschriften der Bundeswehr so nicht nutzbar.

Auf der anderen Seite gab es viele Umstände, die sich förderlich für das zukünftige Geschwader erwiesen. Das Personal war hochqualifiziert: Viele Soldaten, die aus der NVA übernommen wurden und nun als Unteroffiziere dienten, waren vor 1990 Offiziere und hatten ein technisches Studium absolviert. Die MiG-29 war zu der Zeit der modernste Jäger des ehemaligen Warschauer Paktes und bis 1999 war das JG 73 das einzige Geschwader in der NATO, welches über die MiG-29 verfügte. Dies erzeugte einen ganz besonderen Waffenstolz. Das JG 73 war dementsprechend auf internationalen Übungen ein gern gesehener Gast und Sparringspartner. Letztlich bot das JG 73 damit für viele Menschen mittelfristig eine sichere Zukunft: Während die Bundeswehr in den 1990er Jahren viele militärische Standorte in den neuen Bundesländern aufgab, blieb Laage dauerhaft bestehen.

Die Zusammenführung

Das neue Jagdgeschwader 73 erlebte eine durchaus einzigartige Situation. Doch wie wuchsen die verschiedenen Wurzeln zusammen und was förderte diese Zusammenführung?

In nahezu jedem Interview beschrieben ehemalige NVA-Soldaten und Soldaten aus den alten Bundesländern die unterschiedliche Besoldung als besonders integrationshemmend. Und nicht allein ehemalige NVA-Soldaten, die von der niedrigeren Besoldung direkt betroffen waren, führten die Ost-West-Besoldung als Problem an. Die Soldaten der „alten" Bundeswehr, die voll bezahlt wurden, kritisierten die ungleiche Besoldung mindestens genauso oft in den Interviews.

Besonders gemeinschaftsstiftend blieben die vielen gemeinsamen Kommandos mit F-4 und MiG-29 im Gedächtnis. Die Soldaten erfüllten ihren Auftrag unter herausfordernden Bedingungen auf einem fremden Flugplatz und hatten die Chance als Repräsentanten des Geschwaders „Steinhoff", ihrer Waffensysteme und der deutschen Luftwaffe im internationalen Rahmen aufzutreten. Dies alles erzeugte einen ganz besonderen Stolz und das gemeinsame Zusammenleben, auch nach Dienst, schaffte es letztlich Barrieren abzubauen, wie es ohne den intensiven Kontakt nicht möglich gewesen wäre.

Luftbild des Militärflugplatzes Laage und Dislozierung der Staffelbereich der 1./JG 73 (F-4F Phantom)und der 2./JG 73 (MiG-29). Quelle: JG 73 - Bildstelle

Letzlich zeigte sich ein weiterer Punkt, der das Zusammenwachsen des Geschwaders entscheidend beeinflusste: das alltägliche gemeinsame Zusammenarbeiten bzw. dessen Fehlen. Die Wartungsstaffel war zu Zeiten der MiG-29 und der F-4 auf zwei Bereiche aufgeteilt. Der F-4-Bereich im Nordosten und der MiG-29-Bereich im Südwesten der Landebahn. Damit waren die einzelnen Wartungszüge fast fünf Kilometer voneinander separiert. Im Gegensatz dazu arbeiteten Techniker der Instandsetzungs- und der Elektronikstaffel zusammen in einer Halle. Die Auswirkungen waren in den Interviews festzustellen: Warte berichteten von Differenzen zwischen den Wartungszügen, die auch noch nach der Einführung des Eurofighters lange anhielten. Die Gespräche im Geschwaderstab und der Instantsetzungs- und Elektronikstaffel ergaben ein anderes Bild. Hier wurde die Zusammenführung wesentlich unproblematischer wahrgenommen und die Herkunft der Menschen spielte kaum eine Rolle. Anscheinend ist es der alltägliche Kontakt, welcher es ermöglicht Vorurteile abzubauen, Verständnis für den anderen zu schaffen und letztlich nachhaltig Menschen zusammenzuführen.

Die Bewertung der Zusammenführung

Zur Beantwortung der zweiten Kernfrage suchten die Autoren objektiv bewertbare Indikatoren für eine gelungene Zusammenführung und baten in unseren Interviews um die Beantwortung folgender Fragen.

Wie bewerten Sie den Zusammenhalt des Geschwaders im Vergleich von damals zu heute?

Der gefühlte Zusammenhalt des Geschwaders heute wird fast durchgehend niedriger bewertet als der in den 1990er Jahren. Dies überraschte zunächst, sollte doch eine Geschichte der Zusammenführung erzählt werden. Allerdings deckt sich das Ergebnis mit den Erfahrungen, die sich in Interviews wiederspiegelt und diese Entwicklung durch folgende Gründe erklären lässt. Allgemein tendiert die Gesellschaft dazu, sich weniger in festen Gruppen zu binden und Arbeits- und Privatleben stärker voneinander zu trennen. Darüber hinaus zögerten die Soldaten zunächst, ihren Lebensmittelpunkt an den neuen Dienstort zu verlegen. Sie haben unter der Woche in der Kaserne gewohnt und waren nur am Wochenende bei ihren Familien. Heute leben die meisten Soldaten mit ihren Familien standortnah.

Wie bewerten Sie Ihre persönliche Verbundenheit mit der Region Rostock/Laage im Vergleich von damals zu heute?

Die regionale Verbundenheit hat im Laufe der Zeit stark zugenommen. Inzwischen geben drei von vier Personen ihre Zufriedenheit mit der Region mit „sehr hoch" an. Dass sie mit der Nähe zur Familie unzufrieden seien, gaben sie nicht an. Dies deckt sich mit der These, dass sich das Leben aus der Kaserne in die Region verschiebt. Die Neuankömmlinge von früher scheinen in Laage angekommen zu sein und arbeiten nicht nur gerne im Geschwader, sondern leben auch gerne in der Region.

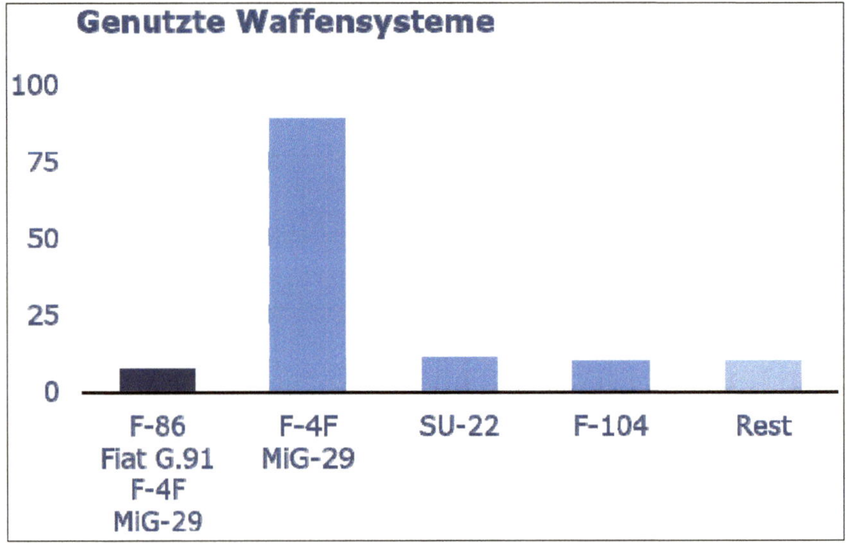

Fragen über das Geschichts- und Traditionsbewusstsein

Darüber hinaus folgten Fragen zum Geschichts- und Traditionsbewusstsein der Geschwaderangehörigen. Hier wurden den Angehörigen des Geschwaders durch alle Alters- und Dienstgradgruppen Wissensfragen über die Geschwadergeschichte gestellt.

Welche Waffensysteme neben dem Eurofighter waren im Geschwader beheimatet?

Die richtige bzw. vollständige Antwort beinhaltet die vier im dunkelblauen linken Balken dargestellten Kampfflugzeuge. Ein kleiner Teil konnte die Frage vollständig beantworten und alle Waffensysteme aufzählen. Ein Großteil hat nur die F-4 und die MiG-29 genannt und Einzelne haben andere Flugzeugmuster erwähnt, die weder im Taktischen Luftwaffengeschwader 73 „Steinhoff“, noch im Jagdgeschwader 3 der NVA geflogen sind.

Anhand dieser und weiterer gestellter Fragen zum Geschichtsbewusstsein wird sichtbar, dass sich ein beachtlicher Teil des Personals nur der jüngeren Geschwadergeschichte bewusst ist.

Die Frage der Identifikation

Die Frage der gelungenen Integration kann mit einer Frage zur Identifikation beantwortet werden: *Mit welchem der folgenden Begriffe können Sie sich am ehesten identifizieren?*

Folgende Antwortmöglichkeiten waren dazu gegeben: Die eigene Teileinheit, die jeweilige Staffel, das Geschwader, unser Waffensystem Eurofighter, die „73iger“ oder „Steinhoff“ als Traditionsnamen des Verbandes.

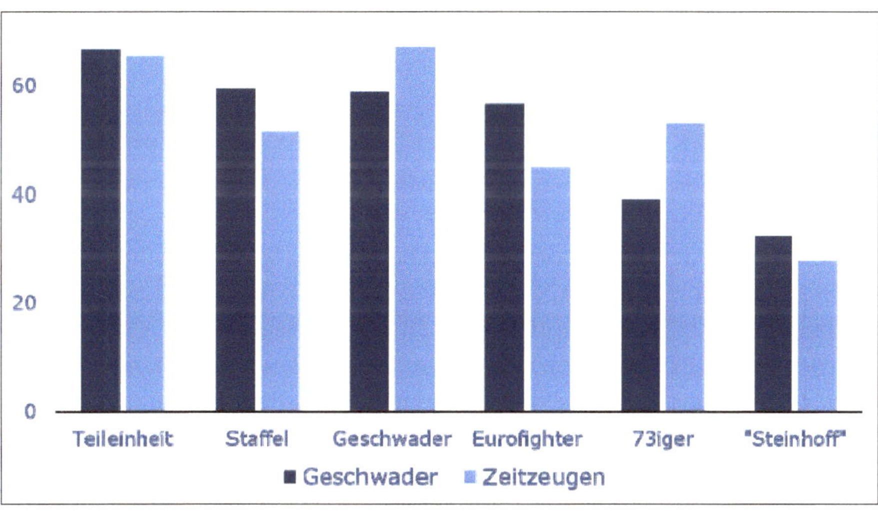

Die meisten Geschwaderangehörigen können sich am ehesten mit ihrer Staffel oder Teileinheit, also ihrem direkten Arbeitsumfeld, identifizieren. Dies könnte auch eine Erklärung sein, warum das tägliche Zusammenarbeiten bei der Integration von so hoher Bedeutung war. Auf der anderen Seite bieten die 73 und unser Traditionsname ein eher niedriges Identifikationspotenzial.

Bei den Interviewpartnern, die in den 1990er Jahren und teilweise schon davor in Laage gedient haben, die „Zeitzeugen", fällt das Ergebnis leicht anders aus. Das „Geschwader" und die „73er" sind wesentlich höher angesiedelt. Offensichtlich kann sich insbesondere die Gruppe, die Teil der Zusammenführung war, am ehesten mit dem ganzen Geschwader identifizieren. Dies ist offenkundig ein Indiz für die gelungene Zusammenführung der verschiedenen Wurzeln zu einem Geschwader.

Zusammenfassung

Dieser Beitrag hatte zwei Ziele. Die Geschichte des Geschwaders „Steinhoff" sollte aus der Perspektive des Personals aufgearbeitet und dargestellt werden. Anhand dieser Erkenntnisse suchten die Autoren Antworten auf zwei Kernfragen.

Zu Beginn der Untersuchung waren lediglich drei Wurzeln, Laage, Pferdsfeld und Preschen, zu erkennen. Deswegen war anzunehmen, dass das Aufeinandertreffen und die Zusammenführung durch – unterschiedlich intensiv geführte – „Konflikte" geprägt war.

Im Laufe der Untersuchung bestätigten sich diese Annahmen jedoch keineswegs. Es zeigte sich, dass ein Großteil der Soldaten aus verschiedenen Teilen der neuen, als auch der alten Bundesländer kommt. Diese Menschen wurden durch das alltägliche Zusammenarbeiten zusammengeführt und vereint. Die Ergebnisse der Untersuchung spiegelten sich damit besonders in einem, in den Interviews gefallenen Satz wider:

„Dieses Geschwader ist die Ideallösung der deutschen Wiedervereinigung!"

Paul Elmar Jöris

Denn sie wissen nicht was sie tun – Luftwaffe und Medien. Wahrnehmung und Selbstwahrnehmung der Bundeswehr

Wenn ich meine Erfahrungen mit der Pressearbeit der Luftwaffe wie die der Bundeswehr insgesamt zusammenfasse, dann fällt mir immer der Mann ein, der Kopfschmerzen hat und sich die Haare kämmt, er ist dem Problem nahe, ohne es lösen zu können. Nein, Journalisten und Truppe verstehen sich einfach nicht und reden bestenfalls strukturiert aneinander vorbei. Während der letzten Jahre ist das Problem größer geworden, doch dies liegt nicht an der Luftwaffe und ihren Bemühungen, sondern an den Medien. Doch davon später mehr.

Ein Beispiel für die grundsätzliche Situation kann das Feierliche Gelöbnis der Luftwaffe vor dem Kölner Dom am 21. September 2005 sein. Kaum waren die Rekruten angetreten, da enthüllten Demonstranten auf dem Balkon des Gotteshauses ein Transparent: „Ich gelobe zu rauben, zu morden und zu vergewaltigen!" Und damit niemandem diese Provokation entging, übertönten sie das Luftwaffenmusikkorps mit einer Sirene. Die Luftwaffenführung auf der Tribüne war geschockt und zu Recht verärgert. Einige Minuten später erhob sich unter den Zuschauern hinter der Absperrung spontan Beifall: Feldjäger waren auf dem Balkon erschienen und rollten das Transparent ein. Auch nach Abschluss der Veranstaltung waren die Generäle über die Störung des Zeremoniells verärgert, dachten darüber nach, ob man solche Veranstaltungen nicht besser schützen könne oder ob man sich nicht sinnvoller in eine Kaserne zurückziehen solle. Nach den Krawallen am Rande des Feierlichen Gelöbnisses in Bremen am 6. Mai 1980 hatte die Bundeswehr weitgehend auf solche Auftritte in Großstädten verzichtet. Und auch dieses Gelöbnis im September 2005 war das erste vor der eindrucksvollen Kulisse des Kölner Domes. Die Provokation der Demonstranten empörte die führenden Repräsentanten der Luftwaffe, den Beifall des Publikums in Köln zum Eingreifen der Feldjäger hatte kaum einer der Generäle wahrgenommen.

Diese Geschichte verdeutlicht die kommunikative Grundsituation der Luftwaffe: Dort, wo sie öffentlich auftritt, tritt ihr reflexartig eine Gruppe von Antimilitaristen entgegen, die an einer argumentativen Auseinandersetzung mit der Bundeswehr nicht interessiert ist, sondern Streitkräfte generell ablehnt. Die Wirklichkeit der Bundeswehr interessiert diese Gruppe überhaupt nicht. Die Ablehnung geht so tief, dass selbst eine kritische Auseinandersetzung nicht stattfindet. Ihr Bild der Bundeswehr ist fest gefügt und lässt sich argumentativ nicht mehr verändern.

Die Bundeswehr insgesamt und vor allen Dingen ihre Führung ist aber auf diese Gruppe von Kritikern fixiert; fühlt sich ungerecht behandelt. Die Zustimmung, die andere Teile der Öffentlichkeit den Streitkräften entgegenbringen, wird aber übersehen. Damit bringen sich die Streitkräfte um die Chance, im Ansehen der Öffentlichkeit Punkte zu machen. Die Bundeswehr und ihre Führung neigen dazu, sich selbst aufgrund einer ungerechten Kritik einer kleinen Gruppe zurückzuziehen, statt positive Ansätze gezielt aufzugreifen.

Wer das Bild der Bundeswehr in der *veröffentlichten Meinung* mit dem der *öffentlichen Meinung* vergleicht, wie es in vielerlei Studien erhoben wird, stellt zweierlei fest: Erstens die deutschen Streitkräfte genießen ein hohes Ansehen in der Öffentlichkeit und zweitens, dieses positive Bild kann kaum aus den Medien gewonnen worden sein. Denn die Medien berichten in ihrer Mehrheit mit einer kritischen, vereinzelt sogar mit einer ablehnenden Grundtendenz, aber in der überwiegenden Mehrheit zeichnen sie sich durch Desinteresse an Sicherheitspolitik im Allgemeinen und an der Bundeswehr im Besonderen aus.

Große Beachtung in den Medien erringt die Bundeswehr eigentlich nur noch, wenn Soldaten bei einem Auslandseinsätzen ums Leben kommen, oder wenn sich ein Skandal ereignet hat. Die Luftwaffe ist eigentlich für die Öffentlichkeitsarbeit ein attraktives Unternehmen. Sie ist hochmodern und bietet viele attraktive Arbeitsplätze. Doch die Berichterstattung findet unter der Überschrift: „Pleiten, Pech und Pannen“ statt. Die Berichterstattung ist auf Fehler bei der Beschaffung von Großsystemen fokussiert. Der durchschnittliche Medienkonsument kann sich nicht vorstellen, dass die deutschen Streitkräfte in der Lage sind, einen wirksamen Beitrag zur Sicherheit der Bundesrepublik zu leisten.

Der Alltag der Bundeswehr findet kaum Beachtung. Eine einigermaßen kontinuierliche kritische Auseinandersetzung mit den Streitkräften sucht man in den Print- und erst recht in den elektronischen Medien vergebens. Die Berichterstattung ist immer anlassbezogen und beschränkt sich weitgehend auf tagesaktuelle Ereignisse. Diese Form der Berichterstattung ist keineswegs ein Spezifikum der sicherheitspolitischen Berichterstattung, sondern

Grundtendenz der politischen Berichterstattung insgesamt. Auch über die ähnlich komplizierten und komplexen Zusammenhänge des Sozialversicherungswesens wird weitgehend anlassbezogen berichtet. Für die Bundeswehr bedeutet das, dass durch diese Art der Berichterstattung fast zwangsläufig ein Zerrbild der Streitkräfte entsteht. Es setzt sich aus Berichten über gefallene Soldaten und Skandale zusammen. Nicht die komplexe Wirklichkeit der Ausbildung und der Einsätze findet sich auf den Zeitungsseiten wieder, sondern beispielsweise die Ereignisse in Coesfeld, wo Vorgesetzte gegen eindeutige Vorschriften verstießen und eine Ausbildung praktizierten, die weder erlaubt noch typisch ist. War die Aufregung bei Bekanntwerden dieses Falls noch groß, wurden die rechtliche Aufarbeitung dieses Falls und die Verurteilung der verantwortlichen Vorgesetzten kaum noch wahrgenommen.

Ähnlich verhält es sich mit der Berichterstattung über Auslandseinsätze. Die Bundesbürger wissen zwar, dass die deutschen Streitkräfte sich an Missionen auch in fernen Regionen beteiligen, doch was sie dort konkret tun, erfahren sie nahezu ausnahmslos aus Berichten in den Medien. Dabei kommt der Fernsehberichterstattung eine besondere, weil prägende Bedeutung zu. Die gezeigten Bilder spiegeln allerdings nicht das gesamte Spektrum eines Einsatzes wider, sondern konzentrieren sich weitgehend auf Reportagen über Patrouillen, die mehr oder minder schwer bewaffnet durch möglichst orientalische Straßen oder malerische Landschaften streifen oder auf die Arbeit der Cimic-Kompanien. Weder der graue Alltag in den Feldlagern, noch die Arbeit in den Werkstätten, Depots oder Stäben ist Gegenstand solcher Reportagen. Den Journalisten kann man keinen Vorwurf machen, dass sie sich auf solche Ausschnitte beschränken. Erstens dient diese Konzentration in der Berichterstattung dazu, den politischen Auftrag der jeweiligen Mission zu verdeutlichen, und zweitens versprechen solche Bilder eine weitaus höhere Aufmerksamkeit beim Publikum. Eine Autowerkstatt in Kabul, in der LKWs repariert werden, ist auch nur so spektakulär wie eine Autowerkstatt in Kassel. Die Arbeit eines Stabes lässt sich nur in Interviews darstellen. Das Bild von Männern und Frauen, die an einem Computer arbeiten oder konferieren, kennen die Zuschauerrinnen und Zuschauer aus ihrem eigenen Büroalltag. Die Tatsache, dass diese Büroarbeiter Tropen-Flecktarn-Uniformen tragen, wirkt auf den unbefangenen Zuschauer allenfalls befremdlich.

Je länger die heiße Phase eines Konfliktes zurückliegt, umso geringer ist das Interesse der Medien. Der Konflikt und die dort eingesetzten Soldaten geraten immer mehr in Vergessenheit. In den Fokus der Öffentlichkeit gerät ein Einsatz erst dann wieder, wenn „etwas passiert", im Regelfall wenn deutsche Soldaten ums Leben kommen oder schwer verwundet werden. Dabei konkurrieren die Bilder von Unruhen im Kosovo oder von Anschlägen auf deutsche Soldaten in Kabul mit denen aus anderen Konfliktregionen. Auf dem Bildschirm ähneln sich alle, sie sind weitgehend austauschbar. Da die Konflikte in Ländern spielen, die die Medienkonsumenten im Regelfall nicht aus eigener Anschauung sondern nur aus den Medien kennen, haben sie nur eine verschwommene Vorstellung. Eine explodierte Autobombe, verletzte Menschen, bewaffnete Soldaten sehen in Afghanistan nicht viel anders aus als im Irak.

Die eher oberflächige Berichterstattung ist kein Zufall, sondern Folge und Ergebnis struktureller Entwicklungen. Die Medien leiden seit den 1990er Jahren unter einer Reihe von Sparwellen. Kosten mussten gesenkt und Stellen eingespart werden. Die Etats für Recherchen wurden drastisch beschnitten. In schwindendem Umfang haben die Redaktionen genügend Personal, um sich kontinuierlich und intensiv mit den wichtigen politischen, wirtschaftlichen und gesellschaftlichen Entwicklungen zu befassen. Die Arbeit in den Redaktionen ist in einem ungeheuer großen Maß verdichtet worden. Früher war es üblich, dass jeder Redakteur nicht nur seine „Seite" oder seine Sendung machte, sondern sich auch kontinuierlich mit einem Thema beschäftigte. Die Beratungsfirmen, die die Arbeit in den Redaktionen rationalisieren sollten, haben Stellen abgebaut und die Arbeit verdichtet. Wer sich dabei an die nicht enden wollende Neustrukturierung der deutschen Streitkräfte erinnert fühlt, liegt nicht falsch. Zum Teil wurden sogar dieselben Rationalisierungskonzepte umgesetzt. Die negativen Folgen traten bei der Truppe wie bei den Medien auf. Bei den Reportern und Korrespondenten, die die Berichte liefern, wurden Stellen gestrichen. Ein Reporter muss jetzt über zwei oder drei höchst unterschiedliche Themen am Tag berichten. Er hat nicht mehr die Zeit sich in jedes Thema wirklich einzuarbeiten.

Wenn ein Thema plötzlich dominant wird, sei es die Banken- und Finanzkrise, Fukushima oder Terrorismus, dann wird durch Handauflegung ein Kollege zum „Experten" ernannt. Folge der Sparmaßnahmen ist eindeutig ein Rückgang der Kompetenz.

Zunächst waren die privaten Rundfunk- und Fernsehveranstalter sehr erfolgreich und nahmen den öffentlich rechtlichen viele Hörer und Zuschauer ab. Dabei konzentrierten sich die Privaten auf ein Publikum bis zu einem

Alter von 49 Jahren. Das hängt mit der werbenden Wirtschaft zusammen, die an einem Publikum unter 50 Jahren interessiert ist. Im Hörfunkbereich reagierte man darauf mit einer strengen Formatierung der Programme. Die Folge für den Berichterstatter, den Reporter oder Korrespondenten ist, dass er fast in keinem Programm Platz hat, um ein Thema ausführlich darzustellen. ARD-Sammelangebote, also ein Beitrag, der von einem Sender der ganzen ARD zur Verfügung gestellt wird, das ist das tägliche Brot der aktuellen Berichtssendungen im Hörfunk, dieser Beitrag hat eine Länge von maximal 2 Minuten und 30 Sekunden. (das sind ungefähr 2.500 Zeichen mit Leerzeichen also anderthalb Normseiten). Für Korrespondentengespräche räumt eine Redaktion auch schon einmal 3 bis 4 Minuten ein. Mehr meint man heute einem Hörer und seiner Konzentrationsfähigkeit nicht zumuten zu können. Für die Printmedien und das Fernsehen gelten die gleichen Überlegungen. Nachrichten im Internet dürfen nicht länger als drei oder maximal fünf Zeilen sein. Wer mehr lesen will, muss die Meldungen anklicken.

Der Erfolg einer Redaktion wird ausschließlich an der Quote gemessen. Das gilt für alle. Entscheidend ist, wie viele Menschen eine Zeitung lesen oder eine Sendung hören oder sehen. Das wird ständig geprüft und führt auch sehr schnell zu Konsequenzen. Bei Nachrichtenagenturen wird beispielsweise Tag für Tag ermittelt, inwieweit sich die Meldung eines Korrespondenten durchgesetzt hat. Wer immer wieder Meldungen verfasst, die weniger abgedruckt werden, als die des Konkurrenten, wird nicht lange auf seinem Posten bleiben.

Das Publikum der öffentlich-rechtlichen Fernsehveranstalter wird immer älter. Zuschauer unter 49 Jahren schalten diese Programme immer seltener ein. Die Jüngeren schauen private Programme und zunehmend gar kein Fernsehen. Wenn sie sich informieren, dann im Internet.

Das Vordringen der privaten Rundfunk- und Fernsehveranstalter führte zu einer Änderung der Berichterstattung aller Medien. Es gibt überall eine eindeutige Entwicklung zu einem Boulevardjournalismus. Das bedeutet im Einzelnen:

1. *Politik gilt allgemein als langweilig.* Eine Emnid-Untersuchung im Auftrag des Bayrischen Rundfunks zeigt vielmehr, dass diese Annahme gar nicht stimmt. Das Publikum will informiert werden. Das gilt übrigens über alle Altersgruppen.

2. *Die Berichte werden kürzer.* In den Zeitungen gibt es immer wieder neue Layouts, die „luftiger" und damit „leserfreundlicher" werden und zur Folge haben, dass die einzelnen Berichte oder Kommentare kürzer werden.

3. *Die Darstellung wird zugespitzt.* Als berichtenswert gilt eigentlich nur der Skandal. Man muss sich keine Illusionen über die Qualität des öffentlichen Dienstes, der Bundeswehr oder der privaten Wirtschaft machen, da läuft immer wieder etwas schief, was Medien aufgreifen müssen, aber es läuft nicht so viel schief, dass man jeden Tag einen wirklichen Skandal hat. Dann muss die Redaktion etwas „Gas" geben und so kommt es dann zum Alarmismus der Medien.

Dabei findet dann auch eine schleichende Umbewertung der Ereignisse statt. Dazu ein Beispiel: In der Theorie werden unterschiedlichen gesellschaftlichen Interessen im parlamentarischen Prozess zum Kompromiss ausgeglichen. Das ist der positive Kern des Parlamentarismus. Doch wie stellen wir diese Suche nach dem Kompromiss dar? Zunächst einmal hat der Begriff „Kompromiss" allein schon einen schalen Beigeschmack und die Suche nach ihm, wird in allen Medien als „Streit" bezeichnet. Das, was die Stärke unseres parlamentarischen Systems ausmacht, wird mit einem negativen Vorzeichen versehen.

4. *Man konzentriert sich auf das Ereignis eines Tages.* Dies führt dazu, dass die einzelnen Ereignisse ohne Kontext dargestellt werden. Die Folgen dieser Berichterstattung kann man an einem Beispiel aus dem Bereich der inneren Sicherheit deutlich machen: Im Sommer 2015 berichteten sämtliche Zeitungen – in den elektronischen Medien sah das ähnlich aus – auf der ersten Seite darüber, dass das Bundesamt für Verfassungsschutz nun Haushaltsmittel bekommt, um die sozialen Netze verstärkt zu beobachten. Dies wurde problematisiert und in vielen Fällen skandalisiert. In denselben Ausgaben gab es weiter hinten im Blatt Berichte – sie gingen auf eine Information des Bundesamtes zurück –, dass man festgestellt habe, dass der IS mittlerweile über die sozialen Netze gezielt Nachwuchswerbung betreibt. Dies wurde mit konkreten Beispielen belegt. Nur eine Verbindung zwischen den beiden Themen – verstärkte Überwachung sozialer Netzwerke und gezielte Nachwuchswerbung des IS in den sozialen Netzwerken wurde nicht gezogen.

Mit der wachsenden Bedeutung des Internets als Massenmedium haben sich die Probleme in mehrfacher Hinsicht verschärft. Die Verlage haben noch keinen wirklich überzeugenden Weg gefunden, mit dem Internet Geld zu machen. Es wird insgesamt schwieriger mit gutem Journalismus Geld zu verdienen. In den USA kann man die dramatischen Folgen beobachten. Renommierte Redaktionen müssen Leute entlassen, ganze Regionen haben keine Zeitungen mehr. Geld wird im Internet mit den Suchmaschinen verdient, nicht mit den Inhalten. Journalisten waren immer die Schleusenwächter der Informationsflut: Durch Auswahl der Nachrichten und Berichte und ggf. die Kommentierung boten sie eine Orientierung. Im Internet übernehmen Suchmaschinen diese Aufgabe. Die nachwachsenden Generationen informieren sich fast ausschließlich im Netz. Das trifft ganz bestimmt für die unter 29jährigen zu. Die Fachleute sind sich einig, dass das Medium der Zukunft die sogenannten Streaming Dienste sein werden. Eine Umfrage im Jahr 2015 hat laut Chip Online gezeigt, dass 76 Prozent aller Deutschen ab 14 Jahre zumindest gelegentlich Videos per Stream schauen. Und gezeigt hat sich zudem: wer sich hauptsächlich im Netz informiert, will keine ausführlichen Darstellungen, sondern die aktuellsten Meldungen, die nicht länger als vier oder fünf Zeilen sind.

Die sozialen Netzwerke sind unschlagbar schnell, wenn es darum geht über ein Ereignis zu berichten. Allerdings sind sie unzuverlässig und fast nie überprüfbar. Zutreffende Beobachtungen von Augenzeugen stehen neben Gerüchten und verbreiten sich gleich schnell. Bei internationalen Konflikten haben das die Konfliktparteien längst erkannt und sind dazu übergegangen, Journalisten wirkungsvoll auszuschließen. Da bleiben Berichte von Unbekannten im Netz. Was sie berichten ist fast nie nachprüfbar. Grundsätze eines professionellen Journalismus spielen keine Rolle: Es gibt kaum eine Unterscheidung zwischen Berichten und Kommentaren. Vom korrekten Zitieren soll nicht die Rede sein wie auch von der Angabe von Quellen. Es wird anonym berichtet, Bilder gefälscht oder falsch zugeordnet. Gleichzeitig geraten die professionellen Medien unter Druck. Sie können nicht stundenlang den Wahrheitsgehalt überprüfen, wenn diverse Quellen im Internet mit Berichten auf dem Markt sind.

Jede Redaktion unterliegt, wie gesagt, dem Zwang eine möglichst hohe Quote zu machen. Dabei muss sie die ständig die Kosten im Blick haben. Keine noch so engagierte Redaktion kann am Publikumsinteresse vorbei veröffentlichen. Sie kann weder für viele Wochen Reporterteams in ein fernes Land entsenden, wenn nicht feststeht, wann und wie ein sendbares oder druckbares Produkt vorgelegt werden kann. Wobei die Berichterstattung aus entfernten Regionen ohnedies überdurchschnittlich teuer ist. Nicht nur die

Reisespesen der Teams fallen ins Gewicht, sondern vor allen Dingen die Produktions-Transmissionskosten sprengen schnell die redaktionellen Etats. Die Berichterstattung muss tagesaktuell sein, Zeit und Raum für ein ausgeruhtes Feature ist eher selten.

Wenn ein Anschlag auf deutsche Soldaten passiert ist, wächst das Interesse der Medien schnell. Ein Beispiel dafür kann das Selbstmordattentat im November 2005 in Kabul sein. Noch bevor das Verteidigungsministerium oder das Einsatzführungskommando Stellung nehmen konnten, hatten die Korrespondenten bei amtlichen Stellen in Kabul recherchiert und berichteten. Die notwendigen Klärungs- und Abstimmungsprozesse innerhalb der Bundeswehr kosten Zeit. Im Regelfall wird die Berichterstattung bereits beginnen und breiten Raum einnehmen, bevor die Verantwortlichen in der Bundeswehr sich ein eigenes Bild machen und Auskunft geben können.

Es wäre zu einfach, den Medien allein die Schuld an der verzerrten Darstellung der Streitkräfte zu geben. Die Bundeswehr selbst tut ein Übriges. Ihre Pressestabsoffiziere werden gut auf ihre Aufgaben vorbereitet und lernen während ihrer Ausbildung verschiedene Redaktionen kennen. Doch nach der Ausbildung legt man die Presseoffiziere an die kurze Leine des Presse- und Informationsstabes des Verteidigungsministeriums. Jeder Journalist, der eine Reportage über ein Bundeswehrthema recherchiert hat, kennt das Verfahren. Nachdem man mit dem Presseoffizier eines Verbandes alles besprochen hat, muss die Genehmigung des IP-Stabes eingeholt werden. Das ganze Verfahren ist fürchterlich bürokratisch, langwierig und komplett überflüssig. Würde die Bundeswehrführung ihre Presseoffiziere vor Ort im Sinne der Auftragstaktik einfach machen lassen, wäre viel gewonnen. Schließlich wissen sie wie Journalisten ticken und was sie brauchen. Sie kennen auch die Journalisten, die immer wieder über ihren Verband berichten. Sie wissen, mit wem sie offen reden können und bei welchem Reporter Vorsicht geboten ist. Der Presse- und Informationsstab des Ministeriums hat immer die tagespolitische Auseinandersetzung in Berlin im Auge. Unter diesem Gesichtspunkt erscheinen dann Anfragen von Journalisten gelegentlich als nicht opportun, sie werden dann zögerlich bearbeitet oder gar abgelehnt. Bereits beim Umgang mit den traditionellen Medien hat sich die zentralistische und langwierige Bearbeitung von Presseanfragen nicht bewährt. Im Zeitalter des Internets ist dieses Verfahren schlicht und einfach absurd. Ehe sich der IP-Stab zu einer Entscheidung durchgerungen hat, ist das Thema in den sozialen Netzen durch.

Hinzu kommt ein Hang zur Heimlichtuerei. Um unbequeme politische Debatten zu vermeiden, lässt man sich nicht gerne in die Karten schauen. Als beispielsweise die Luftwaffe ihre Aufklärungstornados nach Afghanistan schickte, fragten die Journalisten nach Bildern, um erläutern zu können, was dort gemacht wurde. Freigegeben wurde eine Aufnahme eines Militärmuseums und einer historischen Brücke. Während dieser Zeit veröffentlichten die niederländischen und die britischen Streitkräfte Bilder ihrer Aufklärungssysteme. Auf ihnen konnte man Talibankämpfer erkennen, die unter ihren weiten Gewändern Waffen versteckten. Der Sinn dieser Systeme war damit offensichtlich. Natürlich muss der Offizier, der ein Bild frei gibt, prüfen, ob mit einem Bild nicht taktische Informationen veröffentlich werden, die dem Gegner helfen würden. Eine Gefährdung der eingesetzten Soldaten muss verhindert werden, aber Heimlichtuerei weckt nur Zweifel. Ein Verbandsführer im Mazar-E-Sharif verweigerte die Herausgabe von Bildern mit dem Argument, dann könne der Gegner erkennen, wie leistungsfähig die Aufklärungssysteme seien. Dabei hatte die Luftwaffe selbst in der Vergangenheit Bilder, die die Aufklärungstornados aufgenommen hatten, veröffentlicht. In öffentlich zugänglichen Archiven finden sich Aufnahmen der Aufklärungstornados aus dem Kosovo-Krieg oder von Einsätzen in Deutschland, bei denen die Flieger die Polizei bei der Suche nach vermissten Kindern unterstützt hatte.

Eigentlich müsste die Bundeswehr in ihrer Geschichte ausreichend Erfahrung mit einer Öffentlichkeit gesammelt haben, die ihr kritisch gegenübersteht. In den ersten Jahrzehnten ihrer Geschichte war die Situation der Bundeswehr widersprüchlich. Einerseits war während des Kalten Krieges das Interesse an Sicherheitspolitik und damit auch an der Bundeswehr weitaus größer. Die Bundesbürger fühlten sich bedroht. Sie sahen in der Bundeswehr durchaus den Garanten ihrer Sicherheit, wussten, dass die Soldaten ihrem Schutz dienten. Schließlich beherrschten Übergriffe an der innerdeutschen Grenze immer wieder die Schlagzeilen und zunehmende Spannungen hielten oft über Wochen und Monate die Menschen in Atem. Man erinnere sich nur an die Kuba-Krise 1962 oder die Krise in der Tschechoslowakei 1968. Insofern war die Bundeswehr in den Augen aller Bundesbürger – auch derjenigen, die ihr kritisch gegenüber standen – legitimiert. Es ging immer und allein um die Verteidigung Deutschlands und nicht um die Wahrnehmung eher abstrakter deutscher Interessen.

Obwohl die Existenz der Bundeswehr während des Kalten Krieges im Prinzip unumstritten war, wurde sie in einer antimilitaristischen Gesellschaft gegründet und musste Misstrauen überwinden. Wenige Jahre nach Ende des Zweiten Weltkrieges hatten die Bundesbürger vom Militär insgesamt genug. Die Mehrheit der Bundesbürger wollte – gleich welcher Partei der einzelne zuneigte – mit Militär schlicht und einfach nichts mehr zu tun haben. Im Militarismus sahen die Bundesbürger eine der Ursachen für den Krieg, dessen Schrecken sie noch in lebhafter Erinnerung hatten und an dessen Folgen man noch schwer trug. Hinzu kam die Sorge, dass durch die Wiederbewaffnung die Teilung Deutschlands vertieft und nicht überwunden würde.

Um diese in allen politischen Lagern vorhandenen Bedenken zu zerstreuen, wurden die neuen deutschen Streitkräfte einer mehrfachen politisch-parlamentarischen Kontrolle unterworfen. Der Bundestag kontrolliert nicht nur den Verteidigungsaushaushalt, sondern gab dem Verteidigungsausschuss das Recht, sich jeder Zeit als parlamentarischer Untersuchungsausschuss zu konstituieren. Das Parlament wählt den Wehrbeauftragten, der jährlich Bericht erstattet. An ihn kann sich jedes Mitglied der Streitkräfte zu jeder Zeit und unmittelbar wenden. Hinzu kam das Konzept der Inneren Führung.

Diese politischen Kontrollen bekamen der Bundeswehr ausgesprochen gut. Sie führten zu einer Offenheit, die sicherlich im Lauf der Jahre mit dazu beitrug, dass das Ansehen der Streitkräfte in der Öffentlichkeit besser wurde. In jedem Fall wurde vorhandenes Misstrauen abgebaut. Dennoch war das Ansehen von Soldaten in der Öffentlichkeit nicht sehr hoch. Erst während der letzten Jahre ist es fast normal geworden, dass Soldaten sich in Uniform in der Öffentlichkeit bewegen. Bis heute fahren nicht wenige Soldaten in Zivil in ihre Kaserne, um dort erst ihre Uniform anzuziehen. Der Berufsstolz von Soldaten ist bis heute eher unterentwickelt. In jedem Fall ist er nicht vergleichbar mit dem eines Mitarbeiters von Daimler oder eines anderen deutschen Weltkonzerns. Beispielsweise wird ein Mitarbeiter des führenden deutschen Autokonzerns seinem neuen Nachbarn voller Selbstbewusstsein und Stolz sagen: „Ich schaff' beim Daimler."

Die Gründe für diesen unterentwickelten Berufsstolz sind vielfältig. Neben dem bereits erwähnten grundsätzlichen Misstrauen gegenüber Soldaten kommen Schwierigkeiten, Leistungen und Erfolge der Bundeswehr darzustellen. Sie sind viel zu abstrakt: Durch ihre hohe Präsenz und Einsatzbereitschaft leistete sie beispielsweise ihren Beitrag zum Funktionieren der Abschreckung. Der Kalte Krieg eskalierte nie zu einem heißen Krieg. Insofern leistete sie auch ihren Beitrag zur Überwindung des Ost-West-Gegensatzes. Doch dieser Erfolg wurde von der Öffentlich längst konsumiert und mit der Bundeswehr nicht in Verbindung gebracht. Die Bundeswehr bewährte sich auch in den verschiedenen Auslandseinsätzen. Doch politisch gelöst wurden die Konflikte weder in Bosnien, noch im Kosovo noch in Afghanistan. Das kann man gewiss nicht den Soldaten anlasten. Sie haben ihren Part gespielt und zu einer Beruhigung der Situation beigetragen, aber politische Lösungen stehen noch aus und insofern sind diese Missionen keine Erfolgsgeschichten. Aber eines kann man aus der Geschichte der Bundeswehr lernen: Transparenz schafft Vertrauen.

Autorenverzeichnis

Udo Beitzel, Brigadegeneral a.D., geb. 1940, war Angehöriger der Heeresflugabwehrtruppe und zuletzt 1993-2000 Kommandeur der Heeresflugabwehrschule und General der Heeresflugabwehr.

Dr. phil. Eberhard Birk, Oberregierungsrat, geb. 1967, ist Dozent für Historische und Politische Bildung an der Offizierschule der Luftwaffe in Fürstenfeldbruck.

Martin Brehl M.A., Oberregierungsrat, geb. 1969, ist Dozent für Politische und Historische Bildung an der Unteroffizierschule der Luftwaffe in Appen.

Friederike Hartung M.A., Hauptmann, geb. 1988, ist Historikeroffizier im Kommando Luftwaffe in Köln-Wahn.

Christian Hauck M.A., Hauptmann, geb. 1987, ist Luftlageoffizier im Einsatzführungsbereich 2 in Erndtebrück.

Thorsten Ilg, Dipl. Ing., Oberst i.G., geb. 1968, ist Abteilungsleiter im Planungsamt der Bundeswehr, Berlin-Köpenick, im Bereich der kontinuierlichen Zukunftsentwicklung.

Paul-Elmar Jöris M.A., geb. 1950, war nach seinem Studium der Politikwissenschaften, Geschichte, Soziologie und internationale technisch-wirtschaftliche Zusammenarbeit in Köln und Aachen bis 2015 Redakteur und Korrespondent beim Westdeutschen Rundfunk sowie von 2002 bis 2014 Mitglied im Beirat für Fragen der Inneren Führung.

Servatius Maeßen, Generalmajor a.D., geb. 1944, war Angehöriger der Flugabwehrraketentruppe der Luftwaffe und zuletzt 2001-2003 Amtschef Luftwaffenamt in Köln-Wahn.

Paul Meiwald M.Sc. (Luft- und Raumfahrttechnik), Oberleutnant, geb. 1992, ist Luftfahrzeugtechnischer Offizier im Taktischen Luftwaffengeschwader 73 „Steinhoff" in Laage.

Dr. phil. Heiner Möllers, Oberstleutnant, geb. 1965, ist wissenschaftlicher Mitarbeiter und Projektbereichsleiter Medien im Zentrum für Militärgeschichte und Sozialwissenschaften der Bundeswehr in Potsdam.

Dieter Naskrent, Dipl. Kaufmann, Generalleutnant, geb. 1954, ist Stellvertreter des Inspekteurs der Luftwaffe.

Julian Nicklas M.Sc., (Luft- und Raumfahrttechnik), Oberleutnant, geb. 1991, ist Luftfahrzeugtechnischer Offizier im Taktischen Luftwaffengeschwader 73 „Steinhoff" in Laage.

Dirk Schreiber B.A., geb. 1989, ist Student im Masterstudiengang Military Studies an der Universität in Potsdam und Freier Mitarbeiter und Besucherführer im Militärhistorischen Museum – Flugplatz Gatow in Berlin.

Jörg Sievers, Dipl.-Kaufmann, Oberstleutnant i.G., geb. 1970, ist Referent für Militärpolitik bei der Ständigen Vertretung der Bundesrepublik Deutschland zur NATO und deutscher Vertreter im Air and Missile Defence Committee (AMDC).

Bernd Walsch, Oberstleutnant a.D., geb. 1955, war Angehöriger der Flugabwehrraketentruppe durchlief dabei Verwendungen vom Feuerleitoffizier bis zum stellvertretenden Geschwaderkommodore, zuletzt Tutor und Dozent an der Führungsakademie der Bundeswehr Hamburg.

Tobias Wurstner, Oberstleutnant, geb. 1974, war 2013-16 Military Assistant beim Vice Chairman des NATO Air and Missile Defense Committee.

Carola Hartmann Miles-Verlag

<u>Politik, Gesellschaft, Militär</u>

Wolf Graf von Baudissin, *Grundwert Frieden in Politik – Strategie – Führung von Streitkräften,* hrsg. von Claus von Rosen, Berlin 2014.

Wolf Graf von Baudissin, *Der Widerstand. „… um nie wieder in die auswegslose Lage zu geraten…",* hrsg. von Claus von Rosen, Berlin 2014.

Marcel Bohnert, Lukas J. Reitstetter (Hrsg.), *Armee im Aufbruch. Zur Gedankenwelt junger Offiziere in den Kampftruppen der Bundeswehr,* Berlin 2014.

Arjan Kozica, Kai Prüter, Hannes Wendroth (Hrsg.), *Unternehmen Bundeswehr? Theorie und Praxis (militärischer) Führung,* Berlin 2014.

Angelika Dörfler-Dierken, Robert Kramer, *Innere Führung in Zahlen. Streitkräftebefragung 2013,* Berlin 2014.

Phil C. Langer, Gerhard Kümmel (Hrsg.), *„Wir sind Bundeswehr." Wie viel Vielfalt benötigen/vertragen die Streitkräfte?,* Berlin 2015.

Jéronimo L. S. Barbin, *Imperialkriegführung im 21. Jahrhundert. Von Algier nach Bagdad. Die kolonialen Ursprünge der COIN-Doktrin,* Berlin 2015.

Dirk Freudenberg, *Counterinsurgency. Aufstandsbekämpfung als Phase zur Überwindung schwacher Staatlichkeit und zur Etablierung des Aufbaus einer stabilen Nachkriegsordnung,* Berlin 2016.

Marcel Bohnert, Björn Schreiber (Hrsg.), *Die unsichtbaren Veteranen. Kriegsheimkehrer in der deutschen Gesellschaft,* Berlin 2016.

Christian Göbel, *Glücksgarant Bundeswehr? Ethische Schlaglichter auf einige neuere Studien des ZMSBw im Kontext von Sinn und Glück des Soldatenberufs, Innerer Führung und Einsatz-Ethos,* Berlin 2016.

Alois Bach, Walter Sauer (Hrsg.), *Schützen, Retten, Kämpfen – Dienen für Deutschland,* Berlin 2016.

Dirk Freudenberg Stephan Maninger, *Neue Kriege. Sicherheitspolitische Rahmenbedingungen, Mentalitäten, Strategien, Methoden und Instrumente,* Berlin 2016.

<u>Jahrbuch Innere Führung (seit 2009)</u>

Uwe Hartmann, Claus von Rosen, Christian Walther (Hrsg.), *Jahrbuch Innere Führung 2009. Die Rückkehr des Soldatischen,* Eschede 2009.

Helmut R. Hammerich, Uwe Hartmann, Claus von Rosen (Hrsg.), *Jahrbuch Innere Führung 2010. Die Grenzen des Militärischen,* Berlin 2010.

Uwe Hartmann, Claus von Rosen, Christian Walther (Hrsg.), *Jahrbuch Innere Führung 2011. Ethik als geistige Rüstung für Soldaten,* Berlin 2011.

Uwe Hartmann, Claus von Rosen, Christian Walther (Hrsg.), *Jahrbuch Innere Führung 2012. Der Soldatenberuf zwischen gesellschaftlicher Integration und suis generis-Ansprüchen,* Berlin 2012.

Uwe Hartmann, Claus von Rosen (Hrsg.), *Jahrbuch Innere Führung 2013. Wissenschaften und ihre Relevanz für die Bundeswehr als Armee im Einsatz,* Berlin 2013.

Uwe Hartmann, Claus von Rosen (Hrsg.), *Jahrbuch Innere Führung 2014. Drohnen, Roboter und Cyborgs – Der Soldat im Angesicht neuer Militärtechnologien,* Berlin 2014.

Uwe Hartmann, Claus von Rosen (Hrsg.), *Jahrbuch Innere Führung 2015. Neue Denkwege angesichts der Gleichzeitigkeit unterschiedlicher Krisen, Konflikte und Kriege,* Berlin 2015.

Uwe Hartmann, Claus von Rosen (Hrsg.), *Jahrbuch Innere Führung 2016. Innere Führung als kritische Instanz,* Berlin 2016.

Einsatzerfahrungen

Kay Kuhlen, *Um des lieben Friedens willen. Als Peacekeeper im Kosovo,* Eschede 2009.

Sascha Brinkmann, Joachim Hoppe (Hrsg.), *Generation Einsatz. Fallschirmjäger berichten ihre Erfahrungen aus Afghanistan,* Berlin 2010.

Artur Schwitalla, *Afghanistan, jetzt weiß ich erst… Gedanken aus meiner Zeit als Kommandeur des Provincial Reconstruction Team FEYZABAD,* Berlin 2010.

Uwe Hartmann, *War without Fighting? The Reintegration of Former Combatants in Afghanistan seen through the Lens of Strategic Thought,* Berlin 2014.

Rainer Buske, *KUNDUZ. Ein Erlebnisbericht über einen militärischen Einsatz der Bundeswehr in Afghanistan im Jahre 2008,* Berlin [2]2016.

Standpunkte und Orientierungen

Daniel Giese, *Militärische Führung im Internetzeitalter – Die Bedeutung von Strategischer Kommunikation und Social Media für Entscheidungsprozesse, Organisationsstrukturen und Führerausbildung in der Bundeswehr,* Berlin 2014.

Dirk Freudenberg, *Auftragstaktik und Innere Führung. Feststellungen und Anmerkungen zur Frage nach Bedeutung und Verhältnis des inneren Gefüges und der Auftragstaktik unter den Bedingungen des Einsatzes der Deutschen Bundeswehr,* Berlin 2014.

Uwe Hartmann (Hrsg.), *Lernen von Afghanistan. Innovative Mittel und Wege für Auslandseinsätze,* Berlin 2015.

Fouzieh Melanie Alamir, *Vernetzte Sicherheit – Quo Vadis?,* Berlin 2015.

Hartwig von Schubert, *Integrative Militärethik. Ethische Urteilsbildung in der militärischen Führung,* Berlin 2015.

Uwe Hartmann, *Hybrider Krieg als neue Bedrohung von Freiheit und Frieden. Zur Relevanz der Inneren Führung in Politik, Gesellschaft und Streitkräften,* Berlin 2015.

Klaus Beckmann, *Treue.Bürgermut.Ungehorsam. Anstöße zur Führungskultur und zum beruflichen Selbstverständnis in der Bundeswehr,* Berlin 2015.

Florian Beerenkämper, Marcel Bohnert, Anja Buresch, Sandra Matuszewski, *Der innerafghanische Friedens- und Aussöhnungsprozess. Folgerungen für die künftige deutsche Beteiligung an internationalen Operationen zur Krisenbewältigung in fragilen Staaten,* Berlin 2016.

<u>Militärgeschichte</u>

Ingo Pfeiffer, *Gegner wider Willen. Konfrontation von Volksmarine und Bundesmarine auf See,* Berlin 2012.

Dieter E. Kilian, *Kai-Uwe von Hassel und seine Familie. Zwischen Ostsee und Ostafrika. Militär-biographisches Mosaik,* Berlin 2013.

Peter Heinze, *Berliner Militärgeschichten,* Berlin 2013.

Ingo Pfeiffer, *Seestreitkräfte der DDR. Abriss 1950–1990,* Berlin 2014.

Ulrich C. Kleyser, *Lazare Carnot. "Le Grand Carnot". Ein Charakterbild,* Berlin 2016.

Eberhard Kliem, Kathrin Orth, *"Wir wurden wie blödsinnig vom Feind beschossen". Menschen und Schiffe in der Skagerrakschlacht 1916,* Berlin 2016.

Eberhard Birk, *"Auf Euch ruht das Heil meines theuern Württemberg!" Das Gefecht bei Tauberbischofsheim am 24. Juli 1866 im Spiegel der württembergischen Heeresgeschichte des 19. Jahrhunderts,* Berlin 2016.

Eckhard Lisec, *Der Unabhängigkeitskrieg und die Gründung der Türkei 1919–1923,* Berlin 2016.

Hans Frank, Norbert Rath, *Kommodore Rudolf Petersen. Führer der Schnellboote 1942–1945. Ein Leben in Licht und Schatten unteilbarer Verantwortung,* Berlin 2016.

Schriften zur Geschichte der Deutschen Luftwaffe

Eberhard Birk, Heiner Möllers, Wolfgang Schmidt (Hrsg.), *Die Luftwaffe zwischen Politik und Technik,* Berlin 2012.

Eberhard Birk, Heiner Möllers (Hrsg.), *Luftwaffe und Luftkrieg,* Berlin 2015.

Claas Siano, *Die Luftwaffe und der Starfighter. Rüstung im Spannungsfeld von Politik, Wirtschaft und Militär,* Berlin 2016.

Eberhard Birk, Peter Andreas Popp (Hrsg.), *LwOffz21. Das Selbstverständnis des Luftwaffenoffiziers zu Beginn des 21. Jahrhunderts,* Berlin 2016.

Monterey Studies

Uwe Hartmann, *Carl von Clausewitz and the Making of Modern Strategy,* Potsdam 2002.

Zeljko Cepanec, *Croatia and NATO. The Stony Road to Membership,* Potsdam 2002.

Ekkehard Stemmer, *Demography and European Armed Forces,* Berlin 2006.

Sven Lange, *Revolt against the West. A Comparison of the Current War on Terror with the Boxer Rebellion in 1900-01,* Berlin 2007.

Klaus M. Brust, *Culture and the Transformation of the Bundeswehr,* Berlin 2007.

Donald Abenheim, *Soldier and Politics Transformed,* Berlin 2007.

Michael Stolzke, *The Conflict Aftermath. A Chance for Democracy: Norm Diffusion in Post-Conflict Peace Building,* Berlin 2007.

Frank Reimers, *Security Culture in Times of War. How did the Balkan War affect the Security Cultures in Germany and the United States?,* Berlin 2007.

Michael G. Lux, *Innere Führung – A Superior Concept of Leadership?,* Berlin 2009.

Marc A. Walther, *HAMAS between Violence and Pragmatism,* Berlin 2010.

Frank Hagemann, *Strategy Making in the European Union,* Berlin 2010.

Ralf Hammerstein, *Deliberalization in Jordan: the Roles of Islamists and U.S.-EU Assistance in stalled Democratization,* Berlin 2011.

Jochen Wittmann, *Auftragstaktik,* Berlin 2012.

Michael Hanisch, On German Foreign und Security Policy. Determinants of German Military Engagement in Africa since 2011, Berlin 2015.

Grégoire Monnet, *The Evolution of Strategic Thought Since September 11, 2011. A Swiss Perspective on Clausewitz, Classical und Contemporary Theories,* Berlin 2016.

www.miles-verlag.jimdo.com